W0391227

Les auteurs de Géant

Philippe Paraire

Henri Beauchamps, Jeanne Bouniort, Christian Cantuel, Elisabeth Dautry, Jean-François Dejonghe, Guy Delaunay, Louis-Paul Delplanque, Hélène de Villepey, Didier Douvenou, Daniel Dussieu, Jacques Dussieu, Karine Froissard, Sophie Froissard, Jean-Claude Guichard, Luis Guichard, Daniel Jadot, Luc Jadot, Sylvette Jadot, Jean-Pierre Lannier, Claudine Laurent, Joëlle Lavignasse, Xavier Lemarcis, Danièle Liozon, Jean-Michel Malrieu, Michel Marcelin, Patrik Mioulane, Jean-François Noblet, Danielle Offredo, Daniel Puiboune, Charles Rudrof, Pierre Sayet, Patricia Serrano, Denise Venot.

Les photographies et illustrations de Géant

Philippe Paraire : 8. 10G, D. 11. 12G. 13G, D. 14G, D. 15G, D. 16D. 17D. 18G, D. 20G, D. 21. 22G, D. 23D, G, B. 24G. 25G. 26H, B, D. 27D, B. 28B. 29. 30G, D. 31G, D. 32G, D. 34G, D. 36D. 38B. 39D. 40D. 45G, D. 46H. 48D. 50D. 53G. 54G, D. 55G. 56B. 57B, H .59. 60D. 63. 64G. 66G. 67G, D. 68G. 70B. 74. 75G,D. 76D. 78. 81G, H, B, D. 87G. 89D. 92G. 94G, D. 96B, H. 103D. 106. 110G. 112. 115. 118G, D. 120D. 121G. 122. 123G. 125B. 126D. 127D. 131G, D. 133H, B.141. 142H, B, 149, D. 152D. 154G. 156G, D. 158D, G. 164D, H, B. 166. 167G. 168G, D. 169G. 170B. 171H. 172G. 176D. 177. 178G, D. 179. 180G, D, 181G. 182G. 183G, D. 184G. 186G, D. 187. 188G. 189. 193D. 196D. 197. 198. 199G. 200D. 202G. 207D. 208D. 209. 210. 211D. 212B. 213. 214. 215G. 216. 217. 218. 219G, D. 220H, B. 222G, D. 223H. 224G. 225. 226G, D. 227G, D. 228G. 229. 230G, D. 231D. 233G, D. 234D. 235G, D. 236G, D. 237G. 238. 239H. 241G, D. 243D. 245. 246G. 247G, D.

Philippe Paraire a utilisé pour toutes ses photographies du matériel Nikon.

Hachette : 40G. 41. 47. 50G. 56H. 58. 73. 79G. 80D. 84. 90. 102. 103G. 104. 108. 110D. 111H. 114. 116. 119. 121D. 128G. 129. 157. 164G. 167D. 169D. 170H. 172D. 173. 181D. 182D. 184D. 185G, D-H. 192H-H. 194. 196G. 202G, D. 203. 212H. 215. 228D. 231G. 237D. 242D. 243H, G. 249.
Bernard Duvivier : 76G. 111B. 124. 137H, B. 140. 162D. 242G. Véronique Babin : 9G. 24D. 35G. 36G. 37G, D. 125D. 134. 221G, D.
9D : Buzin. 12D : R. Mayr/Zefa. 16G : C. Brenders. 17G : E. Bogaert. 19 : Gerolimetto/SDP. 25D : H. Muller. 28H : D.R. 33 : C. Brenders. 35D : C. Brenders. 38H : J. Channel. 39G : CNRI. 42G : Gohier/Jacana. 42D: J. Olivier. 43 : E. et P. Bauer/Zefa. 44 : E. Bogaert. 46B : J. Olivier. 48G : J. Barber. 49 : E. Bogaert. 51 : T. Desaillly. 52 : J. Barber. 53D : D.R. 55D : E. Bogaert. 61 : J. Olivier. 62G : T. Desailly. 62D : C. Brenders. 65H : B. Trumann/SDP. 65B : J. Olivier. 66D : C. Brenders. 68D : E. Bogaert. 69 : M. Smith/SDP. 70H : E. Alibert. P. Aucante/ Nature. 71G : E. Alibert. 71D : D.R. 72 : J. Channel. 77 : C. Brenders. 80G : RMN Chuzeville. 82: J.L. Charmet. 83 : Airdiasol/SDP . 85G : E. Bogaert. 85D : Kumasegawa/ Artephot. 86 : G. Dagli Orti. 87D : document communiqué par Henri Michel. 88 : P. Probst. 89G : Boudot-Lamotte. 91G : D.R. 92D : K. Elsener. 93 : B. Barbey/ Magnum. 95 : P. Joubert. 97 : Milner/Sygma. 98G : Perquis/ Jerrican. 98D : Keystone. 99G, D : D.R. 100 : Rubinel/Enguerand. 101G : Merlin/ Rapho. 105 : J Torton. 107 : P. Durand/ Sygma. 109H : Naya; 109B : Explorer/Archives. 113 : G. Dagli Orti. 117 : P. Joubert. 120G : M. Laverdet. 123D : Annunziata. 126D : D.R. 127G : Tapabor. 128D : E. Bogaert. 130H : C. Brenders. 130B : J. Olivier. 132 : G. Rouget/SDP.135G : carte de P. Crest. 135D : E. Bogaert. 136 : P. Joubert. 138G : E. Bogaert. 139 : Zviki Eshet/ SDP. 143 : D. Réau. 144-145 : J. Olivier. 146 : P. Joubert. 147 : L. Villota/ Stockmarket/ Zefa. 148 : Frochisch/ Zefa. 150 : K. Elsener. 151 : Benetton. 152G : Nutan/ Rapho. 153 : Graphico-Science/Photo Library/Cosmos. 155H: E. Bogaert. 155B : M. Kraft. 160H : DR. 159 : E. Bogaert. 160B : T. de Rémur. 161H, B : C. Brenders. 163G : J. Olivier. 163D : J.L. Allart. 165 : V. Clément/ Jerrican. 171B : E. Bogaert. 174 : L'Illustration/ Sygma. 175 : B. Mc Condless/ Nasa.176G : Usis. 179 : P. Richard. 185B: Fabbri. 188D : D.R. 191 : Thuillier/ REA. 192B : J. Poirier. 195 : E. Bogaert. 199D : MPO. 201 : Zefa. 204 : Usis. 205 : Nasa/DITE. 206 : J.L. Allart. 207G: M.C. Réau. 208D : D.R. 211G : Kunthaus, Zurich. 213 : Vandystat. 223B : J.M. Turpin/ Sygma. 224D : Apesteguy-Simon/ Gamma. 232 : Barclay. 234G : France Illustration. 239B : S. Ballesteros/ESP US Masters 1988/Vandystat. 240G : G. Dagli Orti. 240D : Dr Heuvelmans, dessin A. Lindbergh. 244 : UNESCO. 246D : D.R. 248 : D.R.

LE LIVRE DES 10-15ANS

1992

HACHETTE
Jeunesse

GÉANT

L'encyclopédie des 10-15 ans
qui répond directement à leurs questions !

Tu es curieux, tu as envie de savoir, tu veux apprendre le monde, c'est bien.
C'est à toi que nous pensons lorsque nous écrivons GÉANT
avec l'aide de spécialistes, d'enseignants, de femmes et d'hommes
qui connaissent bien tous les sujets abordés. C'est pour toi que, chaque année,
nous actualisons Géant, en introduisant de nouvelles questions,
de nouvelles réponses et de nouvelles idées afin que tu puisses chaque jour
mieux comprendre le monde dans lequel tu vis.
Tu as peut-être toi aussi, des idées, des questions et des réponses !
Tu aimerais les voir publiées dans GÉANT ?

Adresse-les à :
Hachette Jeunesse Documents
79, bld Saint-Germain, 75006 PARIS
Si notre jury sélectionne une de tes idées ou une de tes questions, elle sera
publiée dans une prochaine édition de GÉANT !

SOMMAIRE

1

LES ANIMAUX ET LA NATURE

MIGRATION

Pourquoi les animaux migrent-ils ?

QUESTION POSEE PAR :
ANNE SIMON
XAVIER JOURDA

Les animaux migrent à cause des changements de saisons ou de climat, du manque d'eau ou de nourriture, et aussi pour se reproduire.

Chez les animaux, les migrations sont souvent liées à la nécessité de changer de climat pour survivre. On constate aussi des migrations botaniques avec le déplacement de certaines populations végétales d'un endroit à l'autre. Ce phénomène est le plus souvent dû aux effets du vent. Certains insectes également sont migrateurs. Le cas le plus spectaculaire est celui du papillon Monarque. Originaire du nord des Etats-Unis, ce bel insecte migre à l'automne pour aller se reproduire dans le golfe du Mexique (il parcourt donc près de 3 000 km !). Pour un animal de 10 cm d'envergure, c'est un exploit.
Les migrations des oiseaux ou celles de certains poissons tels le saumon et l'anguille sont bien connues, mais elles existent aussi chez les mammifères. Ainsi, à la saison sèche, les gnous qui vivent au Serengeti, en Tanzanie, se mettent en route, accompagnés de zèbres et de gazelles. En immenses troupeaux, ils gagnent des régions plus élevées où la nourriture est plus abondante, et où naîtront les jeunes. Ils redescendent en plaine dès que commence la saison des pluies, guidés, semble-t-il, par le bruit des orages.

KOALA

Qu'est-ce qu'un koala ?

QUESTION POSÉE PAR :
FRÉDÉRIC COLIN
MARC KOLASA

Adorable petit "nounours" australien, le koala est un marsupial. Lent et pacifique, il mesure environ 60 cm de long. Les plus gros spécimens pèsent jusqu'à 15 kg. On le reconnaît à son épaisse fourrure gris cendré et à son gros nez noir. La fourrure de son ventre est toute blanche.

Le koala passe son temps dans les arbres, plus spécialement les eucalyptus, dont il mange les feuilles Grâce à ses pattes préhensiles, il peut prendre les postures les plus acrobatiques pour atteindre sa nourriture.

Le koala est très maladroit sur le sol mais il semble toutefois obligé de mettre de temps en temps une patte à terre pour boire l'eau des flaques, dont il a besoin pour aider la difficile digestion des feuilles d'eucalyptus.
Comme tous les marsupiaux, la femelle possède une poche sur le ventre, dans laquelle son petit, après environ un mois de gestation, se faufile. Le bébé quittera cette poche six mois après sa naissance.
Le koala a failli disparaître par la faute des hommes, mais il est aujourd'hui complètement protégé. C'est heureux car en 1924, on exporta plus de 2 millions de peaux. Au rythme de ce massacre, il n'y en aurait bientôt plus eu un seul !

PIGEONS

Est-il vrai qu'il ne faut pas toucher les pigeons ?

Il existe en France trois variétés de pigeons.
Celle du biset -qui doit son nom à la couleur bise de l'animal, un gris tirant sur le brun- a donné naissance à la race la plus répandue dans nos villes. Les deux autres variétés, celles de la colombe et du ramier se sont surtout développées dans les campagnes. Certains pigeons sont élevés par l'homme et destinés à être consommés. C'est le cas de la palombe, variété de ramier très prisée par les chasseurs.
Les pigeons des villes se sont très bien adaptés à la cohabitation avec l'homme et c'est pourquoi ils pullulent dans certains endroits. Ces oiseaux sont en effet très prolixes : la femelle n'a pas fini de couver ses oeufs qu'elle en pond déjà deux autres !... Ces oiseaux sont également très réputés pour leur fidélité "conjugale" ! Il n'est en effet pas rare qu'un couple de pigeons reste ensemble toute la vie. Les familles font cependant quelquefois exception : des parents dérangés, effrayés, peuvent parfois abandonner leur nid et leurs petits... Ces oiseaux constituent une attraction pour le touriste qui les associe au charme des villes, mais il faut savoir que la présence de pigeons est devenue un véritable problème dans certaines municipalités.

D'une part c'est un animal qui peut transmettre des maladies graves comme la variole ou la paratyphose, et d'autre part c'est une menace pour les habitations et les monuments historiques dans lesquels il niche. En effet on a découvert que ses fientes contenaient une substance qui, à long terme, détériore les matériaux comme la pierre ou la tuile... C'est ainsi qu'à Paris, il y a quelques années, on a interdit aux habitants de nourrir les pigeons!

TABAC

Comment se cultive le tabac ?

Le tabac actuel est le résultat de l'acclimatation d'une plante sauvage utilisée par les Indiens des Antilles pour fabriquer de gros cigares, les tabacos, ou pour bourrer leurs pipes.
Christophe Colomb fut certainement le premier Occidental à fumer du tabac, offert par les Indiens Arawaks qu'il rencontra dans les îles au cours de son premier voyage, en 1492. Les plants de tabac furent importés en Europe dès 1556 et s'adaptèrent bien au climat du Sud-Ouest de la France.

Le tabac nécessite un sol riche en humus et un arrosage approprié, ainsi qu'un ensoleillement important du fait de son origine tropicale. Les plants portent, après repiquage, entre six et huit grandes feuilles d'une quarantaine de centimètres. Dès qu'elles jaunissent, elles sont cueillies et mises à sécher avant d'être traitées en usine.

SINGES

Peut-on apprendre à parler aux singes ?

QUESTION POSÉE PAR :
BARIAL CYRIL

Même si le singe est notre plus proche cousin animal, même s'il possède un potentiel d'intelligence, il n'a encore jamais été possible de lui faire prononcer des mots. C'est tout à fait logique car le langage est une invention humaine. Il a fallu des millénaires d'évolution pour parfaire la communication par le langage.

Le langage est un code abstrait. Il nécessite le pouvoir de penser. Même si les dernières expériences dans ce domaine tendent à prouver que certains animaux évolués sont doués d'une forme de pensée, il semble peu probable qu'ils aient une réflexion dans l'absolu. Or, la difficulté d'un langage consiste à associer des mots pour développer des idées. Chez l'enfant, cette capacité n'apparaît qu'au cours de sa deuxième année, lorsque le développement de son cerveau a déjà dépassé celui du singe.
On sait aujourd'hui localiser avec précision les zones du cerveau concernées par le développement du langage. Il s'avère que chez les animaux ces zones sont fort peu développées. Depuis des dizaines d'années, on tente de communiquer avec les dauphins grâce à un langage codé. Jusqu'ici, les scientifiques n'ont enregistré que des échecs.
En revanche, on parvient fort bien à apprendre la signification de certains mots aux animaux. Ils ne peuvent pas les articuler, mais ils les comprennent. Certains singes peuvent assimiler une centaine de mots. Un chien peut connaître le sens d'une trentaine de mots. Ils acquièrent cette compréhension par association d'idées. C'est un travail long et difficile. Ils peuvent réaliser des actes précis, sur commande de leur maître, et adopter un comportement sur simple injonction vocale. Mais dans tous les cas, c'est plutôt du dressage que l'apprentissage d'un langage. De plus, l'animal présente un gros défaut : il perd très vite les acquis s'il n'est pas entraîné régulièrement. C'est le cas des dauphins dans les Marinelands, des chiens de garde et de concours et, bien sûr, de tous les animaux de cirque.

PANGOLIN

Qu'est-ce qu'un pangolin ?

Le pangolin est un petit animal peu connu qui vit dans le Sud de l'Afrique et dans la région indo-malaise.
Son aspect est assez surprenant car il a la souplesse du lézard, tout en étant recouvert de la même carapace d'écailles que le tatou. Quant à ses griffes, elles sont aussi pointues que celles du paresseux...

Le pangolin appartient au sous-ordre des *nomarthres*, une des deux subdivisions de l'ordre des *édentés*, dont font partie les fourmiliers, les tatous et les paresseux. Il doit son nom à la particularité que présentent ces animaux de n'avoir qu'un type de dents et aucune incisive.
Le pangolin se nourrit essentiellement de termites et de fourmis qu'il aspire grâce à sa longue langue fine recouverte d'une salive gluante. Il est capable d'en avaler plusieurs milliers en quelques minutes, après avoir détruit leurs nids à l'aide de ses griffes. Il est difficile de surprendre le pangolin car il vit la nuit. Il habite les forêts des régions tropicales.
Ses prédateurs sont surtout les félins tels que le jaguar ou la panthère, contre lesquels il se défend en s'enroulant sur lui-même et en présentant à l'adversaire ses écailles coupantes.
Deux espèces de pangolins vivent dans les forêts pluviales de l'Afrique centrale. Ceux-ci mettent au monde un seul petit qui, pendant quelques semaines, se déplace en se tenant à la queue de sa mère.

EDELWEISS

Pourquoi l'edelweiss est-il poilu ?

QUESTION POSÉE PAR :
STEPHANE TOLUNI

Plante des hautes régions montagneuses d'Europe, l'edelweiss ou étoile des neiges (*Leontopodium alpinum*) est entièrement couvert d'un doux duvet, aussi bien les feuilles que les fleurs. Cette particularité est due à son habitat. On le rencontre entre 1 500 et 3 400 m d'altitude dans les sols rocailleux et calcaires bien exposés au Sud.

Toute la pilosité de la plante lui sert à capter l'humidité du soir ou du matin afin de pouvoir satisfaire ses besoins en eau. C'est également une bonne protection contre le froid, exactement comme la fourrure d'un animal. Ce qui explique que les edelweiss cultivés en plaine n'ont pas le manteau cotonneux aussi dense que les formes sauvages poussant en altitude.

L'edelweiss est une plante à souche vivace. Il disparaît chaque année aux premiers grands froids, mais renaît au même endroit dès la fonte des neiges. La floraison blanc argenté si caractéristique a lieu de juillet à septembre. Aujourd'hui, les edelweiss sont devenus rares dans la nature. On peut encore en trouver dans le parc de la Vanoise, mais il faut monter très haut. En Suisse, cette plante est plus répandue. L'edelweiss est aujourd'hui protégé. Il est interdit de cueillir ses fleurs et plus encore de le déterrer. Si une envie irrésistible vous prend de vouloir le cultiver, sachez qu'on le trouve chez les pépiniéristes spécialisés dans les plantes vivaces.

ANIMAUX SACRÉS

Pourquoi certains animaux sont-ils sacrés ?

Toutes les anciennes religions de l'humanité ont pris pour modèles des animaux qui impressionnaient les hommes par leur comportement particulier. Certaines religions vénèrent encore des animaux sacrés, et même des dieux mi-hommes mi-animaux.

La force du lion, la mémoire de l'éléphant, la rapidité du naja, la fureur du taureau, la majesté de l'aigle, la ruse du singe, le courage du sanglier, la gentillesse du dauphin, la fidélité du chien, l'indépendance du chat, toutes ces qualités des animaux observées par les hommes les ont poussés à faire de certains des objets de culte. Dans la religion hindoue, par exemple, les animaux sont sacrés. Certains dieux sont aussi par exemple des êtres hybrides, comme Ganesh, le dieu hindou à tête d'éléphant, symbole de sagesse et de maîtrise de soi.

LOUP

Le loup est-il un animal dangereux ?

Ce mammifère carnivore n'est dangereux que lorsqu'il est affamé, car alors il se réunit en bandes organisées qui attaquent des troupeaux et même l'homme.

Isolé, le loup est plutôt peureux et fuit naturellement l'homme. S'il est repu, un simple chien le fera fuir. En revanche, le loup possède de nombreux talents en matière de chasse organisée. Motivés par la faim, les loups se rassemblent en hordes de quelques dizaines d'individus. A la tombée de la nuit, souvent dirigés par une femelle, ils sortent des endroits sauvages où ils s'étaient réfugiés pendant la journée. Ils peuvent encercler des troupeaux entiers et même lancer des attaques frontales successives contre un groupe d'hommes. Ils peuvent aussi courir autour de leurs proies, pousser les plus faibles à s'isoler en menant des petites attaques. Il est arrivé qu'ils assiègent des fermes habitées pendant des jours, attendant que les hommes se risquent à sortir.
Le loup a bien sûr une parenté avec le chien. Tous deux descendent d'un mammifère carnassier, apparu à la périphérie des zones glacées dans le nord des continents américain et eurasien. Le loup reste plus proche de son ancêtre, tandis que le chien, apprivoisé au cours de l'histoire, s'est diversifié en races très nombreuses, dont l'instinct s'est modifié au contact de l'homme.

COULEUR DES FLEURS

D'où viennent les couleurs des fleurs ?

QUESTION POSÉE PAR :
STEPHANE TOLUNIS

Le coloris des fleurs provient des pigments colorés contenus dans les *pétales*, les *sépales* ou les *bractées* (sorte de feuilles ressemblant à des pétales).

Par exemple, la teinte verte des plantes provient de l'association du carotène (jaune) et de la chlorophylle (bleu-vert). La transmission de ces pigments se fait par voie génétique. Il est donc possible de transformer les couleurs en croisant les plantes entre elles. Ce travail, long et délicat, appelé hybridation, ne permet pourtant pas d'obtenir à volonté n'importe quelle couleur : ainsi n'a-t-on encore jamais réussi à créer une rose bleue !

SCORPION

Le scorpion peut-il tuer ?

QUESTION POSÉE PAR :
THIERRY SEVES

Apparenté aux araignées (il a 8 pattes et 2 grosses pinces), le scorpion est un animal redouté et redoutable. Il possède à l'extrémité de la queue une glande venimeuse prolongée par un dard. Dès qu'il se sent en danger, le scorpion dresse sa queue et menace son adversaire de son arme. Il arrive même qu'il en fasse usage contre un adversaire de sa race. N'étant pas immunisé contre son propre venin, le scorpion touché meurt. Quand l'animal est cerné par les flammes, on a par exemple pu constater qu'il peut se piquer lui-même et mourir. Ce que l'on prit longtemps pour un comportement suicidaire est en réalité dû à l'affolement.

Les scorpions habitent la plupart des régions chaudes du globe. On peut rencontrer de petits individus peu dangereux dans le Midi de la France. Contrairement à ce que l'on pourrait supposer, les plus gros scorpions ne sont pas forcément les plus dangereux. Les énormes spécimens de Malaisie qui dépassent 20 cm de longueur n'ont qu'un venin peu toxique. En revanche, la piqûre est toujours douloureuse. Les scorpions les plus virulents sont souvent de petite taille. Ainsi la piqûre des *Centruroides* des Etats-Unis est presque toujours mortelle. Et pourtant, ils mesurent seulement 5 à 8 cm de long ! En cas de piqûre de scorpion, il faut conduire la victime le plus rapidement possible à l'hôpital. La présentation de l'animal qui a piqué permettra d'effectuer un meilleur traitement.

KIWI

Qu'est-ce qu'un kiwi ?

Fruit tout velu appelé aussi souris végétale, le kiwi pousse sur une grande liane très décorative appelée Actinidia sinensis. C'est une belle plante originaire de Chine, importée en Nouvelle-Zélande, et dont on a redécouvert les vertus il y a seulement une quinzaine d'années. Le kiwi est en effet le fruit le plus riche en vitamine C que l'on connaisse (environ 10 fois plus que le citron). Il est, de plus, beaucoup plus savoureux, et facile à digérer. Les plus beaux kiwis sont toujours cultivés en Nouvelle-Zélande, mais on en produit en France dans les régions du sud de la Loire.

Cette plante est très facile à cultiver, à condition de disposer d'une grande pergola ou d'un mur bien exposé (sud ou sud-est). Il faudra également prévoir un support car le kiwi ne peut pas s'accrocher seul sur un mur.
Sa particularité est de porter des fleurs unisexuées (d'un seul sexe). Il y a donc des pieds mâles et des pieds femelles (seules les femelles portent des kiwis). Plantez environ un mâle pour trois femelles, c'est suffisant. Mais après la plantation, soyez patient, car il faut environ 5 ans pour voir apparaître les premiers fruits ! Ensuite la plante se montre généreuse et peut donner jusqu'à 30 kg de fruits que l'on récolte au mois de novembre.

CORAIL

Qu'est-ce que le corail ?

QUESTION POSÉE PAR :
VILLORO GRÉGORY

Les coraux sont des invertébrés à squelette calcaire externe vivant en colonies, le plus souvent dans les mers chaudes.
La plupart sont des hexacoraliaires : ils possèdent 6 tentacules. Chaque animalcule constituant le corail est appelé un polype. Leur développement crée une masse impressionnante et variée : le récif. La plupart des coraux bâtisseurs de récifs s'appellent des madrépores.

La Grande barrière de corail d'Australie -2000 km- est le plus grand récif du monde et la plus grande construction animale connue. Les coraux abritent une variété de poissons infinie.
Les coraux prospèrent en faible profondeur, de préférence dans les mers chaudes (20 °C minimum), et claires. Ils constituent des zones écologiques d'une rare beauté. Le corail pousse très lentement (maximum 10 cm par an !) : un ramassage abondant peut mettre en danger certaines espèces.
Dans la journée, les coraux ressemblent plus à des pierres qu'à des êtres vivants. Rares sont les espèces épanouissant leurs polypes avant la tombée de la nuit. C'est alors un enchantement que de voir ces minuscules animaux déployer leurs bras à la recherche des particules de plancton dont ils se nourrissent.

ESCARGOT

Mange-t-on les œufs d'escargots ?

QUESTION POSÉE PAR :
MARIE-LAURE LA ROSA

Jusqu'ici, on élevait les escargots pour les manger. Depuis peu, on les élève aussi pour leurs œufs, le brut. Un éleveur a trouvé une recette pour les préparer et a déjà commercialisé son invention. Seul inconvénient : ils coûtent très cher, 600 F les 100 g !

L'escargot vit la plupart du temps enfermé dans sa coquille : comme de nombreux animaux, il hiberne. En automne, il se prépare à dormir six longs mois. Au début du printemps, il se réveille et part à la recherche de nourriture.

Autrefois, les escargots se trouvaient surtout dans les vignes où ils faisaient d'énormes dégâts. Aussi les ramasseurs d'escargots étaient-ils toujours les bienvenus. Après la guerre, la récolte des escargots s'est faite sans aucune règle et la perpétuation des espèces s'est trouvée menacée. Depuis quelques années, le ramassage des escargots est très réglementé. La demande d'escargots étant très importante, surtout en France, des élevages d'escargots se sont créés. Cela s'appelle l'héliciculture.

En juin-juillet, au moment de la ponte, l'escargot creuse le sol et s'enterre. Puis il laisse tomber une centaine d'oeufs blancs et ronds qui, retenus par une enveloppe gélatineuse, se déposent délicatement au fond du trou. Les oeufs éclosent environ trois semaines après la ponte.

PLANTES

Comment respirent les plantes ?

QUESTION POSéE PAR :
SANDRINE BOUDJEMA

Les plantes respirent comme nous en absorbant de l'oxygène et en rejetant du gaz carbonique. Mais en outre, certaines d'entre elles fabriquent de l'oxygène : les plantes vertes.

Sous l'effet de la lumière, ces végétaux fabriquent de la matière organique à partir de l'eau, du gaz carbonique de l'air et des sels minéraux contenus dans le sol. Ces éléments constituent la nourriture qui leur permet de se développer.

Les plantes ont la propriété de rejeter dans l'atmosphère, au cours de ce processus, beaucoup plus d'oxygène qu'elles n'en consomment. Pendant la nuit, au contraire, elles rejettent du gaz carbonique. C'est pourquoi, chaque soir, on enlève les plantes des chambres des malades, jusqu'au lendemain matin. Les plantes vertes sont absolument nécessaires à la survie de l'homme, car sans elles, l'atmosphère ne se régénérerait pas suffisamment en oxygène.

PHOTO-SYNTHÈSE

Qu'est-ce que la photosynthèse ?

Pour transformer en nourriture assimilable les éléments minéraux qu'elle puise dans le sol, la plante (verte) a besoin de lumière, d'eau et de gaz carbonique.

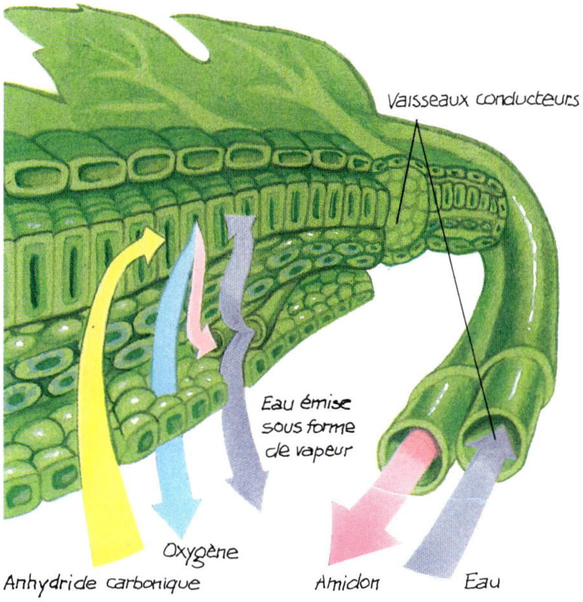

La plante trouve l'eau dans le sol et le gaz carbonique dans l'air. La lumière, c'est le soleil. A partir de ces trois éléments, n'importe quelle plante est capable de fabriquer du sucre.
C'est la chlorophylle portée par les chloroplastes des cellules qui joue un rôle essentiel dans ce phénomène compliqué. L'eau puisée par les racines monte dans les tissus des feuilles et rencontre le gaz carbonique qui est absorbé par les pores des feuilles. Stimulée par la lumière, la chlorophylle décompose les molécules d'eau en séparant l'hydrogène de l'oxygène. Ce dernier est rejeté dans l'air.
Après ce travail, la chlorophylle reprend son état primitif en libérant de l'énergie. Cette énergie se combine à l'hydrogène (lui-même déjà associé à d'autres molécules) pour former une enzyme : l'ATP, qui va aider le gaz carbonique (associé avec un autre produit contenu dans la plante) à se combiner à l'hydrogène pour former un sucre.

FLAMANTS ROSES

Où vivent les flamants roses ?

QUESTION POSÉE PAR :
BRUNO LE GALL

Il existe quatre espèces de flamants roses habitant le Sud de l'Europe, le Moyen-Orient, l'Afrique, les Caraïbes et les zones côtières de l'Amérique du Sud.

Ces grands échassiers aux longues pattes graciles peuvent atteindre 1,20 m de hauteur. On les trouve généralement en bord de mer dans les zones marécageuses, mais ils peuvent peupler des lacs, parfois jusqu'à 4 300 m d'altitude, comme dans les Andes. Les flamants roses vivent en groupes importants : plusieurs milliers d'individus. En France, une colonie de flamants roses peuple la Camargue pendant les mois d'été, puis elle migre à l'automne vers l'Afrique.
Les flamants roses filtrent l'eau des lagunes avec leur bec muni de fanons et consomment les algues minuscules et les petits crustacés qui leur donnent cette teinte unique. La femelle y dépose un oeuf unique que les parents couvent pendant un mois. Le petit est capable de nager dès l'âge de 10 jours mais son bec est tout plat ! Tant qu'il ne sera pas recourbé, il sera incapable de se nourrir lui-même.

MOULES

Comment élève-t-on les moules ?

QUESTION POSÉE PAR :
ANNABELLE DAVID

Coquillages bivalves au comportement grégaire, les moules sont depuis des siècles utilisées pour l'alimentation humaine.
On les a longtemps récoltées sur les côtes rocheuses où elle se rassemblent. Aujourd'hui on élève des moules d'une manière industrielle. Ce travail se nomme la mytiliculture. Les premiers parcs à moules furent établis au XIIIe siècle en Charente Maritime par un Irlandais naufragé. La baie de l'Aiguillon en Vendée fut le point de départ de l'industrie de la mytiliculture. Les moules d'élevage implantées non loin du rivage sont élevées sur des bouchots. Il s'agit de gros pieux piqués verticalement dans le sol. Les bouchots sont immergés à marée haute et découverts à marée basse. Il existe aussi des élevages en suspension, surtout en Méditerranée et d'autres à plat, en particulier aux Pays-Bas.

La difficulté consiste à fixer la colonie de moules. Dans un premier temps, on tend horizontalement un filet ou des cordes dans l'eau pour prélever les larves nageuses des moules. En grandissant, les jeunes moules produisent un début de colonie : le naissain. Ces éléments sont ensuite enroulés autour du bouchot. Les moules sont récoltées à l'âge de deux ans.
La France produit environ 50 000 tonnes de moules par an, soit deux fois moins que les Pays-Bas et l'Espagne, premiers producteurs européens.

NŒUDS

Pourquoi les arbres ont-ils des nœuds ?

QUESTION POSÉE PAR :
OLIVIER LEBRUN

Les nœuds que l'on trouve dans le bois signalent l'emplacement d'anciennes branches latérales.

Ces parties sont incluses dans le tronc au fur et à mesure de la croissance de l'arbre. On distingue les nœuds adhérents correspondant à l'intégration d'une branche vivante et les nœuds noirs, emplacement d'une branche morte. Les nœuds se forment surtout après la taille, ou quand certaines branches ont été cassées par le vent ou la foudre. Il se produit d'abord un cal cicatriciel, puis de nouvelles couches de cellules viennent recouvrir l'emplacement de la blessure quand l'arbre grandit.

CROCODILE

A quelle famille appartiennent les crocodiles ?

QUESTION POSéE PAR:
MARC KOLASA

Les crocodiles sont des reptiles. Ce sont les descendants directs d' animaux préhistoriques, les plus proches parents actuels (avec les varans) des dinosaures. Ils n'ont pas changé depuis 100 millions d'années.

On connaît actuellement 27 espèces de crocodiliens, parmi lesquelles on distingue, les crocodiles véritables, les alligators, les caïmans et les gavials. Le plus petit de la famille est le crocodile d'Osborn qui dépasse à peine 1,50 m. Tous les crocodiles sont des animaux aquatiques et terrestres. Ils sont carnivores et certains peuvent attaquer l'homme. Leur mâchoire inférieure est fixe, ce qui les empêche de mâcher leur nourriture. Très souvent, ils enfouissent leur proie quelques jours dans la vase avant de la manger, les chairs étant alors plus faciles à déchiqueter.
Les crocodiles, comme la plupart des reptiles, sont ovipares. La femelle pond de 20 à 60 oeufs dans le sable, au bord de l'eau. Elle recouvre sa ponte et monte ensuite la garde jusqu'à l'éclosion.

DAMAN

Qu'est-ce qu'un daman ?

Le daman, appelé *Arax* en Afrique orientale, est un mammifère rongeur, de la taille d'un petit chien. Il vit dans les anfractuosités des amas rocheux qui parsèment les savanes herbeuses.

Cet animal, proche des *chiens de prairies* de l'Amérique du Nord, présente la particularité de n'avoir pas une température constante. Afin de réchauffer leur sang refroidi par la nuit, les damans se blottissent donc, dès le lever du jour, les uns contre les autres. Souvent collés à un bloc de pierre réchauffé par le soleil, ils sont faciles à observer et assez peu farouches. Tandis qu'un groupe se prélasse ainsi toute la journée, un guetteur, museau en l'air, surveille le ciel car ces petits rongeurs sont souvent victimes des oiseaux de proie.

ZÈBRE

Comment vivent les zèbres ?

QUESTION POSÉE PAR :
OLIVIER DE BENEDICTIS
MARC KOLASA

Sorte de petit cheval rayé noir et blanc, le zèbre habite les grandes plaines et certaines régions montagneuses de l'Est et du Sud de l'Afrique. On en distingue trois espèces : le zèbre de Bruchell, le plus commun, le zèbre de Grévy aux grandes oreilles et aux fines rayures très élégantes et le zèbre de montagne, une espèce en voie de disparition qui ressemble un peu à un âne rayé.

Les zèbres sont des mammifères herbivores. Ils passent leur temps à manger de l'herbe. Très sociables, ils vivent en troupeaux de 5 à 20 individus. Pendant la saison sèche, on peut observer des rassemblements de plusieurs centaines d'animaux, en migration vers des

zones plus verdoyantes. La plupart du temps, les troupeaux de zèbres sont accompagnés de gnous et de bubales, sorte d'antilope aux cornes en forme de lyre.

Les zèbres de Burchell et de Grévy mangent souvent de l'herbe rase et grossière. Ils sont dotés d'une dentition qui leur permet de s'attaquer à tous les types de végétaux : grâce à leur molaires, ils peuvent broyer les parties les plus fermes de certaines plantes, et leurs incisives tranchantes leur permettent de couper facilement les herbes au ras du sol.
S'ils sont peu difficiles quant à la nourriture, ils ont en revanche de gros besoins d'eau. Les troupeaux s'éloignent rarement des points d'eau. C'est d'ailleurs souvent en allant se désaltérer que le zèbre est victime d'un lion, son plus redoutable prédateur. Les zèbres de montagne sont beaucoup plus sobres. Ils peuvent se passer d'eau pendant 3 jours sans problème.
Contrairement à leurs cousins des plaines, les zèbres de montagne passent les heures chaudes de la journée au repos dans des buissons épais et ombragés. On ne les rencontre pratiquement plus que dans le "parc des zèbres de montagne", dans le Nord de la province du Cap en Afrique du Sud.
Les zèbres sont capables de galoper extrêmement vite. La finesse, la longueur de leurs pattes, ainsi que la forme de leurs sabots les prédisposent à une course à la fois rapide et prolongée.
D'ordinaires paisibles, les zèbres se déchaînent à la période des amours. Les étalons se battent furieusement. Ils se saisissent au cou, s'infligeant de profondes morsures. Ils se donnent aussi de grands coups de sabots. Les vainqueurs règnent en maître sur un petit harem de femelles.
Dès l'âge de deux ans, la femelle peut s'accoupler avec le mâle.
Après une année de gestation, la mère zèbre donne naissance à un seul poulain, en général une fois tous les trois ans.

Le zèbre vit en moyenne une vingtaine d'années.
Curieusement, alors qu'il présente de grandes similitudes avec le cheval ou l'âne, le zèbre n'a jamais pu être domestiqué avec succès.
Les populations de zèbres de Burchell restent encore très importantes, surtout au Kenya et en Tanzanie. C'est toutefois un animal à protéger, une espèce sud-africaine, le "quagga", ayant été totalement exterminée en moins de 150 ans.

GALAGO

Qu'est-ce qu'un galago ?

QUESTION POSÉE PAR :
ANNABELLE DROUIN

Le galago est un animal proche du singe mais de très petite taille qui vit dans les arbres et ne sort que la nuit.

Ce petit primate arboricole tient son nom de son appellation locale sénégalaise. Proche du singe, il ressemble pourtant aussi à un écureuil en raison de sa fourrure et de sa longue queue fournie. Ses habitudes nocturnes le rendent difficile à observer. Comme ses cousins les paresseux, il passe la journée à sommeiller dans son nid, bien calé sur les branches d'un arbre très feuillu, qui lui fournissent une cachette et une protection contre les oiseaux de proie et les reptiles.
Le galago fait partie de la grande famille des *lémuriens.* Ce sous-ordre des primates regroupe des animaux dont on pense qu'ils sont antérieurs aux singes. Les lémuriens vivent dans les forêts, principalement à Madagascar, en Inde et dans les îles de la Sonde. Ces mammifères arboricoles sont de toute petite taille, mais leurs ressemblances avec les singes sont nombreuses : museau allongé, pelage dru. Mais c'est surtout la structure de leurs mains, identique à celle des autres primates (dont l'homme) qui les rapproche des singes. On pense aujourd'hui que les lémuriens sont les représentants de la plus ancienne lignée de primates qui ait existé sur notre planète.

POLLEN

Comment les insectes contribuent-ils à la reproduction des fleurs ?

QUESTION POSÉE PAR :
STÉPHANE TOLUNI

Les fleurs, pour se reproduire, ont besoin d'être pollinisées. Le pollen peut être transporté par le vent, par l'eau ou par les insectes. Ceux-ci sont particulièrement "attirés" par certaines fleurs : celles dont les couleurs sont très vives, qui exhalent des odeurs caractéristiques ou encore celles qui produisent un liquide doux, le nectar, dont les insectes se nourrissent.

L'insecte qui se pose sur une fleur, attiré par son nectar et sa couleur, ne sait pas qu'il est un instrument indispensable à la reproduction de la plante. Le poids de l'animal fait plier les pétales de la plante. Les étamines sont alors penchées et déposent leur pollen sur le dos poilu de l'insecte. Lorsque celui-ci va butiner une autre fleur, le pistil de cette dernière reçoit la semence provenant de la première fleur. Une manière fort efficace d'éviter la dégénérescence au sein d'une espèce. Les insectes jouent un tel rôle dans la fécondation des plantes à fleurs, que les agriculteurs font parfois appel à leurs services : ils installent des ruches dans les vergers au moment de la floraison.

ORCHIDÉES

Comment poussent les orchidées ?

Les orchidées sont des plantes d'origine tropicale, qui se développent dans un milieu chaud et humide. Elles poussent fréquemment dans les arbres et leurs racines aériennes ne touchent pas le sol : elles captent directement l'humidité de l'air !

Les espèces d'orchidées sont très nombreuses : près de 5 000 sont déjà répertoriées. Leurs fleurs à corolles, de couleurs vives, sont très recherchées pour leur valeur décorative. Maintenues en milieu chaud et humide et bien éclairées, elles survivent longtemps. Les orchidées furent découvertes dans les jungles sud-américaines. Cependant, avant que les botanistes n'aient mis en évidence le rôle capital que jouent les insectes dans leur fécondation par le transport du pollen, les fleuristes ne savaient pas les cultiver, ce qui augmentait leur rareté et leur prix. Depuis le XIXe siècle, une meilleure connaissance de ce phénomène, ainsi que la découverte de la symbiose de la plante avec certains champignons et certains arbres, ont permis de concevoir des serres où les orchidées de diverses espèces sont cultivées industriellement avec succès.

JAQUIER

Les fruits du jaquier se mangent-ils ?

Le fruit du jaquier (ou *jacquier*, de l'anglais *jacktree*) est une boule de la taille d'un petit ballon. Son écorce est verte et rugueuse mais non piquante. Le fruit peut se consommer cru ou en compote, donnant une purée acidulée riche en vitamines.

Le jaquier est un arbre imposant, qui peut atteindre une vingtaine de mètres et dont l'origine est asiatique. On en trouve cependant dans toute la zone tropicale du Pacifique et jusqu'en Australie. Ce fruit peut peser jusqu'à 12 kg et fournit les populations locales en farine, obtenue par malaxation, séchage et mouture de la pulpe. Ses graines se consomment comme des noisettes.
Les explorateurs du XVIIIe siècle ont contribué à l'extension de la zone de culture de cette plante. Sa parenté avec l'arbre à pain qui pousse dans les forêts côtières d'Asie du Sud-Est, des Philippines et du Pacifique a permis l'implantation du jaquier dans ces régions.
Actuellement, le fruit du jaquier est couramment utilisé dans les cuisines d'Inde, de Thaïlande et de Malaisie où il entre dans la composition de nombreux plats savoureux très originaux.

CHATS

Pourquoi les chats ont-ils des moustaches ?

Les longues et fines moustaches des chats sont appelées "vibrisses". Ce sont des organes sensibles essentiellement conditionnés par les variations de pression dans l'air ambiant.

Les vibrisses transmettent au chat diverses informations sur les odeurs, les mouvements alentour, le climat, les divers obstacles, etc. Le moindre frôlement de la pointe des moustaches du chat envoie un message à un nerf situé dans la lèvre supérieure. Ce nerf transmet l'information au cerveau par l'intermédiaire d'un centre nerveux plus important. Tout changement dans l'environnement immédiat du chat lui est transmis par ses moustaches.

Le chat utilise aussi ses moustaches pour s'exprimer. Quand il les relève ou les fait vibrer, c'est un signe d'excitation et parfois même d'agressivité. Il faut éviter de les toucher, cela le gêne et lui procure une sensation désagréable.

Comment les chats voient-ils la nuit ?

On sait que le chat est capable de se déplacer avec aisance dans l'obscurité. Sa vue est très supérieure à la moyenne. L'animal est capable de déceler la moindre source lumineuse, grâce à un dispositif de "miroir réfléchissant" qu'il possède derrière la rétine.

La moindre lumière est amplifiée par les 15 couches de cellules réfléchissantes composant le système.
En raison de cette sensibilité à la lumière, la rétine du chat est un organe très performant. Elle s'ouvre et se rétracte en fonction des variations lumineuses. Son champ visuel est d'environ 285°. Comme l'homme, il a une vision binoculaire qui lui permet de voir en relief et de bien apprécier la distance le séparant de ses proies. On pense néanmoins que le chat perçoit assez mal les couleurs.

Que se passe-t-il si l'on coupe les moustaches d'un chat ?

Nous avons vu que les moustaches du chat leur sont d'une grande utilité pour percevoir le monde extérieur. Si on les coupe, l'animal peut sembler aveugle : il se heurte aux obstacles et paraît désorienté. Cette situation est due à un déséquilibre de son fonctionnement sensoriel.

Combien existe-t-il de races de chats ?

Il existe au moins une centaine de races de chats domestiques (ils ont donc un pedigree).

Certaines ne diffèrent que par leurs couleurs (les Persans par exemple). Parmi les chats à poils longs, outre les Persans, on peut citer les Colourpoint (parfois rattachés aux persans) et qui ressemblent à des Siamois à poil long. Parmi les chats à poil ras, on connaît surtout les Européens (chats de gouttière ou de couleurs : blanc, noir, fauve ...) et les Siamois.

Quel est l'ancêtre du chat ?

Il faut remonter à la nuit des temps pour retrouver l'ancêtre du chat. En effet, ce félin est domestiqué depuis l'Ancienne Egypte, soit 3 000 ans avant J.-C. Il semble probable qu'un félin préhistorique ait approché les villages néolithiques, se nourrissant des restes laissés par les hommes des cavernes.
En aucun cas il ne faut rapprocher le chat sauvage de nos régions (*Felis sylvestris*) du chat domestique (*Felis catus*). Ce dernier est originaire d'Asie ou du Moyen-Orient. S'il retourne à la vie sauvage, on l'appelle un chat haret.

CORNES

Pourquoi les animaux mâles ont-ils des plus grosses cornes que les femelles ?

Les cornes sont l'unique système de défense des animaux ruminants, pourchassés par de nombreux prédateurs. Comme ce sont les mâles qui assurent la défense du troupeau, leurs cornes se sont, au cours du temps, plus développées que celles des femelles.

Les ruminants sont des animaux paisibles et vulnérables. Cerfs, antilopes, vaches, gnous sont végétariens. Leur instinct agressif est peu développé car ils ne chassent pas pour trouver leur nourriture, se contentant de brouter. Afin de compenser cette faiblesse naturelle face à leurs prédateurs, une lente évolution a doté les mâles de protubérances dures et pointues ainsi que d'un instinct défensif très développé : le buffle ou le taureau par exemple, peuvent charger tout intrus menaçant. D'ailleurs, pendant la saison des amours, les mâles se livrent à des combats brutaux. Chez les gnous, ruminants africains migrateurs, le patriarche monte sur une petite éminence pour surveiller la savane et signale tout danger approchant le troupeau.

En haut : à gauche, un gnou, à droite, un cerf.

Ci-contre : deux antilopes.

BECS

Pourquoi certains oiseaux ont-ils le bec plus long que d'autres ?

Les oiseaux qui trouvent leur nourriture dans les marécages ont un bec plus long que ceux qui se nourrissent de fruits ou de graines. Les becs d'oiseaux sont en effet adaptés aux besoins de leur milieu.

Tous les oiseaux ont un bec dont la structure d'ensemble est similaire, mais la taille et la forme de ce bec diffèrent selon le type de nourriture nécessaire à leur alimentation. Ainsi, les oiseaux des forêts qui se nourrissent de fruits et de graines, ou encore les pigeons et les moineaux, ont un bec court. Au contraire, les oiseaux qui doivent aller chercher leur nourriture dans la vase, au milieu des végétations aquatiques, ont des becs longs et pointus pour fouiller profondément. Les rapaces ont un bec crochu capable de déchirer la viande. Quant au bec minuscule du colibri, il lui permet de s'introduire dans les fleurs pour en prendre le nectar.

En haut, une corneille. Ci-dessus, une jeune autruche.

Un pélican

ÉLÉPHANT D'ASIE ET D'AFRIQUE

Quelles différences y a-t-il entre un éléphant d'Asie et un éléphant d'Afrique ?

QUESTION POSÉE PAR :

KARINE ELSERENE

L'éléphant d'Afrique et son cousin l'éléphant d'Asie sont les derniers descendants d'une longue lignée. Les deux espèces se ressemblent à première vue énormément mais en fait, bien des détails les différencient.

Habitant de l'Inde et de tout le Sud-Est asiatique, l'éléphant d'Asie a le même mode de vie et les mêmes habitudes alimentaires que son cousin d'Afrique, bien qu'il marque une prédilection beaucoup plus nette pour les zones de forêts denses, alors que l'éléphant d'Afrique préfère la brousse et la savane.

Le Sultan Baber (gravure mongole du XVIe siècle)

Eléphant d'Asie.

L'éléphant d'Asie est plus petit que son cousin d'Afrique : il ne dépasse pas trois mètres de haut (l'éléphant d'Afrique pouvant atteindre quatre mètres et peser jusqu'à sept tonnes !). Ses oreilles sont beaucoup plus petites et de forme triangulaire (celles de l'éléphant d'Afrique lui servent à réguler la température de son corps ; elles peuvent atteindre une superficie de deux mètres !).

Son front est beaucoup moins bombé et l'extrémité de sa trompe n'a qu'un seul lobe, alors que celle de l'éléphant d'Afrique en comporte deux.

Enfin, si la plupart des éléphant mâles africains ont de belles défenses (ces incisives démesurément développées peuvent dépasser trois mètres de long et peser 130 kg !), ceux d'Asie en ont très rarement (un mâle sur dix environ développe ses défenses). Cette particularité a sans doute préservé l'espèce...

Les deux espèces montrent, en outre, des différences de caractères évidentes. Animal farouche, l'éléphant d'Afrique ne se domestique pratiquement pas, tandis que l'éléphant d'Asie, plus paisible et plus docile, est depuis fort longtemps utilisé comme travailleur de force par les Indiens : il travaille dans les exploitations forestières, aidant à transporter du bois. Les éléphants que l'on peut voir dans les cirques appartiennent, pour ces mêmes raisons, exclusivement à l'espèce asiatique.

L'éléphant d'Afrique vit au sud du Sahara, dans les réserves du Kenya (où il est protégé) et en Tanzanie (où il ne l'est pas...). Exclusivement herbivore, il se nourrit de feuilles, de jeunes pousses et de fruits, n'hésitant pas à abattre un arbre entier pour atteindre la branche du sommet qui le tente tout particulièrement...

Il peut consommer, selon sa taille, jusqu'à 200 kg de matière végétale par jour.

Un troupeau d'éléphants d'Afrique s'organise autour d'un noyau constitué de plusieurs femelles et de leurs jeunes d'âges divers. Les jeunes mâles forment ensuite des groupes à part entière et écartent parfois les vieux mâles. Les mâles adultes ne rejoignent la troupe qu'au moment de l'accouplement.

L'éléphant asiatique s'intègre à de petites troupes composées de femelles, de jeunes et d'un grand mâle. C'est généralement une vieille femelle qui mène cette troupe.

Les femelles donnent naissance à un seul petit, après une gestation de 22 mois. Le petit pèse déjà à sa naissance une centaine de kilos et mesure un mètre de haut. Il est allaité pendant 2 ans au moins et reste plus de huit ans auprès de sa mère.

D'Afrique ou d'Asie, les éléphants se reposent durant les heures de grande chaleur.

Eléphant d'Afrique.

POISSONS ALBINOS

Existe-t-il des poissons albinos ?

La dépigmentation des poissons est possible. Pour toute espèce, en effet, la consanguinité excessive peut entraîner cette décoloration de la peau.

Les poissons, comme la plupart des animaux, ont une couleur de peau issue de l'évolution particulière de leur espèce. Lorsque la reproduction se fait à partir d'une seule famille (dans un bassin clos par exemple), le renouvellement génétique n'est pas assuré et il y a dégénerescence.
La reproduction entre frères et sœurs accroît ainsi par exemple la consanguinité de la descendance. A partir de la troisième ou quatrième génération, des poissons dépigmentés (décolorés) apparaissent : ils sont roses mais aussi parfois d'un blanc très pur. Ces animaux demeurent rares malgré tout.
Ainsi, des poissons rouges lâchés dans un bassin retrouvent la couleur naturelle des carpes (brun-vert), leur espèce d'origine, dès la seconde génération, et une taille beaucoup plus imposante que celle des poissons rouges normaux. Par ailleurs, si la totalité de la population du bassin a pour origine un couple unique de poissons rouges, des poissons albinos (d'abord tachetés, puis roses et enfin blancs) apparaîtront au bout de quelques années à peine.

NACRE

A quoi sert la nacre qui se trouve à l'intérieur des coquillages ?

La paroi intérieure des coquillages a pour but de rendre plus confortable l'habitat naturel d'animaux entièrement constitués d'organes mous, qu'aucun squelette ne soutient.

Une moule poncée de l'extérieur : la coquille sombre a disparu, seule la nacre protectrice subsiste!

Les mollusques bivalves (moules, huîtres) ainsi que les nautiles ont besoin d'être au contact de parois lisses. Pour cela, ils produisent une substance, la *conchyoline*, composée de cristaux de calcaire mêlés à des particules organiques qui se déposent en couches transparentes irisées sur la partie intérieure de leur coquille. La nacre ainsi produite constitue près du tiers de l'épaisseur de la coque. Elle s'accumule au fil du temps car toute sa vie l'animal sécrète la conchyoline pour se protéger des aspérités de tout corps étranger entré dans sa coquille.
C'est ainsi que l'huître perlière produit des boules de nacre appelées perles. La paroi intérieure des moules, ou des abalones, est composée du même produit nacré que la perle : en ponçant une moule par l'extérieur, une fois que l'on aura fait disparaître la partie sombre de la coquille, on peut obtenir un joli bijou couleur de nacre.

COQUELICOT ET PAVOT

Le coquelicot contient-il des produits toxiques comme le pavot.

Le coquelicot, qui, au mois de juin égaie les champs et les talus de nos régions, fait partie de la même famille que le pavot : les papavéracées, mais il est beaucoup moins dangereux. Il contient toutefois de la morphine à très faible dose, et ses pétales séchés servent parfois à confectionner des tisanes calmantes.

Le pavot est une plante herbacée annuelle originaire d'Asie Mineure, qui fleurit de juin à août. La fleur située au bout d'un long pédoncule a de larges pétales blanc-violet ou rose-rouge. La tige, les feuilles et les fruits (lorsqu'ils ne sont pas encore arrivés à maturité) contiennent un lait : le latex. C'est dans ce latex que l'on trouve des alcaloïdes toxiques (morphine, codéine, papavérine, narcotine, thébaïne). Séché, il donne l'opium, stupéfiant dangereux. Certains alcaloïdes dérivés de l'opium sont utilisés pour des préparations qui ne sont délivrées que sur ordonance médicale. Ce sont des médicaments qui, mal utilisés, peuvent être nocifs.

SYMBIOSE

Qu'est-ce qu'une symbiose ?

QUESTION POSÉE PAR :
MIKAEL SUZENNE

La symbiose est l'association de deux êtres vivants qui ne peuvent vivre l'un sans l'autre. Le cas de symbiose le plus extraordinaire est celui du lichen, formé d'une algue et d'un champignon qui, en se regroupant, ont composé une entité vivante indépendante.

Chez tous les animaux supérieurs, il existe des symbioses avec des bactéries. Chez les êtres humains, ces micro-organismes permettent la digestion des aliments en les transformant en matières assimilables par notre corps. On trouve aussi des symbioses intéressantes chez les plantes de la famille des légumineuses (pois, luzerne, haricot, etc.) dont les racines renferment une bactérie qui fixe l'azote de l'air, produisant ainsi un engrais naturel à la plante.
Des associations moins déterminantes sont appelées commensalisme. Un exemple nous est fourni par les tortues d'eau qui arrachent les tiques incrustées dans la peau des rhinocéros. On dit qu'elles sont ses commensales. Le rôle essentiel d'un commensal consiste dans cette fonction de nettoyage, qui contribue à limiter les risques de maladie et d'épidémie. En échange, l'hôte offre des avantages certains. Le rhinocéros est un moyen de transport et un poste d'observation idéal pour les hérons garde-boeufs perchés sur son dos. Tout en le débarrassant de ses parasites, ils profitent des insectes, qui pullulent autour des gros animaux. Le commensal trouve chez son hôte une protection contre les prédateurs : c'est le cas du poisson-clown et de l'anémone de mer.

LOTUS

Est-il vrai que les fleurs de lotus poussent dans l'eau ?

Le lotus, variété orientale du nénuphar, est une plante aquatique dont la fleur émerge de l'eau, tandis que les feuilles se contentent de rester à la surface des lacs et des marécages, leur habitat naturel.

En Inde et en Asie tropicale, le lotus est une fleur très répandue, qui pousse le plus souvent à l'état sauvage. Dès le matin, on peut observer que les fleurs de couleur rose pâle s'ouvrent lentement alors qu'elles s'étaient fermées pendant la nuit. A midi, toutes les fleurs sont épanouies et le spectacle d'un marais couvert de fleurs de lotus est réellement splendide. En raison de cette particularité, le bouddhisme a fait du lotus le symbole de la vie humaine : naissance, ouverture à la sagesse, épanouissement ... et mort.

CRIQUETS

Pourquoi chasse-t-on les criquets ?

Dans des pays comme la France, le criquet passe pour un insecte bien inoffensif... On ne le voit jamais, il est pratiquement invisible à nos yeux ! Doté d'une faculté remarquable d'adaptation à son environnement, le criquet revêt la couleur qui lui permettra le mieux de passer inaperçu.
Seul son chant se fait entendre pendant les mois d'été dans les régions chaudes de la côte méditerranéenne.

Mais dans certains pays chauds d'Afrique par exemple, le criquet dit "migrateur" est un véritable fléau. En quelques heures, il peut dévaster les cultures de régions entières sur plusieurs dizaines de kilomètres. De plus, les œufs (15 à 20 par femelle) éclosent très vite : il est de ce fait extrêmement difficile d'enrayer ces invasions.

Criquet d'Afrique tropicale

ÉCUREUILS

Existe-t-il plusieurs espèces d'écureuils ?

QUESTION POSÉE PAR :
FOURNY TANIA
KOLASA MARC

Il existe plus de 360 espèces d'écureuils. L'écureuil commun est réparti dans toute l'Europe ainsi qu'en Asie du Nord, jusqu'au Japon. Il existe également un écureuil gris aux Etats-Unis, et une soixantaine d'espèces tropicales.

Les écureuils roux mesurent une cinquantaine de centimètres de long (queue comprise) et pèsent jusqu'à 1,2 kg. Animaux d'une agilité exceptionnelle, les écureuils défendent âprement leur territoire. Ils escaladent des troncs en spirale sautent de branche en branche. Dans les cas de danger extrême, ils sont capables de se laisser tomber d'une hauteur de 10 m. Leur queue touffue leur sert plus ou moins de parachute. Il existe en Indonésie un écureuil volant. Cet animal, lui, dispose de membranes charnues au niveau des côtes qui le transforment en véritable "deltaplane" quand il saute. Il peut ainsi planer sur 20 à 30 m de distance.
Les écureuils communs mangent des noisettes et toutes sortes de fruits secs ou de baies sauvages. Ils adorent les graines contenues dans les pommes de pin. Ce sont des animaux très distraits. Ils passent beaucoup de temps à rassembler des provisions. Ils les enterrent un peu n'importe où et se souviennent rarement de l'endroit de leur garde-manger ! L'écureuil est un rongeur. Ses incisives poussent sans arrêt, de 15 cm par an environ.
Les écureuils nichent souvent dans les anciens nids des pics-verts. Ils entassent beaucoup de brindilles, de feuilles et d'écorces pour se ménager un gîte confortable. En hiver, l'animal hiberne un peu, se réveillant de temps en temps pour prendre un petit repas. Selon les régions, il y a une ou deux reproductions annuelles. La gestation dure 46 jours. La mère donne de 1 à 6 petits. Ils naissent nus et aveugles mais se développent rapidement. Après 7 à 10 semaines, ils seront sevrés. L'agilité des écureuils leur permet de survivre car ils sont souvent la proie de rapaces tels que le hibou, mais aussi de la couleuvre, du renard ou de la martre.

SAULE PLEUREUR

Pourquoi dit-on que le saule "pleure" ?

Il existe de très nombreuses variétés de saules. Mais leur point commun est la finesse de leurs branches, avec lesquelles on fabrique l'osier. Le poids des feuilles, très nombreuses, fait plier les branches.
La famille des saules est très importante et très variée : ce sont des arbres dont certains se limitent, en montagne par exemple, à des bouquets herbeux. Mais la caractéristique des saules, appelés autrefois *osiers*, est d'avoir des branches très fines et de section constante. L'espèce la plus connue est le saule pleureur, arbre très décoratif bien adapté aux endroits humides, comme les bords des rivières ou des lacs.

Le bouquet touffu des branches de ce saule retombe doucement vers le sol. Ses feuilles allongées et pointues accrochées aux branches pendantes évoquent la chute de la pluie ou des larmes, ce qui lui a valu le nom de *saule pleureur.*

COLZA

A partir de quoi est faite l'huile de colza ?

Le colza, plante dérivée du chou, est cultivée comme fourrage pour le bétail mais surtout pour ses graines. Celles-ci donnent de l'huile utilisable pour le graissage... ou comme huile de table !
C'est en pressant mécaniquement les graines qu'on obtient le jus qui, après plusieurs opérations - lavage, tri, extraction des substances acqueuses, raffinage - deviendra comestible.

On sème le colza à la fin de l'été ou au printemps, selon la variété à laquelle il appartient. C'est une plante très sensible aux conditions climatiques et sa récolte doit avoir lieu pendant un laps de temps extrêmement court. Ses fleurs irradient alors les champs des campagnes. Elles peuvent parfois surprendre le promeneur par leur odeur entêtante.
Il est cultivé dans de nombreux pays du monde (Chine, Suède, Canada...) mais c'est en France que les plus grands rendements ont été atteints.
Le colza est une plante très sensible aux parasites. Aussi sa culture n'a-t-elle vraiment pu se développer qu'à notre époque, grâce à l'emploi des insecticides et aux progrès de la sélection.

HÉRON

Est-il vrai que les hérons mangent des serpents ?

Contrairement à ce que raconte la fable de La Fontaine, les hérons sont de gros mangeurs.

Loin de se contenter des poissons qu'ils pêchent avec leur bec, les hérons se nourrissent de serpents, de lézards, de grenouilles et même de rongeurs qu'ils trouvent à proximité des étangs ou des plages.

On a même compté jusqu'à 89 animaux différents dans le tube digestif d'un héron adulte qui s'apprêtait à nourrir ses petits ! Le héron attrape parfois des anguilles mesurant jusqu'à 60 cm ! Mais ce grand appétit n'est pas étonnant : cet échassier doit être très vigoureux pour parcourir plus de 1 000 km lors des grandes migrations...

VER DE TERRE

Comment le ver de terre fait-il pour creuser ses galeries ?

QUESTION POSÉE PAR :
HELIAS MICKAEL

Le ver de terre, ou lombric est une sorte de tube digestif ambulant. Il avale de la terre et la transforme en un substrat humifère après en avoir digéré quelques éléments organiques. Il peut mesurer jusqu'à 25 cm de longueur et se meut par reptation.

Comme pour avancer, c'est par un mouvement de contraction que le lombric parvient à s'enfouir en absorbant et en rejetant la terre. L'extrémité antérieure (l'avant) du ver est très pointue. Il lui faut seulement quelques secondes pour disparaître complètement dans le sol.

Cette action fouisseuse contribue à la fertilité des sols. On estime qu'un seul lombric est capable de travailler un m^3 de terre par an ! Les lombrics accélèrent également le développement de l'humus dans le sol. Ils agrippent des fragments de feuilles quand ils sont en surface et les entraînent avec eux en profondeur. La feuille se décompose, formant un engrais naturel organique bénéfique aux plantes. L'animal bénéficie de ses efforts, puisqu'il consomme la matière en décomposition.
La rapidité du ver lui permet souvent d'échapper à la taupe, son pire ennemi, dont il discerne les vibrations. Notez aussi qu'un lombric présente d'étonnantes facultés de régénération. Coupé en deux, il forme après quelques jours deux individus distincts et autonomes !

ANIMAUX HERBIVORES ET CARNIVORES

Pourquoi certains animaux sont-ils herbivores et d'autres carnivores ?

QUESTION POSÉE PAR :
TAKASHI HASEBE

Toute la vie sur la Terre est régie par "l'équilibre biologique" et les cycles naturels. On peut diviser les animaux en deux grandes catègories : les herbivores, dont l'alimentation est constituée essentiellement d'herbes et de substances végétales, et les carnivores qui se nourrissent de chair (celle d'animaux qu'ils ont tués eux-mêmes, ou celle d'animaux trouvés morts). Les plantes sont mangées par les herbivores, eux-mêmes dévorés par les carnivores qui, lorsqu'ils meurent, viennent fertiliser la végétation en se décomposant. C'est le cycle naturel normal dans lequel interviennent tous les êtres vivants, chacun à son échelle.

Ce cycle semble cependant présenter parfois des exceptions ! Il existe par exemple des plantes carnivores qui dévorent de petits insectes après les avoir pris au piège. Là encore, ce phénomène a des causes tout à fait naturelles... C'est en général pour remédier à une carrence du sol en substances minérales nécessaires à la survie que ces plantes ont développé cette capacité à ingérer de la chair.

Pour maintenir un cycle bien régulier, un certain équilibre biologique est nécessaire. S'il n'y avait que des herbivores sur terre, ils auraient tôt fait de proliférer au point de consommer toute la végétation disponible. Ils finiraient par disparaître, faute de nourriture suffisante. La présence de carnivores permet de limiter les populations d'herbivores et , par conséquent, de conserver l'équilibre entre la

végétation et les animaux mangeurs d'herbe. Il existe par exemple en Afrique de multiples races d' antilopes. Chacune d'entre elles comptent tant de spécimens qu'elles ne sont aucunement menacées par la présence sur le même territoire de carnivores comme le lion dont elles constituent pourtant la nourriture principale.
Les carnivores ont également un rôle important dans la sélection naturelle des espèces. Pour des raisons de commodité, ils ont tendance à s'attaquer aux sujets les plus faibles, les plus âgés, ou les moins formés. De ce fait, seuls les plus forts parmi les herbivores survivent et se reproduisent, ce qui évite la dégénérescence dans le groupe. Les carnivores ont également un rôle de "nettoyeurs" non négligeable et limitent ainsi la propagation des maladies.
Tous ceux que l'on appelle les charognards (chacal, hyène, vautour, etc.) débarrassent les carcasses des restes de viande, ainsi les microbes n'ont pas assez de temps pour se développer et transmettre des maladies. En tuant les animaux affaiblis par une maladie, les carnivores empêchent aussi l'expansion de celle-ci au sein du groupe.
Seul l'homme a bouleversé tout cela avec ses machines, ses usines, sa pollution et sa démographie galopante. Les temps où la nature régissait la vie semblent de plus en plus nous être étrangers : désormais, on active la productivité des sols avec des engrais, on projette des insecticides sur les cultures... Bref, le cycle originel n'est plus respecté !
Bien entendu les animaux doivent s'adapter à ces nouvelles conditions de vie sans grand rapport avec celles que leur offrait la nature. N'ayant actuellement aucun prédateur à part lui-même, l'être humain est en passe de bouleverser complètement l'équilibre de la planète. Attention danger...

TORTUE

La tortue naît-elle avec sa carapace ?

Curieux reptile que la tortue, elle vit avec sa maison sur le dos ! Cette carapace lui est fort utile pour se protéger de ses ennemis : elle peut s'y rétracter complètement. La carapace de la tortue n'est pas un artifice externe comme par exemple celles des crustacés. Elle fait partie du squelette de l'animal. Chez certaines espèces terrestres, comme la tortue géante des Galapagos, la carapace représente plus du tiers du poids de l'animal. La carapace est d'origine osseuse. Selon les espèces, cette protection est recouverte de corne ou d'un vêtement souple et dur qui a la texture du cuir.

Le bébé tortue naît avec une carapace. Pendant les premiers jours, elle est assez molle. L'animal est alors très vulnérable. Ensuite, elle durcit et grandit avec la jeune tortue. Grâce à cette protection efficace, ces reptiles primitifs ont traversé les époques géologiques sans pratiquement évoluer. On peut en effet considérer les tortues comme de véritables fossiles vivants. Elles existaient avant les dinosaures et sont toujours là ! Elles sont de plus dotées d'une exceptionnelle longévité !

ACARIENS

Que faut-il faire pour lutter contre les acariens ?

QUESTION POSÉE PAR :
VERONIQUE BALLY

Les acariens sont de microscopiques animaux, plus proches des araignées que des insectes. Néanmoins, ils sont sensibles aux produits insecticides. Certains de ces produits sont adaptés à chacune des espèces concernées.

Disposant de quatre paires de pattes (et non de trois comme les insectes), les acariens regroupent diverses espèces animales de très petite taille qui vivent en parasites sur les animaux (la tique dans l'oreille du chien par exemple) ou sur les végétaux. Vecteurs de bactéries, ils infectent la peau des animaux chez lesquels ils provoquent une gale en creusant des galeries sous la peau. D'autres espèces vivent sur les levures ou les champignons des croûtes de fromage. D'autres encore prolifèrent dans la poussière des maisons, dans les tapis ou les matelas. Un gramme de poussière domestique peut contenir jusqu'à 30 000 acariens, et un lit peut en abriter jusqu'à deux millions d'espèces différentes ! Ces animaux microscopiques sont responsables des troubles dont souffrent les personnes que l'on dit "allergiques à la poussière".On trouve en pharmacie des produits (crèmes, poudre, aérosols) qui combattent les diverses espèces.

Un acarien tyrophagus sp. grossi 29 fois.

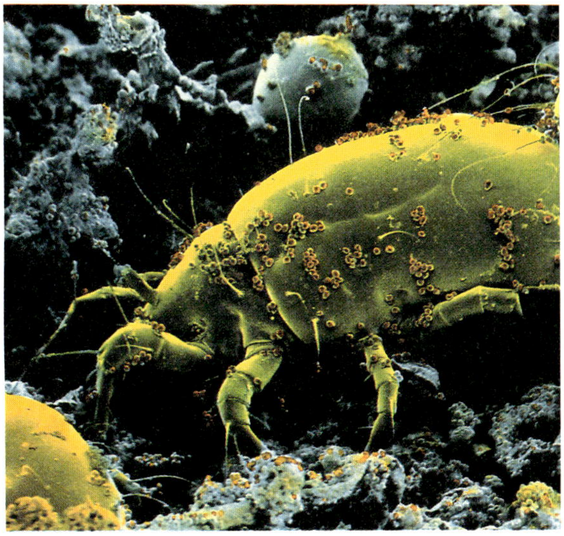

COCA

Qu'est-ce que la coca?

La coca est une plante qui pousse dans les régions andines, principalement au Pérou et en Bolivie. Ce petit arbuste aux fleurs jaunâtres et aux fruits rouges, pousse à l'état sauvage et peut atteindre 3 m de haut.

Désormais on le cultive - de façon illégale - pour pouvoir fabriquer de la cocaïne. Mais originellement c'était une plante connue pour ses vertus médicinales. En effet la coca, à petite dose, est un anesthésique. Cette action anesthésiante a surtout été mise à profit en othorhinolaryngologie mais aussi en chirurgie oculaire. Quant aux Indiens des hauts plateaux andins, ils mâchaient les feuilles de cet arbuste pour moins ressentir les effets de la faim.

Mais actuellement la coca est surtout exploitée pour produire de la cocaïne, drogue puissante classée dans la catégorie des "stimulants". En effet, à brève échéance, elle a une action excitante sur le système nerveux et sur l'ensemble du corps. Mais, comme toutes les autres drogues, ses effets secondaires sont désastreux pour l'organisme. Un phénomène d'accoutumance est engendré très rapidement par la prise de cocaïne, qui rend le sujet dépendant de cette substance. A longue échéance, sa consommation peut entraîner la mort.

RATON LAVEUR

Pourquoi le raton laveur trempe-t-il ses aliments dans l'eau ?

Cet animal doit son nom à son comportement étrange, consistant à tremper systématiquement dans l'eau tous ses aliments avant de les avaler. Il frotte si consciencieusement sa proie qu'on dirait qu'il la lave. Le fait de mouiller ses aliments est en fait une nécessité chez cet animal qui ne possède pas de glande salivaire. Il serait complètement incapable d'avaler la moindre nourriture sans cette précaution, et encore moins de la digérer.

La nourriture habituelle du raton laveur se compose de nombreux insectes, de grenouilles, d'oisillons, d'oeufs, de fruits, de graines : c'est un animal omnivore. Quand il prolifère trop, il devient un véritable fléau pour les poulaillers. Comme le renard, il peut transmettre la rage.
La saison des amours commence en janvier. La mère porte jusqu'à 7 petits qui naissent après 2 bons mois de gestation. Les bébés ratons laveurs sont minuscules et restent au nid un mois et demi environ. Sous les climats tempérés, le raton laveur n'hiberne pas. Au Canada, toutefois, il entre en somnolence hivernale d'une manière assez intermittente, son épaisse couche de graisse lui assurant de bonnes réserves nutritives pour l'hiver.

PINGOUIN OU MANCHOT ?

Quelle différence y a-t-il entre un pingouin et un manchot ?

Les pingouins et les manchots sont de grands oiseaux au plastron blanc et au dos noir ; c'est pourquoi ils sont souvent confondus. Pourtant les pingouins ne vivent que dans l'hémisphère nord. Ils sont plus petits que les manchots (environ 40 cm).

On les retrouve dans l'Atlantique nord, le Pacifique ou l'océan Arctique. Ils quittent la mer vers le mois de mai pour nicher sur les côtes avoisinantes. Ils ont un corps lourd et trapu et des ailes assez courtes. Contrairement aux manchots, ils sont capables de voler. Pourtant c'est dans l'eau qu'ils se sentent le plus à l'aise. Ils se nourrissent de poissons et de crustacés. Une seule espèce de pingouins ressemblait beaucoup aux manchots par sa taille (70 à 85 cm) et ses ailes atrophiées qui ne lui permettaient pas de voler : c'était le grand pingouin de l'Atlantique nord. Mais, pourchassé au 19e siècle par les navigateurs pour sa chair parfumée, il a complètement disparu.
Les manchots, eux, vivent uniquement dans l'hémisphère sud, du pôle à l'équateur. Ce sont de remarquables nageurs. Grâce à leurs ailes bien développées et palmées qui leur servent de nageoires, ils se propulsent comme les dauphins, leurs pieds leur servant de gouvernail. Tous vivent près des courants froids et tirent leur nourriture de la mer.

LA PANTHÈRE NOIRE

La panthère noire est-elle une mangeuse d'homme ?

QUESTION POSÉE PAR :
ZARINAH LATIF

La panthère noire, animal fascinant, a suscité mille légendes toutes plus fausses les unes que les autres. Pour parler comme les savants, la fourrure de la panthère noire est la forme mélanique (une mutation naturelle de la pigmentation qui devient noire) de celle du léopard. Il semble qu'elle vive surtout dans les zones de forêt dense.

C'est un animal timide, de moeurs surtout nocturnes, qu'il est très difficile de rencontrer. Elle est aujourd'hui comme le léopard, menacée à cause de la chasse dont sa fourrure fait l'objet mais aussi à cause des coupes pratiquées dans les forêts. Dotée d'une force prodigieuse, elle peut peser jusqu'à 80 kg. On a remarqué que les léopards prenaient très vite des habitudes alimentaires très précises. Ainsi, certains consomment plutôt du poisson, d'autres des impalas, et d'autres encore des sangliers de forêts. Certains animaux, en général âgés ou blessés, s'attaquent aux hommes : l'être humain est en effet une proie bien plus facile qu'une gazelle ou un oiseau. Ils s'attaquent surtout aux femmes et aux enfants dans les villages isolés. Ce ne sont toutefois que des cas exceptionnels et aujourd'hui, les léopards (de toutes les couleurs) sont protégés partout dans le monde.

Léopard.

CACTUS

Qu'est-ce qu'un cactus ? Comment faut-il l'entretenir ?

QUESTION POSÉE PAR :
LAURENT FUSTER

On appelle cactus dans le langage courant un grand nombre de variétés de plantes dites "grasses", c'est-à-dire portant des épines. On peut les garder longtemps, à condition de les arroser très peu.

Un saguaros, en Arizona.

La famille des cactacées (anciennement "cactées") tire son nom d'un mot grec, *cactos*, qui désignait une plante épineuse. Mais les cactus furent découverts en Amérique avant d'être acclimatés en Europe du Sud et en Afrique du Nord.
Tous les cactus sont des plantes à épines, de forme cylindrique ou aplatie. La floraison est rare, mais très belle. Dans les zones arides où ils poussent, les cactus reçoivent peu d'eau et se contentent parfois de capter l'humidité de l'air. Certains cactus peuvent atteindre plusieurs mètres de hauteur, alors que d'autres dépassent à peine quelques centimètres. En appartement, il faut placer le cactus près d'une fenêtre et ne jamais l'arroser : l'humidité ambiante suffit à sa croissance, par ailleurs très lente.

HERMINE

Qu'est-ce qu'une hermine ?

QUESTION POSÉE PAR :
HÉLÈNE LANDRY

Mammifère à la fourrure brun roux, l'hermine devient uniformément blanche en hiver. C'est un petit carnivore de la famille des mustélidés, comme le putois, la martre, la belette ou le furet.

On rencontre des hermines en Europe mais aussi en Asie et en Amérique du nord. Sa nourriture favorite est le lapin. Bien que 2 à 3 fois plus gros qu'elle, il craint l'hermine, semblant paralysé par sa présence : en dépit de son minois adorable, c'est un carnassier féroce. Elle tue d'une morsure au bas de la nuque, broyant le cervelet et la moelle épinière.
On la considère souvent comme nuisible car elle peut faire des ravages dans un clapier ou un poulailler. Mais n'oublions pas qu'elle détruit un nombre considérable d'animaux nuisibles, notamment des bisets, des rats, souris et campagnols.
La mue de l'hermine se produit à l'automne. Ses poils bruns tombent, remplacés par une robe d'un blanc immaculé. Seule l'extrémité de la queue reste noire. Cette teinte hivernale sert à la protéger de ses grands prédateurs (les buses et les aigles). Sa fourrure lui a valu bien des ennuis. Impitoyablement chassée par les hommes pour faire des manteaux, elle a failli disparaître. Aujourd'hui, c'est un animal protégé.

ALLIGATORS

Où trouve-t-on des alligators dans les rues ?

Dans le Sud de la Floride, le parc national des Everglades est le royaume des alligators. Ces grands reptiles se distinguent des crocodiles par un museau plus court, plat et arrondi et par une mâchoire supérieure plus large que l'inférieure : quand ils ont la gueule fermée, on ne voit à l'extérieur que les dents supérieures (alors que chez les crocodiles on voit les deux rangées qui s'imbriquent). Les plus grands alligators mesurent près de 6 m de longueur, mais ce sont des spécimens exceptionnels. La moyenne se situe entre 3 et 4 m, ce qui est déjà fort impressionnant, l'animal étant tout en muscles et en dents.

Protégé sur tout le territoire des Etats-Unis depuis le début des années 60, l'alligator a proliféré dans des proportions qui deviennent assez inquiétantes, surtout en Floride. On en voit régulièrement traverser les routes nationales bordant le parc des Everglades. Les plus téméraires s'approchent aujourd'hui de certaines grandes cités. On en a même trouvé dans les canaux de Fort Lauderdale, une banlieue prestigieuse de Miami, la capitale de la Floride.

De nombreux chiens ont été croqués. Les Américains ont mis au point une technique bien particulière pour rendre les alligators inoffensifs. Ils les attrapent au lasso, leur "clouent le bec" en serrant le noeud coulant autour de la mâchoire, tout en s'asseyant sur leur dos. C'est en effet le meilleur moyen d'éviter les terribles coups de queue de l'animal.

Alligator du Mississippi.

ORNITHORYNQUE

L'ornithorynque est-il venimeux ?

L'ornithorynque semble une erreur de la nature. Un bec de canard, un corps de loutre, une queue de castor, un cloaque comme en possède le lézard, une température interne irrégulière qui oscille entre 25 et 30 °C... et en plus, ce mammifère pond des œufs ! Les mâles adultes possèdent sur leurs pattes postérieures des ergots vénimeux. Chacun de ces éperons acérés est relié à une glande contenant du venin qui provoque de fortes douleurs. L'utilité réelle de cet organe vénimeux n'a pas encore été précisée. On ne pense pas que l'ornithorynque puisse vraiment s'en servir pour chasser.

L'ornithorynque se nourrit surtout de crustacés et de petits animaux aquatiques qu'il gobe avec son bec en fouillant dans la vase ou sous les pierres. Il possède des abajoues comme les hamsters, et il les remplit de ses proies pendant les quelques minutes qu'il peut passer sous l'eau en apnée pour sa pêche.

L'ornithorynque est le mammifère le plus primitif vivant à l'époque actuelle. C'est même un animal qui permet d'observer un stade transitoire entre les reptiles les plus évolués et les premiers mammifères. Il mène une vie aquatique dans les cours d'eau de l'est de l'Australie et de Tasmanie. C'est un animal protégé aujourd'hui. Heureusement, il compte peu d'ennemis naturels, à part quelques rares pythons.

GERMINATION

Comment se produit la germination d'une graine ?

QUESTION POSÉE PAR
CHRISTIANE RÉAN

Il faut trois conditions pour qu'une graine puisse se développer : chaleur, air et eau. Une température de 10 °C minimum, avec un optimum aux alentours de 20 °C, provoque la germination. L'humidité est indispensable pour ramollir l'enveloppe (cuticule) de la graine et permettre au germe (l'embryon de la racine) de sortir. Quant à l'air, il assure la respiration des organes. Tant que les premières feuilles, appelées cotylédons, ne sont pas développées, c'est la racine qui assure la respiration de la nouvelle plante.

Le phénomène de la germination peut être facilement observé avec des haricots que l'on pose sur du coton humide. Dans un premier temps, les graines se mettent à gonfler. Puis, la cutule se fend et la radicule apparaît, se dirigeant toujours vers le bas. Même si l'on retourne la graine, la petite racine reprendra sa croissance vers le bas. Les cotylédons, feuilles embryonnaires se développent ensuite.

BAMBOU

Que peut-on faire avec le bambou ?

Le bambou est la plante qui croît le plus vite de tout le règne végétal. On a assisté à des développements journaliers de 60 cm. Pour un peu, on le verrait grandir à l'œil nu !

Plusieurs espèces de bambous (il en existe plus de 200 !) sont dotées de tiges ligneuses très dures qui servent à la construction. On voit dans certaines grandes villes (Bangkok ou Hong-Kong), des échafaudages de plusieurs dizaines de mètres de hauteur, uniquement en bambou.
Certaines autres espèces de bambous produisent des tiges à chair tendre et comestible, abondamment utilisées dans la cuisine chinoise.

REQUINS

Quels sont les requins les plus dangereux ?

Il existe environ 250 espèces de requins dans le monde. Les plus petits mesurent 26 cm et les plus grands 18m ! Mais leur férocité n'est pas proportionnelle à leur taille...
Le plus grand des requins -qui est aussi le plus grand poisson vivant- est le requin-baleine. Bien que d'allure impressionnante, ce requin est inoffensif pour l'homme ! Il se nourrit de poissons comme la sardine, de crevettes, de larves et de plancton qui, comparés à sa gueule large de 1 m, sont minuscules, voire microscopiques.
De même, le requin-pèlerin qui peut atteindre 15 m de long est peu redoutable. On peut parfois l'apercevoir sur les côtes françaises de la Manche car il suit les bateaux de pêche pour manger les détritus et les poissons rejettés à la mer par les marins.

Les requins les plus dangereux sont les requins-marteaux (4 à 5 m), les requins blancs (6 à 10 m), et les requins bleus (7 à 8 m). En cas de famine, ils peuvent tous trois s'attaquer à l'homme, mais la plupart du temps, ils passent à proximité de nageurs sans les inquiéter (ce n'est pas faute de les avoir vus ou sentis... Les requins peuvent détecter une odeur de nourriture à des centaines de mètres à la ronde !...)
Les plus féroces sont peut-être les requins-tigres, armés de mâchoires qui ne comptent pas moins de 50 dents tranchantes comme des lames de rasoir. Ils peuvent ainsi briser la carapace d'une tortue de mer et dévorer d'autant plus facilement une victime insouciante nageant sur leur territoire de chasse !...

RHINOCÉROS

Combien de cornes les rhinocéros ont-ils ?

Selon l'espèce à laquelle ils appartiennent, les rhinocéros ont une ou deux cornes. Il existe trois variétés de rhinocéros à une corne, vivant en Inde, à Sumatra et à Java.

L'espèce de Java a pratiquement disparu. Seuls survivent quelques spécimens dans une petite réserve. Les deux autres espèces sont malheureusement également en voie d'extinction.
Les rhinocéros d'Afrique de l'Est et du Cameroun possèdent deux cornes. Les cornes du mâles sont plus petites que celle de la femelle. On distingue deux espèces en Afrique : le rhinocéros blanc, de grande taille, le rhinocéros noir dont le museau est plus allongé et en forme de pointe. Tous deux, contrairement à ce que leurs noms indiquent, ont la peau grise ! Ils sont également menacés de disparition. Les rhinocéros sont en effet massacrés, malgré les lois, à cause de leurs cornes que les Asiatiques réduisent en poudre, leur attribuant des pouvoirs aphrodisiaques...
Les rhinocéros se sont forgés une réputation d'agressivité "gratuite" : ils semblaient en effet souvent charger sans raison apparente. Les zoologistes défendent aujourd'hui un point de vue tout à fait différent : le rhinocéros, chassé par l'homme, mais aussi par certains fauves, est victime de sa très mauvaise acuité visuelle. Il s'est ainsi progressivement habitué à attaquer toute présence un peu suspecte... Ses charges sont, de ce fait, souvent dissuasives, tendant uniquement à éloigner le prédateur potentiel.

HAMSTER

Existe-t-il des hamsters vivant à l'état sauvage?

QUESTION POSÉE PAR :
CAROLINE DUVIVIER

Pour tous, le hamster fait partie des animaux familiers qui vivent à l'état domestique dans certaines maisons. Pourtant c'est avant tout un animal très répandu à l'état sauvage dans les plaines d'Asie centrale et septentrionale et jusqu'en Europe occidentale. On en trouve même certains spécimens dans l'est de la France.

Le hamster est un animal très gourmand qui se nourrit de tout ce qui lui tombe sous la dent. Il avale sans distinction: graines, racines, tubercules, fruits, insectes, oeufs d'oiseaux et même escargots et lézards. Il s'attaque aussi à certaines cultures ce qui peut causer de très gros dégâts: en effet dans certaines régions, on a tenté de l'éliminer car il décimait les champs de céréales, de pommes de terre, de betteraves de carottes...
Le hamster est un petit animal très bien organisé: à l'aide des deux poches qui se trouvent à l'intérieur de ses joues, il transporte des réserves de nourriture qu'il entrepose dans son terrier. Celui-ci ressemble à une véritable épicerie en miniature dans laquelle il vient s'approvisionner pendant l'hiver.

PAON

Le paon peut-il voler ?

Malgré sa longue queue avec laquelle il fait la "roue" pendant la saison des amours, le paon peut voler : il passe la nuit perché sur les hautes branches d'un arbre et n'en descend que pour chercher de la nourriture pendant la journée.

Originaire de l'Inde, où il est considéré comme un animal sacré, le paon est un oiseau volumineux qui vole plutôt mal, à cause de sa queue pouvant atteindre 1, 50 m de long. Sa célébrité vient de la roue qu'il fait en déployant en éventail les magnifiques plumes de sa queue afin d'impressionner ses femelles (le paon est polygame) ou ses rivaux (il est aussi très batailleur).
Il se nourrit de graines, d'insectes et de petits reptiles qu'il capture sur le sol en courant maladroitement et en lançant un cri discordant.

TÊTARD ET GRENOUILLE

Comment les têtards se changent-ils en grenouilles ?

La forme adulte du têtard est la grenouille. La différence est telle entre ces deux formes vivantes, qu'on a donné le nom de métamorphose à cette transformation.

Au départ, la femelle grenouille pond plusieurs milliers d'oeufs qui vont flotter à la surface de l'eau. Les têtards éclosent après 15 jours environ. Ils disposent au départ de branchies externes et ressemblent à des alevins de poissons.

Au bout de 2 ou 3 semaines, les branchies externes disparaissent, remplacées par des branchies internes, et le têtard devient autonome, consommant des plantes aquatiques.

A 8 semaines, les pattes postérieures sont complètement développées.

A 3 mois, les pattes antérieures se développent à partir de l'opercule qui couvrait les branchies et la queue diminue de longueur, comme absorbée par le corps. Lorsqu'elle sera complètement résorbée, le têtard sera devenu grenouille. La mue se complète par l'apparition d'une large bouche, au lieu de la petite ouverture aux lèvres cornées, caractéristique du têtard. A ce stade, les jeunes grenouilles mesurent moins de 2 cm de long et abandonnent la vie aquatique pour respirer à la surface.

A l'âge de 3 ans la grenouille sera adulte et pourra se reproduire. Elle vivra alors une dizaine d'années.

PERROQUET

Existe-t-il des méthodes pour apprendre à parler à un perroquet ?

QUESTION POSÉE PAR :
VLADIMIR JASMIN

Il n'existe pas vraiment de méthode. Il faut simplement choisir un animal appartenant à une espèce douée pour cette imitation (tous les perroquets ne le sont pas) et lui répéter les mots que l'on désire lui voir répéter.

Parmi toutes les espèces de perroquets, les cacatoès et les perroquets gris sont les plus aptes à imiter la parole humaine. Doués d'une intelligence plus vive que la moyenne des oiseaux, ces perroquets s'amusent à imiter les phrases qu'ils entendent le plus souvent, et sont capables de les associer aux situations au cours desquelles elles sont prononcées. Il faut donc répéter une phrase en association avec un geste, par exemple, pour permettre à l'animal de mémoriser cette phrase (et ne pas oublier de le récompenser lorsqu'il y arrive !...).

PÊCHE

Quelles sont les différentes techniques de pêche en amateur ?

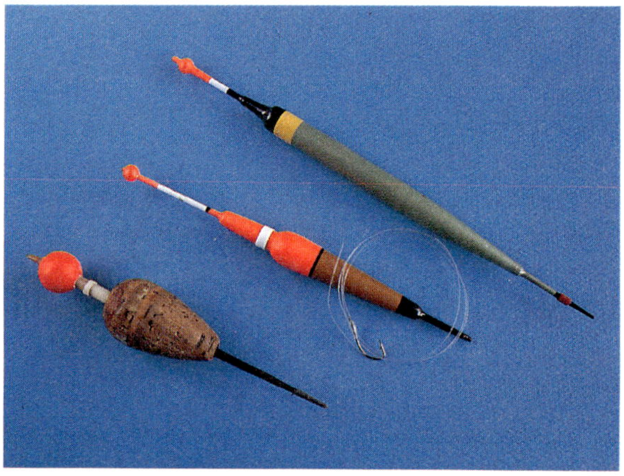

Nombreuses sont les techniques de pêche en amateur qui diffèrent notamment en fonction du milieu où on les pratique : pêche en mer, en eau douce, en torrent...

La pêche "au coup" est la plus courante car elle ne requiert pas de conditions particulières. Les cannes que l'on utilise doivent être relativement longues et de préférence assez fines. Avant de commencer, deux opérations sont nécessaires: sonder la profondeur de l'eau afin de régler la hauteur de l'hameçon, et lancer dans l'endroit choisi les amorces, c'est-à-dire de petites boulettes d'appât mêlées avec du lest, du sable par exemple.
La pêche au lancer se pratique avec une canne plus courte et un moulinet contenant une réserve de fil importante. Le pêcheur lance à distance une cuiller lestée qui a l'aspect d'un petit poisson. Cette technique permet d'attraper de plus gros poissons tels que brochets, sandres ou perches. Quant à la pêche à la mouche, c'est le saut ou le vol de l'insecte qu'elle imite, grâce à un hameçon muni d'une plume que le pêcheur fait rebondir légèrement au-dessus de l'eau. Ainsi on peut attraper les poissons qui sautent habituellement hors de l'eau pour se nourrir, comme les truites ou les saumons par exemple.
La pêche au vif s'appelle ainsi parce que le pêcheur utilise des petits poissons vivants comme appâts.
A chacun donc, de choisir quel type de poisson il souhaite attraper et dans quel environnement il préfère se livrer à cette activité !

ÉLÉPHANT DE MER

Qu'appelle-t-on éléphant de mer ?

L'éléphant de mer est un proche cousin du phoque et de l'otarie. Il doit son nom étonnant à cette sorte de trompe que porte le mâle. Plus l'animal est âgé et plus son "nez" est développé. Il peut atteindre 60 cm de longueur.

L'animal utilise sa trompe pour émettre ses rugissements effrayants. Elle joue alors le rôle d'une caisse de résonance.
L'éléphant de mer n'a guère usurpé son nom. C'est le plus grand de tous les phoques et certains vieux mâles dépassent 4 tonnes, le poids d'un éléphant moyen... Longs d'un peu plus de 5 mètres, les mâles se traînent avec peine sur le sol.
En dépit d'une apparence plutôt impressionnante, ces animaux sont placides. Ils ne viennent à terre que deux fois dans l'année, pour la mue et pour la reproduction.
Ils restent alors des heures vautrés sur les plages des îles proches de l'Antarctique : au sud de l'Argentine, aux îles Falkland, en Géorgie de Sud, aux îles Kerguelen, etc. Ils ont besoin de longs bains de soleil pour prendre des forces avant leur périple en mer qui durera tout l'hiver.
Les éléphants de mer se gavent de calmars et de seiches pêchés en mer profonde. Leurs principaux ennemis sont les orques, mais aussi et surtout les hommes qui les ont littéralement massacrés au siècle dernier. Depuis 1910, l'espèce est protégée, et les colonies se sont bien reconstituées. C'est ainsi que l'on rencontre des rassemblements de 200 à 300 000 animaux en Géorgie du Sud lors de la reproduction.

MOUSTIQUES

Pourquoi les moustiques nous piquent-ils ?

On connaît environ 2 000 espèces de moustiques, certaines atteignant tout juste 1 mm de long, d'autres dépassant 2 cm. Seules les femelles de certaines espèces se nourrissent de sang. Elles en ont besoin pour amener à maturité les oeufs qu'elles portent.

Pour se nourrir, la femelle recherche un animal à sang chaud. Elle est attirée soit par le dégagement de gaz carbonique provoqué par le halètement, soit par l'élévation de la température corporelle. La transpiration joue également un rôle attractif.
Le moustique femelle se pose délicatement sur sa proie et introduit sa pompe le plus souvent dans un pore de la peau. La piqûre est quasiment indolore. Pour pouvoir se gorger de sang tout à loisir, jusqu'à doubler de volume, le moustique injecte une substance anticoagulante qui, en se propageant, provoque les démangeaisons désagréables que l'on connaît.
Les moustiques sont souvent porteurs de maladies graves comme la malaria (paludisme), la fièvre jaune, l'éléphantiasis, etc. C'est pourquoi on lutte farouchement contre ces insectes en asséchant les marais, les zones d'eau stagnante où ils se reproduisent. Les oeufs sont en effet pondus sur l'eau, en amas qui évoquent des galettes flottantes. Puis les larves se développent à la surface, la tête en bas. C'est l'extrémité inférieure de leur corps qui leur permet de pomper l'air nécessaire à leur respiration.
Il n'est évidemment pas possible d'assécher tous les plans d'eau - lacs, étangs, mares ! - où les moustiques prolifèrent, mais on peut essayer d'y acclimater certaines espèces de poissons du genre Gambusia, très friands de larves.

FOUGÈRES

Existe-t-il des fougères de plus de 10 mètres ?

Dans les jungles humides, on peut voir de bien étranges "palmiers". Ces arbres atteignent une douzaine de mètres de hauteur en moyenne. Leur tronc tout droit et leur panache de feuilles bien découpées font tout de suite penser à des palmiers. Mais les jeunes feuilles naissent enroulées sur elles-mêmes ce qui est une caractéristique propre aux fougères.

Ces palmiers sont en fait des fougères arborescentes. L'espèce la plus grande que l'on connaisse atteint 18 m de haut, dans l'île de Norfolk, en plein Pacifique, entre la Nouvelle-Calédonie et la Nouvelle-Zélande. Avec la tige fibreuse des fougères arborescentes, les Mélanésiens réalisent des sculptures. On en fait également un bon substrat pour cultiver les orchidées.

AMANITES

Les amanites sont-elles mortelles ?

Chaque année, des personnes meurent pour n'avoir pas su reconnaître un champignon comestible d'un champignon vénéneux. Parmi les espèces les plus vénéneuses, il faut citer les amanites : phalloïde, vireuse et printanière.

Ces trois espèces ont en commun les caractères suivants : une volve membraneuse à la base du pied ; un anneau ou "bague" sur le pied ; des lamelles (et des spores) blanches.
Le chapeau de l'amanite phalloïde est verdâtre (blanc lorsque le champignon est petit).
Celui de l'amanite vireuse est en forme de cloche et d'un blanc éclatant.
Celui de l'amanite printanière est plat, blanc puis crème au centre.
Ces trois champignons causeraient à eux seuls plus de 90% des empoisonnements mortels constatés en France. Un peu moins dangereuse, l'amanite tue-mouches est vénéneuse sans être mortelle. Les caractéristiques principales de l'empoisonnement causé par les amanites, ou "syndrome phalloïdien" sont d'une part que la période de latence (la période avant l'apparition des premiers symptômes), est longue (6 à 20 heures), et d'autre part que l'organe le plus attaqué est le foie. Soyez donc prudents et ne mangez jamais de champignons avant de les avoir montrés à des personnes compétentes.

Une amanite tue-mouches.

ANIMAUX CHAMPIONS

Quels sont les animaux champions ?

Côté course, le guépard remporte le sprint avec ses pointes de 110 km/h, mais il est battu en endurance par l'onagre, un âne sauvage qui peut parcourir 10 km à 70 km/h de moyenne, et les 42 km du marathon à près de 50 km/h de moyenne !

Pour ce qui est de la natation, le plus rapide, toutes catégories confondues, est un poisson nommé *voilier du Pacifique*, qui peut dépasser les 100 km/h en pointe pendant quelques secondes. Il est suivi de près par l'espadon qui a une meilleure endurance.

Dans la catégorie mammifères marins, l'orque est sacré champion avec près de 60 km/h. Dans la catégorie haut vol, le tenant du record est le faucon pèlerin qui peut dépasser 300 km/h en piqué. Sur un vol horizontal, il doit s'incliner devant le martinet qui plane à plus de 170 km/h.

Chez les insectes, le vol le plus rapide dépasse les 50 km/h chez les sphinx, ces étranges papillons nocturnes, et le taon n'est pas loin puisqu'il frôle les 50 km/h. Chez les reptiles, on va beaucoup moins vite. Le mamba noir et le serpent fouet sont à égalité avec 24 km/h, battus d'une courte tête par un lézard américain, le cnémidophore à six bandes, qui court sur deux pattes en atteignant 29 km/h.

COCHONS SAUVAGES

Existe-t-il encore des cochons sauvages ?

QUESTION POSÉE PAR :
CHRISTIAN COURTAUX

Comme le cochon est un animal omnivore, il peut survivre dans presque toutes les conditions. Légumes, marrons, racines, feuilles ou viande lui conviennent parfaitement. C'est pourquoi on trouve encore beaucoup de cochons sauvages en Asie. Echappés des lieux d'élevage ou vagabondant dans les villages (comme en Afrique), les porcs retournés à l'état sauvage sont parfois capturés à nouveau.

Dans nos régions, le sanglier est parfois appelé cochon. En fait, le cochon sauvage, le sanglier et le cochon domestique ont le même ancêtre.

Le cochon sauvage n'est pas aussi velu que le sanglier, mais il n'est pas blanc ou rose comme nos porcs domestiques. Le porc sauvage d'Asie est brun, son poil est dru sans être touffu et sa taille est sensiblement la même que celle de nos porcs domestiques.

LORIOT

Pourquoi appelle-t-on le loriot le "merle d'or" ?

QUESTION POSÉE PAR :

DAVID DUVIVIER

Si l'on appelle parfois le loriot "merle d'or", ce n'est pas, en fait, parce qu'il est de la même famille que le merle mais parce qu'il lui ressemble, malgré son plumage jaune très brillant.

Le loriot habite l'Australie et les régions tropicales d'Afrique et d'Asie. Il existe cependant une espèce baptisée "loriots d'Europe", qui séjourne sur notre continent l'été. Tout comme le merle, c'est un oiseau chanteur. Le loriot est d'ailleurs réputé pour ses sifflements particulièrement limpides et mélodieux.

Cet oiseau se nourrit d'insectes et de chenilles, évoluant de préférence dans les régions boisées ou les vergers. Il appartient à l'espèce des "passériformes" dont une des caractéristiques est la forme de la patte : le loriot possède quatre "doigts" dont trois sont retournés vers l'avant et un vers l'arrière.

La forme de son nid est également particulière : le mâle fabrique un abri rond, accroché à une branche ou un jonc, à l'aide de petites brindilles entremêlées.

PHOQUES

Les phoques sont-ils menacés de disparition ?

Dans l'ensemble, les phoques sont nombreux dans les régions froides. Mais la chasse excessive de certaines espèces, aussi bien au Canada récemment qu'en Europe plus anciennement, a fait nettement régresser le nombre des animaux vivants.

Il y a plusieurs espèces de phoques. Le *phoque arctique* a disparu des côtes françaises où on le rencontrait régulièrement au XIXe siècle. Le *phoque blanc* de la Méditerranée a pratiquement disparu, mais il reste encore quelques *phoques moines*. L'éléphant de mer fournit les spécimens les plus imposants (jusqu'à 6 mètres de long et 3 tonnes).

Malgré la chasse sévère dont il est encore victime (le tristement célèbre massacre des bébés phoques au Canada), ce mammifère carnivore montre cependant une assez grande vitalité. Ses talents de nageur et une dentition puissante lui permettent de s'attaquer à des poissons de taille imposante, comme la morue, ou même les petits thons.

PANDA

Pourquoi appelle-t-on le panda "l'ours des bambous" ?

Il existe deux espèces de panda. La plus connue et la plus spectaculaire est le grand panda, habitant les forêts du Se Tchouan en Chine. Il se présente comme un gros nounours noir et blanc.

Sur le plan alimentaire, le grand panda est une curiosité de la nature. En effet, sa dentition et son système digestif sont ceux d'un carnivore. Et pourtant, il se nourrit uniquement de bambous ! En Chine on l'appelle d'ailleurs *ours des bambous*.

Des chercheurs chinois ont cependant pu observer une fois un panda dévorant un porc près d'une maison forestière. Mais cela est tout à fait exceptionnel, et sa nourriture de base est le bambou. L'animal passe une grande partie de son temps à décortiquer les 15 kg de jeunes pousses et de feuilles qui lui sont nécessaires quotidiennement.

Cette spécialité alimentaire a bien failli causer la disparition complète de l'espèce il y a une dizaine d'années. En effet, les bambous présentent la particularité de mourir après avoir fleuri. Il faut alors plusieurs années pour que la plante se reconstitue. Heureusement la floraison n'est qu'exceptionnelle (une fois tous les 60 à 100 ans). Mais lorsqu'un bambou se met à fleurir, il est suivi, le plus souvent, par tous ceux qui poussent dans la région. Plusieurs dizaines de pandas squelettiques et affamés ont ainsi été découverts en 76.

On espère aujourd'hui sauver les quelque 1 000 pandas géants qui subsistent à l'état sauvage, en substituant aux bambous une graminée sauvage très courante. En effet, dans certaines fermes d'acclimatation où des pandas blessés se "refont une santé", les chercheurs chinois ont constaté que les *ours des bambous* semblaient très friands de cette herbe. Des recherches sont en cours avec, pour cobayes, les rares pandas captifs (il en existe un au zoo de Vincennes).

GIRAFES

De quoi se nourrissent les girafes ?

Les girafes sont des animaux paisibles qui vivent en troupeaux au centre de l'Afrique, évoluant dans les grandes prairies parsemées d'arbres du Kenya et de la Tanzanie essentiellement.

L'arbre préféré de la girafe est l'acacia aux feuilles tendres. Elle ne craint pas les épines de l'arbuste qui parfois mesurent pourtant jusqu'à 3 cm ! Sa langue est en effet très épaisse et elle ne risque pas de se blesser en broutant l'épineux.

Les girafes sont les animaux les plus hauts du monde. Les mâles peuvent atteindre 6 m et peser jusqu'à 1 000 kg. Leurs longues pattes très robustes malgré leur finesse leur permettent d'atteindre des vitesses remarquables, supérieures par exemple à celle d'un cheval au galop. Elles représentent cependant un handicap : les girafes sont obligées de les écarter largement pour baisser leur cou et boire.

La nuit, elles se cachent sous les arbres où, grâce à leur robe claire tachetée de brun, elles se dissimulent aux yeux des prédateurs.

Les femelles mettent bas tous les trois ans, au printemps. Le girafon mesure presque 2 m et pèse déjà 55 kg à sa naissance. il se tient sur ses jambes au bout de quelques heures et grandira de 1 m en un an

La femelle allaite son petit pendant 3 ou 4 semaines. C'est l'époque la plus dangereuse pour le girafon : il ne court pas assez vite pour échapper aux lions ou aux guépards. Mais sa mère veille : grâce à ses sabots acérés, elle peut vaincre un lion au combat. Les fauves, pour abattre cette géante, sont obligés de se pendre à ses pattes pour casser ses tibias et la faire tomber.

GORILLE

Les gorilles sont-ils menacés ?

Il existe trois groupes de gorilles : le gorille occidental qui subsiste au Gabon, au Congo, et dans certaines forêts de l'Afrique occidentale ; le gorille oriental habitant les forêts de plaine du Zaïre ; et enfin, le gorille de montagne présent exclusivement dans la chaîne des Virunga qui sépare le Zaïre du Rwanda. C'est cette dernière espèce qui est la plus menacée d'extinction en raison de l'exigüité de son aire de distribution.

Toutes les races de gorilles sont aujourd'hui en voie de disparition. Les indigènes les ont toujours chassés pour leur chair et les explorateurs les ont massacrés pour en faire des trophées.
Le gorille n'est pas du tout l'animal terrifiant symbolisé par King Kong. C'est au contraire un être pacifique, craintif, timide. Lorsque, après des heures de marche en forêt, on a la chance de rencontrer une famille de gorilles, les jeunes et les femelles se laissent approcher de très près. Seuls les mâles adultes (qui ont la responsabilité de la troupe) montrent une attitude agressive. Ils s'agitent, présentent leurs crocs, crient d'une façon assez effrayante et quelquefois chargent l'intrus. Si l'on prend soin de ne pas bouger, l'animal s'arrête à moins d'un mètre et retourne en courant sous le couvert de la végétation. Essentiellement végétarien, le gorille passe son temps à se gaver de feuilles. Contrairement aux idées reçues, il ne vit pas dans les arbres, son poids ne lui permettant pas les acrobaties des singes plus petits. Seuls les jeunes gorilles font de l'escalade. Toute la famille gorille vit au sol, n'ayant à craindre comme véritable ennemi que l'un de leurs plus proches parents : l'homme.

HIPPOPOTAME

Est-il vrai que la transpiration de l'hippopotame est rouge?

QUESTION POSÉE par :
TANIA FOURNY

Curieux animal que l'hippopotame ! Lourd, massif, emprunté sur terre, il devient léger, habile, presque gracieux quand il est dans l'eau (son nom signifie en grec ancien *cheval d'eau*).
Volumineux animal de 4 tonnes pour plus de 4 m de long et 1, 50 m de hauteur, l'hippopotame se caractérise par son énorme gueule armée de redoutables défenses. Celles-ci mesurent en moyenne 75 cm de long, mais elles peuvent parfois atteindre 1,50 m. L'hippopotame est capable de bâiller à près de 180°, performance rare pour un mammifère ! Quand l'animal sort de l'eau, le soir, pour aller brouter l'herbe humide de rosée, il devient très agressif. Se sentant peu à l'aise sur terre, il profite de son poids et de sa force pour charger tout intrus. Attention, en dépit de ses courtes pattes, il sait courir vite et peut atteindre 45 km/h !...
Le peau de l'hippopotame est un cuir sans poil, hormis une moustache éparse sur le museau. L'animal possède une épaisse couche de graisse sous la peau. Elle lui assure une excellente protection thermique quand il est sous l'eau.

Les pores de la peau de l'hippopotame sécrètent un liquide huileux de couleur rose que l'on appelle "sueur rose". Cette sécrétion n'est pas due à la transpiration de l'animal, mais lui assure une bonne lubrification du cuir. Cela lui permet en effet de mieux se glisser dans l'eau et de nager avec la plus grande efficacité.

L'hippopotame se laisse flotter dans les eaux calmes, les narines juste à la surface pour respirer. Mais il peut fort bien plonger et rester jusqu'à 10 minutes en apnée. Sous l'eau, il ne nage pas. Il préfère marcher au fond, soulevant d'épais nuages de vase et de sable. L'eau est indispensable pour la survie de cet animal : elle aide à la régulation thermique de son corps. En effet, sur terre, le moindre mouvement de ce géant provoque une élévation de sa température. Chez les hippopotames, la famille est dominée par les femelles. Les mâles se livrent souvent de furieux combats, commençant par de grands bâillements, signe d'agressivité.

MARABOUTS

Pourquoi appelle-t-on les marabouts des "cigognes à sac" ?

Le terme de "cigognes à sac" désigne les marabouts, grands échassiers d'Afrique et d'Inde qui ressemblent un peu à leurs cousines d'Alsace.

Les marabouts sont bien moins élégants que les jolies cigognes. Leur long cou à la peau rougeâtre comporte un appendice non recouvert de plumes et faisant penser à un sac, d'où leur surnom. Ces oiseaux sont carnassiers et se nourrissent de charognes. Ils paraissent de ce fait peu sympathiques mais sont néanmoins très prisés pour les plumes qui se trouvent sous leurs ailes, avec lesquelles on fabrique de grands panaches blancs légers.

Ce grand oiseau a un autre surnom, celui de "philosophe". Son attitude posée et circonspecte donne à penser en effet qu'il passe son temps à réfléchir !

PUCES DE SINGES

Est-il vrai que les singes n'ont pas de puces ?

Comme tous les mammifères à pelage, les singes peuvent être infestés par des parasites en tous genres. Les tiques, poux et puces peuvent s'installer durablement entre leurs poils qui, chez la plupart des espèces, sont drus et touffus.

Les zoologues ont observé un partage des rôles dans les "tribus" de singes : certains (le plus souvent les mâles dominants) sont les "toilettés" et d'autres les "toiletteurs". En effet on peut aisément observer la "toilette" des singes, (en fait la recherche des parasites), qui dure souvent toute la matinée. Elle est assurée par les jeunes et les femelles, qui cherchent et mangent les insectes cachés dans le pelage des chefs. Seule exception : les mères qui prennent complètement en charge l'hygiène de leurs petits.

MAMMOUTH

Quelle était la durée de vie d'un mammouth ?

QUESTION POSÉE PAR :
STÉPHANE PELLET

Parmi les animaux dits "préhistoriques", le mammouth est le plus proche ancêtre de l'éléphant actuel. Cet animal imposant, qui pouvait atteindre 4,50 m de haut s'est éteint il y a environ 10 000 ans. Il vivait dans les contrées froides, bien adapté aux toundras de Laponie et de Sibérie, grâce à son épaisse fourrure laineuse de 50 cm d'épaisseur. Cependant on connaît 4 espèces de mammouths, chacune s'étant adaptée à une situation géographique différente:

- le mammouth à front aplati, qui vivait aux Indes,
- le mammouth méridional, animal européen,
- le mammouth impérial, vivant aux Etats-Unis et au Mexique,
- le mammouth laineux de Sibérie.

Cet éléphant primitif était caractérisé par d'énormes défenses recourbées vers le haut. On en a retrouvé qui mesuraient 5 m de long, sculptées par des hommes préhistoriques.

En 1799, un mammouth laineux, congelé dans les glaces de Sibérie, a été retrouvé pratiquement intact. Depuis, de nombreux autres animaux ont été découverts, ce qui a permis aux scientifiques de les étudier.
Il est difficile d'estimer leur longévité mais on pense toutefois qu'ils devaient vivre aussi longtemps qu'un éléphant actuel, soit environ 50 à 70 ans. Les mammouths devaient être très nombreux puisque plus de 70 000 défenses ont déjà été découvertes.
Ils ont vécu pendant 2 millions d'années environ, jusqu'à leur extermination par les hommes préhistoriques.

Leurs descendants directs, les éléphants, sont aujourd'hui également menacés d'extinction par notre faute. Dans moins de 20 ans, le plus grand mammifère terrestre risque de disparaître de la même manière que son ancêtre.

FRELON

Qu'est-ce qu'un frelon ?

Il existe des dizaines de milliers d 'espèces de guêpes répandues sur tout le globe. On peut citer notamment les guêpes cartonnières, les guêpes maçonnes qui font des nids maçonnés, les guêpes fouisseuses ...

La plus grosse espèce de guêpe européenne est le frelon ou "vespa crabo". Celui-ci, roux et jaune, mesure 3 cm de long. Il établit généralement ses nids dans les arbres creux ... ou dans les cheminées et les greniers des maisons ...

Les frelons portent un dard venimeux et sont redoutables pour leurs piqûres. Très douloureuses, ces dernières provoquent chez l'homme une véritable inflammation. Généralement peu graves, elles peuvent devenir mortelles lorsqu'elles sont multiples.

Nid de polistes.

ETOILE DE MER

Comment une étoile de mer mange-t-elle ?

Curieux animal, parent de l'oursin, l'étoile de mer, ou *astérie*, est carnivore. Ses proies favorites sont les bivalves, telles les moules, les huîtres, et surtout les coquilles Saint-Jacques. L'étoile de mer enserre sa proie dans ses bras puissants. Les petits tentacules, ou *ambulacres*, s'accrochent partout sur la coquille. Ils exercent une force de traction considérable. En dépit d'une forte résistance de la proie, la coquille finit toujours par s'ouvrir, ne serait-ce que d'une fraction de millimètre. Il n'en faut pas plus à l'étoile de mer pour insérer son estomac dans sa proie et la digérer sur place. Cette façon très particulière de pouvoir faire ressortir un organe s'appelle la *protusion*. Avec ses sucs digestifs puissants, l'étoile de mer a tôt fait de consommer sa proie. Toutes les étoiles de mer ne se nourrissent pas de la même façon. Certaines "se contentent" de dévorer les polypes de coraux ou de filtrer du sable.

ARBRE GÉANT

Quel est l'arbre le plus grand du monde ?

Il semblerait que les séquoias, conifères qui poussent en Californie, soient les arbres les plus grands du monde. En effet, les séquoias côtiers atteignent parfois 120 mètres de haut.

D'autres espèces de séquoias, comme le séquoia géant, sans faire partie des plus grands, mesurent entre 85 et 90 m. Les séquoias appartiennent à la famille des *taxodiacées*. Une autre famille de conifères, celle des abiétacées, comprend des arbres d'une hauteur étonnante. Ses plus grands spécimens sont des sapins d'origine américaine, comme le sapin de Vancouver et le sapin Douglas, qui peuvent mesurer jusqu'à 100 m de haut. En Europe, certains sapins atteignent également une taille remarquable : 60 m pour le sapin des Vosges, appelé également "sapin argenté".

D'autres espèces d'arbres détiennent des records. Par exemple les eucalyptus géants qui se trouvent en Australie ne mesurent pas loin de 100 m ; et leur circonférence est tout aussi remarquable, puisqu'elle est à la base de 25 m.

Une autre espèce est connue pour ses proportions démesurées : c'est le baobab. En effet, ce grand arbre de la savane africaine est celui qui possède les racines les plus étendues : celles-ci poussent jusqu'à 100 m du tronc. Le tronc, qui à l'intérieur est mou et spongieux, peut atteindre 30 m de circonférence.

Tous ces arbres ont mis énormément de temps avant d'atteindre de telles hauteurs. Ils sont pour la plupart séculaires, voire millénaires. Le record est détenu par un pin de Californie de 4 900 ans !

Un baobab.

DÉSERTIFICATION

Les animaux contribuent-ils à la désertification des sols ?

QUESTION POSÉE PAR :

SANDRINE BOUDJEMA

Le sol est un milieu de vie fragile. La terre dite "arable" (c'est-à-dire la partie que l'on retourne pour la cultiver) est très instable. Une pluie trop violente, et cette précieuse terre est ravinée. Une sécheresse qui se prolonge, et les particules se dessèchent, devenant une poussière balayée par les vents.

Dans le Sahara, les dunes de sable appelées barkhanes avancent de 10 à 20 m par an. Elles menacent les zones cultivées qui se trouvent plus au sud. Six millions d'hectares de terres arables disparaissent chaque année de la surface du globe.
Un désert est une région qui reçoit moins de 100 mm de pluie par an (Paris en reçoit environ 800 mm par an). La désertification n'est pas due aux animaux sauvages originaires de l'endroit. Par contre, les animaux domestiques, chèvres et moutons, grignotent les plantes jusqu'à la racine, les empêchant de repousser. Or, ce sont les racines des végétaux qui permettent de retenir le sol en place. Dans ce cas précis, on peut dire que des animaux contribuent à la désertification, mais par la faute de l'homme qui les a introduits dans ces régions.

CHEVAUX

Pourquoi les chevaux ont-ils des sabots ?

QUESTION POSÉE PAR

SYLVIE HIDOUX

PHILIPPE BURBAN

Les lointains ancêtres du cheval, qui vivaient il y a 30 millions d'années dans des forêts tropicales luxuriantes, avaient trois doigts à chaque pied. Au fil des millénaires, l'animal a évolué. Il a petit à petit perdu ses doigts secondaires à cause des grandes migrations engendrées par les bouleversements climatiques. Les chevaux passèrent du sol mou et humide de la forêt à la terre dure et rocailleuse de la steppe. En s'affinant, le pied permit à cet animal d'améliorer ses performances à la course (dépourvu de moyens de défense, l'ancêtre du cheval n'avait d'autres ressources que la fuite pour échapper à ses ennemis!).

Le sabot unique et dur s'est bien adapté aux régions arides, s'usant moins vite sur la terre compacte. Les chevaux ont acquis ce doigt unique il y a environ 10 millions d'années. De nos jours, le cheval de Prezwalski, petit cheval sauvage chinois, subsiste. Il existait déjà il y a 2 millions d'années.
Aujourd'hui, les sabots des chevaux sont ferrés afin qu'ils s'usent moins vite. Un défaut de leur forme peut avoir des conséquences catastrophiques sur la démarche et le comportement du cheval.

Comment dresse-t-on les chevaux ?

L'homme a domestiqué le cheval au IIIe millénaire avant J.-C. Les peuples de l'Antiquité l'utilisaient déjà pour leur plaisir et pour la guerre.

Le dressage commence par le "débourrage" des poulains presque adultes. Il s'agit d'apprendre au cheval à accepter la présence de l'homme. On va lui inculquer la manière de se mouvoir sous le commandement et lui apprendre à accepter la selle et le cavalier. Cette période d'initiation dure plusieurs semaines.

On habitue alors le cheval à marcher avec aisance et régularité. Ensuite, on lui impose les autres allures. Dès qu'il accepte le cavalier, on le fait travailler dans une enceinte close pour le rendre docile et obéissant. Tout le dressage s'effectue en douceur et par étapes : il faut que l'animal prenne plaisir à travailler. Petit à petit, les séances sont prolongées et variées. L'animal est conduit en promenade et apprend à se mouvoir dans tous les types de terrains sous l'ordre du cavalier. Le plus important est d'obtenir une bonne complicité et une grande confiance entre l'homme et l'animal. Il existe un dressage spécialisé appelé "haute école" qui consiste à demander au cheval l'exécution de figures bien précises.

Cheval de Lascaux.

Reste-t-il des chevaux sauvages ?

On considère aujourd'hui que seules deux espèces de chevaux sauvages survivent. Le Tarpan, cheval européen concentré dans quelques réserves de Pologne et d'URSS, et le cheval de Prezwalski dont on trouve quelques spécimens aux confins de la Mongolie.

Le Tarpan, massacré par les Ukrainiens, a presque disparu au milieu du XIXe siècle. Un petit troupeau, découvert dans la forêt de Bialowieza en Pologne a permis de sauver la race. Mais ce n'est plus un cheval complètement sauvage puisqu'il vit sous la haute surveillance des hommes.
Le cheval de Mongolie a été découvert à la fin du XIXe siècle par Nicolai Prezwalski, un explorateur russe. Ce dernier a donné son nom au cheval dont il existait à l'époque à peine 40 spécimens. Ces chevaux ont réussi à se multiplier dans les parcs zoologiques et aujourd'hui, on tente des expériences de réintroduction dans leur milieu naturel. Tous les chevaux sauvages d'Amérique du Nord ont une origine domestique. Ils sont simplement retournés à la nature en raison de l'immensité des pâturages.

NOIX DE COCO

Quelle est la plus grosse graine du monde ?

La noix de coco est le fruit du cocotier, palmier des régions tropicales, caractéristique des atolls polynésiens.
Avant sa maturité, elle renferme un liquide blanc laiteux, sucré, le lait de coco.
Plus tard, ce liquide forme l'amande, le coprah, dont le goût rappelle celui de la noisette.
Les noix de coco peuvent atteindre la taille d'une tête d'homme. On en tire de l'huile et du beurre, utilisés dans la cuisine et dans la fabrication de savons et de cosmétiques. Les fibres ligneuses qui entourent la coque servent à faire des balais, des tapis, des cordes. Quant à la coque elle-même, elle se transforme tout naturellement en récipient. Dès le Moyen Age, on en a fait des coupes, enrichies de montures d'or ou d'argent. Voilà décidément un fruit bien précieux ! Car dans le cocotier, tout est bon: outre son fruit, il offre aussi à la gourmandise des hommes son bourgeon terminal, consommé sous le nom de chair palmiste, et le suc de ses fleurs, dont on fait le vin de palme.

C'est le cocotier de mer, espèce rare des îles Seychelles, qui porte la plus grosse graine du monde végétal : la noix appelée "coco fesse" pour sa forme très suggestive. Cette noix peu banale peut atteindre 60 cm de long et peser jusqu'à 18 kg ! Chaque arbre femelle (de 25 m de hauteur), fructifie une ou deux fois par an, portant trois ou quatre, quelquefois dix noix à chaque fois. L'inflorescence peut alors peser jusqu'à 200 kg ! ...

CRAPAUD

Le crapaud est-il dangereux ou utile ?

QUESTION POSÉE PAR:
CECILE BEZIAN-TASQUE
DAVID SIMON

Les crapauds ont une peau qui sécrète un venin destiné à dissuader leurs prédateurs de les croquer. Un chien, par exemple, qui prend un crapaud dans sa gueule, se met à saliver abondamment et s'enfuit en courant. Mais en aucun cas, on ne peut dire que le crapaud est un animal dangereux. Si on le manipule, il faut ensuite prendre soin de bien se laver les mains pour éviter tout contact de ses sécrétions cutanées avec nos muqueuses.

Le régime alimentaire du crapaud étant à base d'insectes, on doit considérer cet animal comme un auxiliaire précieux du jardinier. Le crapaud montre un appétit d'ogre. On a pu dénombrer plus de 350 fourmis dans l'estomac d'un seul spécimen ! Proie favorite des serpents, le crapaud vend chèrement sa peau, s'enflant démesurément pour éviter à une couleuvre de le happer, ou faisant face à la vipère pour qu'elle ne puisse lui inoculer son venin mortel.

LIANE

Qu'est-ce qu'une liane ?

On appelle liane toute plante à tige souple et flexible incapable de se maintenir verticalement sans l'aide d'un support.

Lianes ou racines ?

Entrent dans cette catégorie les plantes grimpantes, c'est-à-dire les espèces qui s'accrochent d'elles-mêmes comme le font les lierres, les campsis et les pothos avec leurs crampons, ou les vignes vierges et les hortensias grimpants avec leurs ventouses, ou encore les clématites avec leur vrilles.
Les plantes volubiles qui s'enroulent autour de leur support, sont aussi des lianes. Il ne faut pas confondre les lianes véritables avec les immenses racines aériennes des arbres de la jungle. Ces grandes racines semblables à des cordes pendant jusqu'au sol sont celles que Tarzan utilise pour se déplacer.

ZÉBUS

Est-il vrai qu'en Inde, on voit des zébus dans la rue ?

En Inde, le zébu est considéré comme un animal sacré... et quoi qu'il fasse, on ne lui dit rien ! C'est pourquoi on voit, dans les rues des grandes villes indiennes, des zébus se promener, se coucher en travers de la chaussée sans que personne ne les en empêche.

Dans un pays aussi pauvre que l'Inde, les animaux n'ont pas grand-chose à manger... Faute d'être approvisionnés par la nature, les zébus se nourrissent sur les étals des marchés et ce devant l'œil impassible des commerçants, qui restent de glace, de peur de faire injure aux divinités. Cette situation a pris une ampleur telle que le gouvernement indien a décidé de prendre des mesures pour enrayer le phénomène, mais cette tradition est ancrée si profondément chez

les populations indiennes qu'il est très difficile d'y mettre un terme.
A Madagascar également, le zébu est un animal symbolique. Autrefois, les sorciers l'immolaient pour s'assurer la faveur des dieux afin qu'ils fassent pleuvoir, briller le soleil ou qu'ils favorisent les bonnes récoltes.
Il existe plusieurs variétés de zébus. On distingue entre autre le "zébu long" dont la peau est suffisamment épaisse pour résister aux piqûres de la mouche tsé-tsé, et le "zébu court", de dimension inférieure.

PONTE

Comment les poules font-elles pour pondre leurs œufs ?

QUESTION POSÉE PAR :
ALEXANDRA GAUDET

L'œuf est à l'origine de toute vie animale. Même l'être humain est conçu à partir d'un œuf (résultat de la fusion d'un ovule avec un spermatozoïde). Mais chez les mammifères l'œuf reste à l'intérieur du corps.

Chez la poule, l'œuf est éjecté après sa formation puis couvé par la mère. Il est très volumineux par rapport à la taille de l'animal, mais sa forme ovale et l'élasticité de sa coquille au moment de son passage par le cloaque, permettent à la poule de pondre sans trop de problème. La coquille calcaire durcit à l'air.

Les poules d'élevage pondent jusqu'à 300 œufs par an (la moyenne est d'environ 200 œufs de 55 à 60 g). C'est la race *Leghorn* blanche qui donne les meilleurs résultats en la matière.
Les œufs destinés à l'obtention de poulets sont laissés à la poule ou bien mis en couveuses. La durée de l'incubation est de 21 jours.
Si la poule pond régulièrement, elle n'a cependant pas pour cela besoin d'être fécondée par un mâle. Par contre, lorsque l'on souhaite élever des poulets, il faut qu'elle le soit systématiquement pour donner des oeufs contenant des poussins !

DENTS D'ESCARGOTS

Les escargots ont-ils des dents ?

QUESTION POSÉE PAR :
SYLVAIN HUMBERT

Les escargots n'ont pas de dents à proprement parler. Ils rongent les végétaux dont ils se nourrissent à l'aide d'un organe comparable à une langue râpeuse, la *radule*.

Les escargots sont des mollusques. Il en existe des espèces terrestres et aquatiques, toutes pourvues d'une radule, sorte de lame multiple composée d'un grand nombre de rangées de dents minuscules. L'ensemble forme une râpe qui permet à ces animaux de ronger les plantes dont ils se nourrissent.
Ils sont bien entendu incapables de mastiquer, car ils ne disposent pas de mâchoires. Leur "bouche" est en fait un appareil buccal qui dirige vers le tube digestif une bouillie alimentaire, obtenue par le frottement de la radule sur la plante.

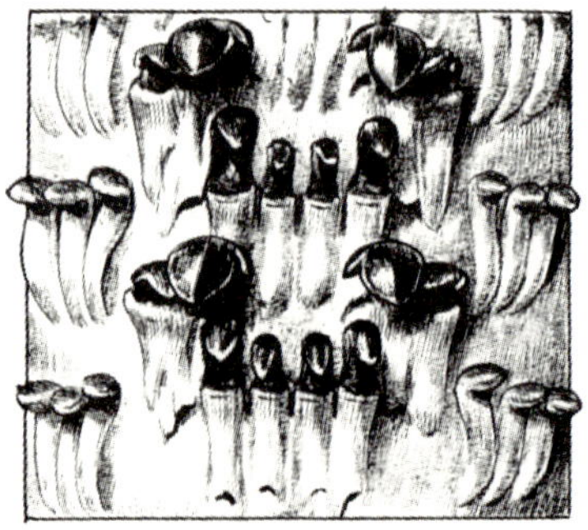

Ci-contre, dents d'une partie de la langue (radule) d'un escargot.

SERPENTS MUSICIENS

Les serpents sont-ils musiciens ?

Les charmeurs de serpents émettent une drôle de musique avec leurs flûtes et le cobra se balance comme s'il rythmait la mélodie. La réalité est tout autre, car les serpents sont sourds ! Ils perçoivent parfaitement les vibrations du sol, mais pas les sons. Quand le cobra se balance devant le charmeur de serpents, il se contente d'accompagner les mouvements de l'homme et de se dandiner afin de jauger l'adversaire avant de mordre.

Tout le principe du spectacle consiste pour l'homme à déjouer habilement les attaques du cobra (le plus souvent débarrassé de ses crochets venimeux). Le serpent suit sa proie, en repérant ses déplacements grâce à la chaleur qu'elle émet. La plupart des espèces voient en effet assez mal. On a pu constater par expérience qu'un crotale (serpent à sonnettes) était parfaitement capable de capturer une souris, même avec les yeux voilés par des pastilles opaques.
Sourd et mal voyant, le serpent n'a donc rien d'un mélomane averti. On peut en revanche lui trouver des dons musicaux lorsqu'il siffle avec vigueur pour manifester sa présence et son mécontentement, ou lorsque le crotale agite bruyamment les grelots qu'il porte au bout de sa queue. Dans tous les cas, c'est un avertissement, et mieux vaut passer son chemin avec prudence.

REPRODUCTION DES FLEURS

Comment les fleurs se reproduisent-elles ?

QUESTION POSÉE PAR :
EMMANUEL DARDENNES

Chez les plantes à fleurs, ou phanérogames, on assiste à une multiplication sexuée tout à fait normale. En général, la fleur renferme à la fois les organes mâles (étamines) et femelles (pistil). C'est le pollen porté par les étamines qui va venir féconder le pistil. Transporté par le vent, l'eau, les oiseaux ou les insectes butineurs, le grain de pollen est déposé accidentellement sur l'extrémité en forme de tube du pistil (le style).
Il pénètre à l'intérieur pour parvenir à l'ovaire qui contient des ovules. Un grain de pollen peut fusionner avec un ovule et former un oeuf qui donnera une graine. Dès que la fécondation s'est produite, l'ovaire grossit, se gorge de réserves : il devient un fruit. C'est la chair de ce fruit qui protège les graines jusqu'à leur maturité, tout en leur permettant d'attendre les conditions favorables pour la germination.

Certaines fleurs sont capables de se féconder avec leur propre pollen, d'autres au contraire nécessitent la présence de deux plantes. C'est le cas pour le pommier ou le poirier. On trouve aussi des sexes séparés sur une même plante, avec des fleurs mâles et des fleurs femelles bien distinctes (noisetier par exemple), ou des plantes unisexuées comme le houx, le kiwi et le palmier dattier, avec des pieds mâles et d'autres femelles. On est alors obligé de planter au moins deux sujets de sexes différents si l'on désire récolter des fruits.

POISSON-CLOWN

Pourquoi le poisson-clown ne se fait-il pas piquer par les anémones ?

QUESTION POSÉE PAR :
FABIEN BONHEUR

Jolis poissons orange, marqués d'une ou plusieurs raies blanches, les poissons-clowns se réfugient dans les tentacules venimeux d'une anémone de mer à la moindre alerte. Ce phénomène, observé dans les massifs coralliens des mers chaudes, est l'un des exemples de symbiose les plus étonnants qui soient. C'est le mucus recouvrant la peau de ces poissons qui les protège contre les cellules urticantes de l'anémone.

Les poissons-clowns, également appelés "demoiselles", sont les seuls poissons à ne pas craindre les tentacules des anémones. Il semblerait que les deux animaux trouvent un avantage réciproque à cette cohabitation : le poisson-clown est protégé de ses prédateurs, tandis que l'anémone se nourrit de ses restes de nourriture.
S'il doit changer d'hôte protecteur, le poisson-clown est obligé de faire connaissance progressivement avec la nouvelle anémone en se frottant doucement sur certains tentacules. S'il est accepté, il pourra s'enfouir complètement dans les bras venimeux et même dans la bouche de son hôte. Une anémone abrite souvent un couple, parfois une famille tout entière.

FRUITS DANGEREUX

Existe-t-il des fruits dangereux ?

Beaucoup d'espèces végétales renferment des poisons que les scientifiques appellent des *alcaloïdes*. La plupart de ces substances toxiques sont aujourd'hui utilisées en pharmacie à des doses très faibles.

Par exemple, les amandes contenues dans les noyaux de pêche ou d'abricot renferment de l'acide cyanhydrique, poison très violent. Les graines du cytise sont mortelles. Cet arbre aux belles fleurs jaunes est pourtant très commun dans les jardins.

Le laurier-rose, abondant dans le Midi, est une des plantes les plus toxiques qui existent. Il suffit d'utiliser son bois pour la confection de brochettes pour être empoisonné mortellement. Le laurier-cerise, si joli dans les haies des jardins, peut être mortel si l'on absorbe ses feuilles, ses fleurs ou ses fruits. Les feuilles et les fleurs du superbe rhododendron provoquent aussi des désordres intestinaux, mais sans trop de gravité. Les graines d'acacia ou de glycine sont également redoutables, mais sans issue fatale. En fait, la liste est très longue et, sans compter les champignons, on peut dénombrer une bonne centaine de plantes très communes dont il faut se méfier.

Baies toxiques de l'if. Taxus baccata.

HÉRISSON

Pourquoi les hérissons ont-ils tant de piquants ?

QUESTION POSÉE PAR :
SEBASTIEN GAMBERT
KATHY WERNER

Le hérisson est un petit mammifère insectivore que l'on voit très fréquemment dans les jardins ; il s'aventure souvent près des habitations, car il adore manger les restes de la gamelle du chat ou du chien, et apprécie beaucoup le lait.
Animal nocturne, le hérisson passe toute la journée endormi à l'abri d'un buisson bien touffu ou sous un lit de feuilles mortes. Les tas de compost dans le jardin constituent souvent son refuge favori.

Le hérisson mesure une vingtaine de centimètres de longueur. Il est bien reconnaissable avec son museau pointu qu'il dresse à la moindre alerte, et surtout avec son corps entièrement recouvert de piquants, sorte de poils qui se sont transformés au cours des siècles, ont grossi, durci et qui constituent maintenant une protection naturelle très efficace. Cette véritable carapace acérée est le seul moyen de défense que possède le hérisson. Face à un ennemi, qui peut être un chien, mais aussi un renard ou un blaireau, le hérisson se roule en boule, le museau rentré sur le ventre. Il ne montre à son prédateur qu'une boule épineuse complètement inerte et surtout inaccessible à sa dent.

Le hérisson est immunisé contre le plupart des venins et notamment celui de la vipère. C'est un ardent chasseur de reptiles, qu'il déteste et semble tuer presque par plaisir. Mais son régime alimentaire est surtout constitué de limaces, d'escargots et d'insectes, ce qui en fait un animal très utile dans les jardins. On lui reproche toutefois son appétit pour les oeufs, notamment ceux des perdrix et des faisans.

ALBATROS

Où vivent les albatros ?

Les albatros sont des oiseaux de mer. Ils font partie des espèces qui possèdent une très grande envergure. Ils se plaisent dans les régions froides. On a recensé 9 espèces habitant les îles voisines de l'Antarctique et 4 autres dans le Pacifique Nord. Les îles Falkland (Malouines), les Kerguelen, la Terre de Feu, et même le continent antarctique sont les lieux les plus fréquentés par les albatros. Ils élisent domicile dans des zones très abruptes, aimant nicher sur les falaises. Ils vivent le plus souvent en grandes colonies, plusieurs espèces pouvant d'ailleurs se côtoyer sans problèmes.

La plupart des albatros construisent un nid à même le sol avec des débris végétaux de toutes sortes. De forme tronconique, le nid est assez volumineux. L'oeuf unique est blanc, parfois maculé de rouge. Il est pondu en septembre ou début octobre.

Les poussins naissent de décembre à janvier, en pleine période d'été austral. La nourriture des albatros est exclusivement constituée de poissons, calmars et crustacés prélevés en plein vol à la surface de la mer. On a cependant remarqué que beaucoup d'espèces avaient tendance à se montrer nécrophages, dévorant les cadavres flottants d'autres oiseaux marins.

Avec ses ailes gigantesques, l'albatros est très cocasse au sol. Il se déplace en se dandinant, et doit faire beaucoup d'éfforts pour s'envoler (il court sur une pente en battant des ailes). Une fois dans les airs, c'est une merveille de grâce et d'adresse. Il plane au gré des courants ascendants, se laissant porter par le vent avec majesté...

DISPARITION DES TIGRES

Pourquoi les tigres disparaissent-ils ?

QUESTION POSÉE PAR :
SÉBASTIEN GAMPERT
KATHY WERNER

Le tigre est le plus beau, le plus grand, le plus fort et le plus majestueux des félins. Au début du siècle, on recensait 50 000 tigres en Inde. Soixante ans après, il n'en restait pas plus de 2 000. Destruction et exploitation intensive des forêts où il vit, morcellement des terres, défrichement par le feu, croissance démesurée de la population qui repousse l'animal vers les terres les plus inhospitalières, tout cela s'ajoute à une chasse brutale, aveugle, stupide et irraisonnée et contribue à la disparition des tigres.

A cette vitesse, l'hécatombe aurait bien pu provoquer l'extinction définitive de l'animal.
Fort heureusement, en 1969, l'Union internationale pour la conservation de la nature et des réserves naturelles (UICN) intervint pour alerter l'opinion publique internationale. Avec l'aide du WWF (Fonds mondial pour la nature), une "opération tigre" fut mise sur pied en 1972.
On créa alors deux grands parcs en Inde, sur un total de 1 000 km2.
Le nombre des réserves où vivent des tigres est aujourd'hui passé à quinze et l'on estime que leur population a doublé, atteignant environ 4 000 individus. On peut dire à présent que le tigre de l'Inde est pratiquement sauvé.
Ce n'est pas le cas du tigre de Java, considéré comme disparu dans son environnement naturel, ni des tigres de Sumatra et de Chine dont il existe moins de 200 spécimens sauvages. Le tigre de Sibérie, le plus grand de la famille, est aussi très menacé : il ne doit pas subsister plus de 200 tigres dans toute la Sibérie, et le gouvernement soviétique serait bien inspiré d'envisager rapidement un programme de protection en suivant l'exemple de l'Inde. Sinon, le plus grand fauve du monde (près de 4 m de long et plus de 300 kg) pourrait bien ne subsister que derrière les barreaux des zoos.

ANANAS

Les ananas poussent-ils dans les arbres ?

L'ananas est le fruit unique d'un arbuste cultivé depuis sa découverte à l'époque de Christophe Colomb. Le mot, d'origine caraïbe, désigne une plante au tronc court surmonté d'un épi qui constitue le fruit comestible. De nos jours, la culture de l'ananas s'est étendue à toute la zone tropicale : on en trouve en Amérique centrale, en Afrique et en Asie tropicale, où il est cultivé à l'air libre ou en serre.

Non, l'ananas ne pousse pas dans les arbres ! Le pied d'ananas est un arbuste d'un mètre de hauteur au maximum. Un bourgeon central se forme au bout de quelques mois et il faut attendre le grossissement de cet épi, qui est l'agglomération d'un grand nombre de baies séparées. Le fruit est encore, à ce stade, de couleur vert-rouge et entouré de piquants. Au cours de la phase suivante, on lie les feuilles au sommet de l'arbuste, par-dessus le fruit, pour le forcer à grossir sans "monter en graine".

Au moment de la cueillette, le fruit est jaune, chargé d'un jus à la fois acide et sucré, riche en vitamines, à la chair très consistante. Il entre dans la composition de plats cuisinés chauds en Asie et en Afrique, tandis qu'en Amérique et en Europe, il est surtout consommé en dessert et sous forme de jus.

SÈVE

Comment la sève circule-t-elle ?

Les plantes absorbent toujours leur nourriture sous forme de liquide. Les poils absorbants des racines pompent l'eau dans laquelle sont dissous des sels minéraux. L'ascension de cette sève brute dans les tissus s'effectue par les vaisseux ligneux du bois. La poussée de la sève est très forte puisqu'elle parvient à atteindre les feuilles les plus hautes situées pour les plus grands arbres jusqu'à 100 m du sol !

Les éléments fertilisants sont transformés en matières organiques dans le feuillage par la photosynthèse (action de la chlorophylle et de la lumière), et véhiculés dans l'ensemble des tissus par les fibres du liber qui conduit *la sève élaborée,* ou *sève descendante,* véritable suc nourricier des plantes.

OISEAUX ET NIDS

Tous les oiseaux font-ils un nid ?

Autant d'espèces d'oiseaux, autant de nids différents, ou presque, car il y a quelques paresseux qui n'en construisent pas du tout, le coucou par exemple.

On trouve des nids de toute formes, de toutes dimensions : celui du plus petit des colibris a la taille d'un dé à coudre ! Et les oiseaux utilisent pour les construire les matériaux les plus divers et les techniques les plus variées.
Les aigles, par exemple, édifient sur des corniches rocheuses de grands nids de branchages. Un de ces aigles, le pygargue à tête blanche (l'emblème des Etats-Unis) est capable de transporter dans ses serres des branches de 1 ou 2 mètres de long. Le fournier roux d'Amérique du Sud bâtit avec de l'argile un nid en forme de four, d'où son nom. Pour ce faire, lorsque la pluie a détrempé le sol, il transporte dans son bec des petites boulettes de terre, qu'il façonne à la manière d'un potier. Quant aux salanganes, elles utilisent leur propre salive pour bâtir ces "nids d'hirondelles" dont les Chinois sont friands. Les tisserins des savanes d'Afrique sont, comme leur nom l'indique, de véritables tisserands : ils découpent en lanières des feuilles de palmier et les tressent pour confectionner des nids d'une extraordinaire souplesse. Non moins habile, la fauvette couturière enroule en cornet une grande feuille et en coud les bords en utilisant comme fil des soies d'araignée ou des brins de coton. Et ce ne sont là que quelques exemples...

MURÈNES

Les murènes sont-elles dangereuses ?

QUESTION POSÉE PAR :
RISLER VIRGINIE

Avec sa forme de serpent et sa gueule ouverte menaçante, la murène a toujours effrayé l'homme. Il court sur son compte des légendes aussi abominables que fausses. Il existe environ 120 espèces de murènes, la plupart habitant les récifs coralliens. On en trouve aussi en Méditerranée. Ces poissons à l'aspect de serpent mesurent de 15 cm à 3 m de long. Les plus grandes murènes ont une tête presque aussi grosse que celle d'un berger allemand.

Poisson carnassier, la murène est armée de belles dents pointues. On a longtemps cru que l'animal était venimeux. C'est complètement faux. La morsure d'une murène est toujours douloureuse. Elle peut parfois s'infecter à cause des aliments en putréfaction que l'animal retient entre ses dents, mais il n'y a pas la moindre glande à venin chez ce poisson.

La murène se distingue de la plupart des poissons par son absence d'écailles. Sa peau est épaisse, souple et caoutchouteuse. Chassant à l'affût, elle passe son temps dissimulée en partie dans un trou rocheux. Elle laisse sortir sa tête et la balance au gré du courant, gueule grande ouverte à la recherche de proies. Qu'un poisson passe un peu trop près et elle le happe avec une rapidité foudroyante.
En dépit de leur brutalité, les murènes sont faciles à apprivoiser. De nombreux plongeurs en mer Rouge, à l'île Maurice, aux Maldives et dans les Caraïbes donnent à manger à mains nues à d'énormes murènes. Ils parviennent même à jouer avec elles en les faisant sortir entièrement de leur trou et en enroulant le poisson autour de leur cou comme un cache-nez. Ces performances spectaculaires ne sont pas sans risque et il faut une très bonne connaissance du comportement animal pour jouer au dompteur de murène !

La murène mange à peu près n'importe quelle proie morte ou vivante. C'est un animal vorace et goulu qui ne prend pas le temps de goûter ses aliments car il doit laisser entrer continuellement de l'eau dans sa bouche pour respirer.
Si la plupart des murènes ont une couleur terne, grise ou marron, il existe de très jolies espèces colorées, certaines ressemblant à un ruban bleu bordé de jaune d'or.

La murène hélène se rencontre fréquemment sur les côtes rocheuses de la Méditerranée et de l'Atlantique.

2

LES HOMMES ET L'HISTOIRE

AFFAIRE DREYFUS

Qu'est-ce que l'Affaire Dreyfus ?

Le capitaine Dreyfus fut injustement accusé, parce qu'il était juif, d'avoir fourni à l'Allemagne des secrets militaires. Condamné sans preuves, il fut envoyé au bagne à Cayenne. Grâce à "J'accuse", l'article d'Emile Zola paru dans l'*Aurore* en 1898, il fut innocenté.

Après sa défaite contre la Prusse en 1871, la France cherchait des boucs émissaires, et de violentes campagnes furent lancées contre les étrangers et les juifs. Le capitaine Dreyfus était juif et fut victime d'un complot. L'"Affaire" Dreyfus divisa profondément la France pendant des années. Les "antidreyfusards", xénophobes et antisémites, furent finalement vaincus, lorsque, après l'intervention d'Emile Zola, le camp des "dreyfusards" exigea que l'on approfondisse l'enquête judiciaire. Le vrai coupable fut finalement démasqué et Dreyfus fut réhabilité en 1906.

LE TRAITRE
Dégradation d'Alfred Dreyfus

ALEXANDRE LE GRAND

Qui était Alexandre le Grand ?

QUESTION POSÉE PAR :
JÉROME DAL-PAU

Alexandre III, dit le Grand (356-323 av. J.-C.), roi de Macédoine puis "roi d'Asie" fut l'un des plus grands conquérants de l'histoire. Il se rendit maître d'un immense empire qui s'étendait d'ouest en est, de la Grèce au Pakistan actuel et qui, au sud, englobait l'Egypte.

Fils de Philippe II, élève du philosophe Aristote, Alexandre se distingue très jeune par une intelligence exceptionnelle. A 15 ans, il parvient à dresser le cheval Bucéphale que personne n'avait réussi à monter : comprenant que le cheval a peur de son ombre, il le place face au soleil... A 18 ans, il participe aux côtés de son père à la bataille de Chéronée qui voit la victoire des Macédoniens sur les Athéniens et les Thébains réunis. Par cette victoire, Philippe II assure sa domination sur la Grèce et rêve désormais d'abattre l'Empire perse. Mais deux ans plus tard (en 336), il meurt assassiné. A 20 ans, Alexandre devient donc roi et reprend à son compte le projet de son père.

Nommé chef de la confédération hellénique, à la tête d'une immense armée, il franchit l'Hellespont, pénètre en Asie Mineure (Turquie) et bat les Perses au Granique (334). Cette victoire n'est que la première d'une longue série. Désormais, plus rien n'arrêtera Alexandre. D'ailleurs n'a-t-il pas tranché le nœud gordien? Ce nœud très compliqué attachait un char royal dans le temple de Zeus à Gordios, une ville d'Asie Mineure ; et un oracle avait prédit que celui qui réussirait à le défaire deviendrait le maître de l'Asie. Alexandre le trancha d'un seul coup et l'oracle s'accomplit : bientôt, tous les pays qui composaient l'Empire perse furent à lui et il prit le titre de "roi d'Asie". Non encore satisfait, il franchit l'Indus, conquit des territoires de l'actuel Pakistan ... mais il mourut à 33 ans et son empire, partagé entre ses généraux, ne lui survécut guère.

CHATS ÉGYPTIENS

Qui était Bastet ?

Bastet - littéralement "celle qui déchire"- était une déesse égyptienne que l'on représentait intégralement ou en partie sous l'aspect d'un chat. Son lieu de culte était situé à Bubastis qui signifiait "la ville de Bastet".

Pour les Egyptiens, le chat était un animal sacré. Son importance était telle que certains se rasaient les sourcils en signe de deuil quand un chat familier mourait. Toutes les familles possédaient une petite statue de Bastet et les femmes tentaient grâce à leur maquillage de se donner une allure féline. Quant aux enfants, on leur faisait une petite entaille au bras afin d'y verser quelques gouttes de sang de chat pour honorer la déesse féline.

Déesse Bastet (époque Saïte).

CLOVIS

Clovis était-il un roi barbare ?

Après les grandes invasions barbares du Ve siècle, la Gaule était partagée entre divers peuples : les Wisigoths occupaient le Sud-Ouest, les Burgondes, l'actuelle Bourgogne, les Alamans dominaient le Nord-Est et les Francs la Gaule du Nord. Clovis, le fils du roi franc Childéric, était donc par sa naissance un barbare.

Dès 451 il entreprit de conquérir la Gaule. Il s'empara d'abord du royaume de Syagrius, entre la Loire et la Somme. En 496, il battit les Alamans après avoir promis de devenir chrétien s'il était vainqueur. Quatre ans plus tard il battit les Burgondes et en 507 il écrasa les Wisigoths.
En 486, après le pillage de la ville de Soissons par son armée, l'évêque demanda à Clovis de rendre le vase précieux volé dans une église. Le roi ordonna à ses soldats de donner le vase mais un guerrier refusa et le brisa d'un coup de sa francisque, la hache de guerre des Francs, en disant : « Tu n'auras que ce que le sort te donnera». Un an plus tard, Clovis passant ses soldats en revue jeta à terre la hache mal entretenue de celui qui avait brisé le vase et lui fendit le crâne en disant : « Ainsi as-tu fait au vase de Soissons ».
C'est sous ce roi violent et barbare que la Gaule devint chrétienne. Sous l'influence de sa femme Clotilde, Clovis se fit baptiser avec ses soldats par l'évêque de Reims, saint Remi. C'était en l'an 500.
Quand Clovis mourut, en 511, il dominait presque toute la Gaule. Les mœurs à son époque étaient brutales, barbares peut-on dire : luttes féroces, exécutions cruelles, crimes étaient fréquents.

CHAPITEAUX

Quelles différences y a-t-il entre les chapiteaux dorique, ionique et corinthien?

Ces trois "ordres" sont en fait des styles de l'architecture antique grecque, caractérisée par des formes particulières.

L'ordre dorique est certainement le plus ancien : il est sobre, un peu austère. Le Parthénon de l'Acropole d'Athènes est le plus célèbre des temples doriques : massif et majestueux. Le chapiteau de la colonne dorique est un cône aplati et sans décoration.
Le style ionique, très répandu dans les îles et en Asie Mineure, est plus léger et plus décoré : le chapiteau est composé de deux volutes symétriques débordant de chaque côté de la colonne. Le temple d'Artémis à Ephèse et le temple d'Athena Niké à Athènes en sont de beaux exemples.
Le chapiteau corinthien, inventé par le sculpteur grec Callimaque, est postérieur à l'époque classique grecque. Il fut très employé par les Romains, puis réapparut beaucoup plus tard dans l'art gothique chrétien. Il est très décoré, composé de feuilles enchevêtrées retombant en panaches recourbés, signe d'une élégance luxuriante et sophistiquée.

Ordre dorique.

Ordre ionique.

Ordre corinthien.

ÉGLISE ET RÉVOLUTION

Pourquoi les révolutionnaires ont-ils combattu le clergé ?

Lorsque la Révolution commence, rien ne semble devoir l'opposer à l'Église : presque tous les députés sont croyants et les membres du clergé élus aux États généraux sont souvent des curés ouverts aux idées nouvelles. L'abbé Sieyes et les évêques Grégoire et Talleyrand sont parmi les plus actifs. C'est d'ailleurs l'évêque d'Autun qui propose la nationalisation des biens du clergé en octobre 1789, c'est lui encore qui célèbre la messe de la fête de la Fédération le 14 juillet 1790 au Champ de Mars.

Mais la Constitution civile du clergé qui soumet l'Église à l'État divise les prêtres. Le pape Pie IV refuse de ratifier la nouvelle organisation de l'Église de France qui prévoit que les curés et les évêques seront élus. Ayant à choisir entre la fidélité au pape et l'obéissance à l'Assemblée constituante, le clergé se partage en deux groupes égaux : les réfractaires refusent de prêter serment à la nouvelle constitution. Soutenus par les royalistes, ils entraînent une partie de leurs fidèles en Bretagne et Vendée, et dans le sud du pays.

Avec la guerre, la proclamation de la République et l'exécution du roi, la lutte devient terrible entre la Révolution et ceux qui la combattent. Les partisans de l'Église font souvent cause commune avec les royalistes. Dès lors, les curés et les fidèles, assimilés aux ennemis de la république, sont arrêtés et condamnés. Le culte catholique est interdit, les églises sont fermées ou transformées en temples de la Raison comme Notre-Dame de Paris.
Il faudra attendre 1801 pour qu'un concordat soit signé entre le premier consul Bonaparte et l'envoyé du pape Pie VII. Il rétablit la paix religieuse en France.

Les noyades de Nantes (1793).

CITÉ INTERDITE

Qui a fait construire la Cité interdite ?

QUESTION POSÉE PAR :
CÉCILE BEZIAN

Le trône de la Cité interdite à Pékin.

La Cité interdite est le nom donné au domaine réservé de l'empereur chinois dans la ville de Pékin. L'empereur Cheng zu la fit construire au début du XVe siècle, après avoir chassé les Mongols et ce vaste ensemble de palais fut pendant 500 ans le centre du gouvernement impérial.

La Cité n'était accessible qu'à des fonctionnaires de haut rang et l'entrée se faisait par le sud, par la porte de la paix céleste, en chinois: *Tien an men.*
Le palais, entouré d'une muraille et d'un fossé, s'étendait sur 72 hectares.
Les toitures étaient de couleur jaune, la couleur du "fils du ciel", l'empereur. Les bâtiments portaient des noms différents : palais de "l'harmonie préservée", palais de "l'harmonie suprême", palais de "l'harmonie parfaite", palais de la "tranquillité terrestre"...
En 1912, l'empereur chinois fut destitué et la Cité interdite ouverte au public.

BIBLIOTHÈQUE NATIONALE

Qui créa la première bibliothèque nationale ?

Les peuples de l'Orient, (Assyriens, Egyptiens...) conservaient les textes religieux dans des endroits où le public n'était pas admis. Chez les Grecs, les bibliothèques étaient sans doute des lieux de conservation, mais servaient aussi à répandre la pensée grâce aux savants qui les fréquentaient. Les « volumen », rouleaux de parchemin ou de papyrus, étaient très encombrants : ceux de Tite-Live, célèbre historien latin, remplissaient plusieurs salles.

C'est grâce à Ptolémée Ier Sôter, un des principaux généraux d'Alexandre le Grand, que la bibliothèque d'Alexandrie fut fondée. Roi d'Égypte en 323 av. J.-C., il établit sa capitale à Alexandrie. Il voulut faire de la ville un grand centre intellectuel et pour cela il fit construire un musée où il installa une bibliothèque.

Cette bibliothèque est la plus célèbre de l'Antiquité : elle compta jusqu'à 700 000 « volumen ». Elle était fréquentée par les savants et les lettrés du monde grec : un des plus connus fut le fameux Archimède. Certains pensent que cette bibliothèque fut en partie brûlée pendant la révolte contre Cléopâtre et César en 47 av. J.-C. Dès cette époque le mot «bibliothèque», qui qualifiait auparavant un simple «dépôt de livres», désigne désormais un lieu d'étude et de consultation.

Héritière des collections royales constituées au fil du temps, la Bibliothèque Nationale conserve aussi bien des manuscrits du Moyen Age que le dernier roman paru ou la dernière édition d'un quotidien. Grâce à l'institution du dépôt légal, elle reçoit en effet un exemplaire (ou deux) de tout ce qui paraît. Ainsi s'enrichit-elle sans cesse, à tel point que la place finit par manquer. C'est pourquoi la B.N. va bientôt quitter le 2e arrondissement de Paris, où elle est établie depuis l'époque de Colbert, pour s'installer à Bercy, dans des locaux plus spacieux.

1ER ROI D'ÉGYPTE

Qui fut le premier roi d'Egypte ?

Ménès, souverain de la Haute-Egypte, conquit la région du delta du Nil (Basse-Egypte) vers 2850 avant J.-C.

Le royaume de la Haute-Egypte s'étendait, au sud, de l'actuelle ville du Caire à la première cataracte (une chute d'eau) du Nil, aujourd'hui la région d'Assouan. Ménès portait alors la couronne blanche en forme de cône, tandis que les souverains de la Basse-Egypte portaient une couronne rouge ressemblant vaguement à une chaise.
Après sa conquête, Ménès adopta donc les deux couronnes, la blanche à l'intérieur de la rouge, et prit le nom de *Narmer*, le seigneur des Deux Pays.

Il établit la capitale de son double royaume à Memphis, au sud-ouest du Caire. Si l'on en croit la tradition, sa citadelle était entourée d'un mur blanc. L'histoire raconte que Ménès/Narmer régna pendant 62 ans. Après sa mort - il aurait été tué par un hippopotame -, il fut élevé au rang des dieux.
Le Pschent qui coiffe le pharaon est la réunion de la couronne blanche de la Haute-Egypte et de la couronne rouge de la Basse-Egypte.

A gauche, le Pschent qui coiffe le pharaon.

Ci-dessus: Palette de Narmer (schiste, musée du Caire).

GRANDES DÉCOUVERTES

Quelles furent les grandes découvertes maritimes du XVIe siècle ?

QUESTION POSÉE PAR :
BENOIT JAMET

La plus importante des grandes découvertes du XVIe siècle fut le tour de monde effectué par la flotte du navigateur portugais Magellan, pour le compte de la Couronne d'Espagne.

Les grandes découvertes datent en réalité de la fin du XVe siècle : entre 1492 et 1499, les côtes américaines furent reconnues par Colomb, Cabot, Vespucci et Cabral. Au même moment, Vasco de Gama contournait l'Afrique par le sud et atteignait l'Inde. Ces grandes découvertes allaient permettre à l'Europe de dominer le reste du monde. Mais beaucoup croyaient encore que la Terre était un disque plat. Magellan réussit à convaincre le roi d'Espagne qu'il pourrait faire le tour de la Terre en allant toujours vers l'ouest. Il partit avec cinq navires en 1519, contourna l'Amérique par le sud et traversa le Pacifique. Mais la traversée fut terrible : il perdit plusieurs bateaux et fut tué aux Philippines en 1521. Son lieutenant, El Cano, finit le voyage avec le seul navire rescapé, le *Vittoria*, et atteignit l'Espagne en 1522. Désormais, la démonstration était faite que la Terre était bien une sphère...

Les trois caravelles de Christophe Colomb.

ROMULUS ET REMUS

Qui étaient Romulus et Remus ?

Durant l'Antiquité romaine, Amulius détrôna son frère Numitor, roi d'Albe la Longue. Puis, pour s'assurer que la fille de Numitor, Rhéa Silva, n'aurait jamais d'enfants, il l'enferma chez les Vestales. Mais Mars, le dieu de la guerre, la séduisit et elle mit au monde des jumeaux : Romulus et Remus. Amulius, furieux, abandonna les nourrissons dans un berceau sur le Tibre. Celui-ci s'échoua sur la berge du fleuve et une louve, envoyée par Mars, nourrit les enfants. Puis, des bergers les élevèrent.

A leur majorité, les jeunes gens chassèrent Amulius du trône et y rétablirent leur grand-père Numitor. Ils décidèrent alors de fonder une ville nouvelle : Rome. Romulus traça le sillon sacré autour du Palatin. A ce moment, une dispute éclata entre les deux frères, Romulus tua Remus et devint ainsi le premier roi de Rome (753-717 av. J.-C.). Pour peupler la ville, il donna asile à des fugitifs. Puis pour se procurer des épouses, ils enlevèrent les Sabines, qui appartenaient à un peuple voisin. La légende dit encore que Romulus disparut mystérieusement au cours d'un orage.

JEAN MOULIN

Qui était Jean Moulin ?

QUESTION POSÉE PAR :
ARNAUD DECROIX

Préfet au moment de la défaite des armées françaises en juin 1940, Jean Moulin n'accepta pas de cesser le combat et entra dans la Résistance, dont il fut le chef jusqu'à sa capture en 1943.

Son métier d'administrateur et sa connaissance des milieux politiques lui permirent de prendre de nombreux contacts auprès de tous les partis politiques français décidés à résister à l'occupant nazi. Il fonda le Conseil National de la Résistance, le CNR, dans le but d'unifier tous les opposants actifs au nazisme, afin de rendre leur action plus efficace. Il fut, malgré toutes les précautions prises, arrêté en 1943 par la Gestapo et mourut sous la torture quelques semaines après. Ses cendres reposent au Panthéon depuis 1965.

CATHÉDRALES

Pourquoi a-t-on construit des cathédrales et des églises ?

QUESTION POSÉE PAR :
CAROLE SIMON

Reflet d'une époque : l'homme du Moyen Age est un homme très religieux. Il veut gagner son salut et pour cela il construit des églises pour remercier Dieu. Ces constructions sont aussi le reflet de l'enrichissement et de l'essor économique de l'Occident chrétien.

Du XIe au XIVe siècle, l'Europe occidentale se couvre d'églises : plusieurs milliers d'abbayes, des dizaines de milliers d'églises, plus de 500 cathédrales.
L'église, comme la cathédrale, possède en général un plan en forme de croix latine. Le choeur représente la tête du Christ ; le transept, les bras et la nef, le corps. Les pierres symbolisent l'ensemble des chrétiens. L'église est orientée vers l'est, en direction de Jérusalem. Mais l'église n'est pas seulement la maison de Dieu, c'est aussi la maison des hommes : on y mange, on y parle à voix haute, les corporations s'y réunissent. Sur les routes des pèlerinages, elles servent d'hôtel. Les murs sont décorés de sculptures et de peintures ayant pour sujet la Bible. Pour les fidèles illettrés, c'est un véritable "livre d'images".

Comment finançait-on leur construction ?

A partir du XIIe siècle, un art nouveau apparaît dans les villes du Bassin parisien : l'art gothique. Il s'étend rapidement à une grande partie de l'Europe.
Cet art apparaît pendant une période de paix, d'essor économique et urbain (c'est pourquoi il se développe essentiellement dans les villes). Désireux de montrer la puissance et la richesse de la cité, évêques et bourgeois rivalisent pour construire la plus belle et la plus haute cathédrale.

Pour payer ces monuments, riches et pauvres font des offrandes en espérant qu'elles leur ouvriront les portes du paradis. Le clergé finance la construction, le roi offre "des aumônes royales", des impôts supplémentaires sont levés par les bourgeois des villes.

Cathédrale de Beauvais.

Les travaux sont lents car grandioses et chers. Le rôle de l'architecte est primordial et les chantiers nécessitent une main-d'oeuvre considérable : des milliers de manoeuvres pour les fondations et le transport des matériaux ; des bûcherons, pour fournir le bois des échafaudages et des charpentes ; des charpentiers, des tailleurs de pierre, des maîtres maçons pour la construction proprement dite, des vitriers et des sculpteurs pour la décoration et l'ornementation.

Quand le style "roman" apparaît-il ?

L'architecture de la fin du Xe et du XIe siècle est dite "romane". Elle est caractérisée par des voûtes arrondies, aussi bien celles qui soutiennent le toit que celles des portes et des fenêtres. Ces dernières sont d'ailleurs exiguës car les murs supportant toute la voûte subissent une pression considérable et ne peuvent être percés de larges fenêtres. Ces murs sont donc très épais et maintenus, à l'extérieur, par des contreforts.

La voûte est dite "en berceau". Elle est soutenue par des piliers carrés souvent décorés de demi-colonnes ou par des piliers cylindriques. La décoration romane est très riche. La sculpture des portails, des chapiteaux, des tympans fait corps avec l'édifice dont elle souligne les éléments.

Comment se caractérise l'architecture gothique ?

Les problèmes de l'obscurité et de la hauteur des églises trouvent une solution avec la diffusion de la croisée d'ogives et l'invention de l'arc-boutant. La croisée d'ogives dirige les poussées vers quatre piliers, le mur devient moins utile, on peut le percer de fenêtres décorées de vitraux. Pour éviter l'écartement des piliers, on les consolide à l'extérieur par des arcs-boutants appuyés sur des contreforts. Les cathédrales deviennent de plus en plus hautes et dépassent souvent 40 m (celle de Beauvais atteint 48 m).

Statues et gargouilles ornent les façades. Les vitraux et la superposition des étages forment l'essentiel du décor. Les vitraux représentent des scènes bibliques ou profanes (artisans, marchands). Au XIIe siècle, ils sont à dominante bleu et rouge, au XIIIe, vert et rose. Sur la façade principale, une grande rosace surmonte le portail.

Quelques cathédrales : Paris, Reims, Beauvais, Chartres, Amiens, Westminster, York, Cologne, Mayence, Milan, Florence, Tolède, Burgos reflètent magnifiquement l'art gothique en Europe.

LE MONT-SAINT-MICHEL

Qui construisit le Mont-Saint-Michel ?

Le Mont-Saint-Michel actuel est le fruit de constructions successives, visibles dans l'édifice. Deux légendes se disputent le privilège de sa fondation.

Au VIIIe siècle, le Mont-Saint-Michel n'était pas isolé par la remontée de la mer et Aubert, évêque d'Avranches, aurait eu une vision. Saint Michel lui serait apparu en 708 lui demandant d'élever un oratoire.

Selon une légende encore plus lointaine, à l'issue du combat entre Saint Michel et le dragon diabolique, ce dernier, vaincu, serait allé chercher trois pierres de fondation mais il en perdit une qui s'enfonça dans le sol.

L'abbaye carolingienne est due aux bénédictins qui vinrent de Saint-Wandrille pour remplacer les premiers moines chassés par Richard Ier en 966 à cause de leurs moeurs trop libres. Rasée en surface, elle fut remplacée par l'église romane commandée par le duc Richard II pour son mariage. Achevée au XIIe siècle, cette église fut ravagée par plusieurs incendies et le choeur s'écroula en 1421. Mais on peut encore admirer la nef, les transepts, des cachots, le majestueux Grand-Degré.

L'abbaye fut reconstruite et donna naissance à la "Merveille" gothique (aumônerie, salle des Hôtes, salle des Chevaliers, cloître). Le choeur flamboyant, très pur, avec sept chapelles rayonnantes, fut refait au XVe siècle. La flèche actuelle (152 m) avec la statue de Saint Michel date de 1897.

Le Mont est protégé par des remparts construits aux XIIIe et XVe siècles. A chaque époque, le Mont s'est enrichi d'éléments d'architecture différents, sans perdre son unité.

ORADOUR-SUR-GLANE

Que s'est-il passé à Oradour-sur Glane ?

QUESTION POSÉE PAR :
MARIE LAURE LAROSA

Le 10 juin 1944, la division SS "Das Reich" remonte le sud-ouest de la France pour renforcer les armées allemandes et réprimer l'action de la Résistance dans les régions traversées. Des tirs sur un détachement en marche font quatre blessés parmi les SS. "Le premier village traversé subira les représailles", décide le commandant. Ce sera Oradour-sur-Glane, un gros bourg rural situé à 22 km au nord-ouest de Limoges.

A 14 heures, 200 SS arrivent en camion et encerclent le bourg. Ils ramènent tous les cultivateurs rencontrés en route. Les hommes sont regroupés dans six granges. Au signal, les SS les abattent à la mitrailleuse. Seul Monsieur Yvon Roby est miraculeusement protégé par les cadavres... L'horreur du premier massacre est dépassée lorsque femmes et enfants sont conduits et enfermés dans l'église. Une caisse d'explosifs est apportée à l'intérieur du bâtiment. Les SS s'avancent dans l'église et tirent, puis le feu est allumé. Mme Roufranche réussit à fuir par un vitrail. C'est la seule rescapée. Au total, 648 personnes, hommes, femmes et enfants, périssent à Oradour, victimes de la barbarie nazie.

FERRETS DE LA REINE

Dumas a-t-il inventé l'histoire des ferrets de la reine ?

La plupart des protagonistes des romans de Dumas ont réellement existé, mais son imagination leur prête des aventures dont la véracité est sujette à caution.

Le duc de Buckingham, favori du roi Jacques Ier d'Angleterre, puis à la mort de celui-ci, de son fils Charles, a vraiment joué un rôle décisif à la cour d'Angleterre. Après avoir joui d'une immense popularité, sa fortune, acquise aux dépens du trésor royal, fit scandale et il périt assassiné.

En 1625, après avoir échoué dans sa tentative de négocier le mariage de Charles Ier avec l'infante d'Espagne, il se rend en France afin d'en ramener la soeur de Louis XIII, Henriette de France, que son roi vient d'épouser par procuration. Une véritable cour, d'un luxe inouï l'accompagne.

La reine Anne d'Autriche, qui n'a que 24 ans, est délaissée par son royal époux. Madame de Chevreuse qui, avant son mariage, fut chassée de la Cour par le Roi, rêve de vengeance. Elle vante tant, à la séduisante Reine, les mérites du duc que, lors de leur première rencontre, les témoins croient au coup de foudre. La Reine décide d'accompagner Henriette jusqu'à Calais. Henriette et le duc suivent une route, elle une autre.

Le 7 juin, à Amiens, le duc et la reine se rencontrent seul à seule. Nul ne sait ce qui se passe. Louis XIII, informé, se sent ridiculisé. Richelieu charge la comtesse de Carlisle, la "Milady" des *Trois Mousquetaires*, d'espionner le duc.

Depuis son retour de France, celui-ci porte des ferrets de diamant. La comtesse les lui dérobe. Il fait alors exécuter des copies parfaites qu'il expédie à la reine avec une lettre d'explication. A la mort d'Anne d'Autriche, l'inventaire mentionne "six ferrets de diamant prisés ensemble 700 livres".

Dumas n'a donc pas, on le voit, "inventé" l'histoire des ferrets de la reine. Il l'a seulement interprétée et racontée à sa manière - en y ajoutant maints détails de son cru. Et si Athos, Porthos et Aramis sont des personnages purement imaginaires, le comte d'Artagnan, lui, a bien existé et a vraiment commandé une compagnie de mousquetaires !

ERNESTO "CHE" GUEVARA

Qui était Che Guevara ?

Ernesto Guevara, dit "Che", était un médecin argentin révolté par les injustices et la pauvreté régnant en l'Amérique du Sud. Ami de Fidel Castro, il quitta pourtant Cuba et fut tué au combat en Bolivie en 1967.

Ernesto "Che" Guevara rejoignit en 1956 la guérilla organisée par Fidel Castro contre le dictateur Batista. Après la révolution cubaine, il devint ministre. Mais il pensait que la révolution devait avoir lieu dans le monde entier et partit combattre avec les maquisards boliviens. Après sa mort, il devint le symbole d'un esprit révolutionnaire romantique et pur. Il est encore populaire dans toute l'Amérique latine.

Une légende entrée dans la vie quotidienne.

PYRAMIDES

Pourquoi a-t-on construit les pyramides ?

Dans l'Egypte ancienne, les pyramides étaient les monuments funéraires des pharaons. Les trois pyramides de Gizeh abritent les tombeaux de trois pharaons de la IVe dynastie : Chéops, Chéphren et Mykérinos, qui vécurent au IIIe millénaire av. J.-C.

La plus grande des pyramides est celle de Chéops, dont la construction fut achevée en 2580 avant J.-C. Elle atteint 138 mètres de haut et sa base mesure 230 mètres de côté. Sa réalisation nécessita environ 2 millions de blocs de pierre pesant chacun plus de 2 tonnes... La construction dura près de trente ans et mobilisa des milliers d'hommes. C'est la plus ancienne des sept merveilles du monde et la seule qui soit demeurée intacte jusqu'à nos jours.

MAI 1968

Qu'a-t-on appelé la révolution de 1968 ?

"La France s'ennuie", affirmait un journaliste quelques semaines avant mai 1968. Depuis dix ans, le général de Gaulle est au pouvoir, la prospérité économique bat son plein, aucun problème majeur ne divise les Français, la jeunesse étudiante ne semble s'intéresser qu'à la guerre du Viêt-Nam.

Tout commence à Nanterre, où la grève des étudiants et divers incidents conduisent à la fermeture de la Faculté le 30 avril. Un mouvement de solidarité s'étend aux autres universités et la police entre à la Sorbonne, qui doit être fermée. Le cycle - *manifestation-répression-solidarité* - est enclenché.

Le 13 mai, les syndicats ouvriers manifestent leur soutien aux étudiants et les grèves se multiplient dans les usines, tandis que, chaque nuit, le quartier Latin est le théâtre de scènes de violence entre étudiants et C.R.S.
Le 27 mai, il y a 8 millions de grévistes et le gouvernement de Georges Pompidou signe avec les syndicats les accords de Grenelle, augmentant les salaires. Le mouvement continue pourtant à s'étendre. Le général de Gaulle semble sur le point de démissionner et François Mitterrand se dit aussitôt prêt à le remplacer.
Mais le 30 mai, de Gaulle affirme "je ne me retirerai pas". Il dissout l'Assemblée nationale appuyé par un million de manifestants qui défilent sur les Champs-Elysées. Peu à peu, les grèves cessent et les gaullistes gagnent les élections.
Mai 1968 laisse le souvenir de l'irruption de la jeunesse sur la scène politique, d'une jeunesse vigoureuse, idéaliste et frondeuse.

THÉÂTRE ANTIQUE

Comment se passaient les représentations théâtrales dans l'Antiquité?

C'est en 534 av J.-C. qu'eut lieu à Athènes la première représentation dramatique. Les représentations théâtrales étaient données lors des principales fêtes en l'honneur de Dionysos, le dieu du vin et étaient l'occasion de concours. Elles étaient précédées de processions, de sacrifices, de purifications. Ce caractère religieux du théâtre persista jusqu'à la fin du 1er siècle av J.-C.

A Athènes, lors des Grandes Dionysies, les représentations commencent peu après le lever du jour, car on doit jouer en une journée 4 ou 5 pièces et cela durant 4 jours de suite. Les spectateurs apportent à manger et à boire et il règne une atmosphère de kermesse. Pendant les représentations, le public manifeste bruyamment: on applaudit, on siffle, on tape des pieds. A la fin du concours ont lieu le jugement et la remise des récompenses.

PARLEMENT

Qu'est-ce que le Parlement ?

Le Parlement est formé de deux assemblées qui votent les lois : l'Assemblée nationale et le Sénat.

L'Assemblée nationale siège à Paris, au Palais-Bourbon. Depuis les élections du 12 mai 1988, elle comprend 577 députés dont 555 pour la métropole et 22 pour les DOM-TOM, élus pour 5 ans.

L'Assemblée siège le plus souvent en séance publique, mais il peut y avoir des "comités secrets". L'ordre du jour des séances est préparé par la conférence des présidents. Selon la Constitution, il doit comporter par priorité la discussion des projets de lois déposés par le Premier ministre ou des propositions de lois émanant des parlementaires. Au Sénat, dans le palais du Luxembourg, siègent 320 sénateurs élus pour 9 ans au suffrage universel indirect. Pour devenir une loi, après avoir été adopté par le Parlement, un texte législatif doit être voté sous une forme identique par les deux assemblées.

Si le Sénat modifie le texte transmis par l'Assemblée nationale, celle-ci le réexamine. S'il y a désaccord, c'est le Sénat qui doit s'incliner devant la seule décision de l'Assemblée nationale.

Les lois de finance, c'est-à-dire le budget de la nation, sont toujours soumises à l'approbation de l'Assemblée nationale avant d'être présentées au Sénat.

L'Assemblée nationale exerce un contrôle sur le gouvernement et peut mettre en cause la responsabilité de celui-ci par le dépôt d'une motion de censure qui doit être signée par un dixième au moins des députés, et n'est adoptée que si la majorité constitutionnelle a été réunie.

SOLDATS ET GRANDS CAPITAINES

Que devenaient les soldats et les grands capitaines ?

Devenir vieux au Moyen Age, voilà qui tenait presque de l'exploit. A cette époque où un enfant sur deux meurt en bas âge, les autres doivent en effet survivre aux famines et aux épidémies.
Pour les guerriers, s'ajoutent bien sûr à ces dangers ceux inhérents aux combats. Malgré tous ces risques, les exemples de combattants âgés sont relativement nombreux.
Certains sont très célèbres comme Charlemagne et ses preux, héros de la Chanson de Roland : cent mille guerriers, pour la plupart vieillards à la bataille finale et décisive, le roi Arthur octogénaire et son fidèle Gauvin centenaire.
Au XIIe siècle, un Vénitien, Dandolo, participa à 97 ans à la quatrième croisade ! Les chroniqueurs qui rapportent ces exploits s'étonnent peu de l'âge de leurs auteurs. L'essentiel, c'est la force physique, et ces colosses, rescapés de tous les périls, en ont !
En revanche, en cette période brutale, l'exclu, parce qu'il est inutile, donc parasite, c'est le faible, l'infirme, le malade. Peu importe son âge : enfant ou vieillard, il est condamné à disparaître.

Exemple vénéré tant qu'il garde sa vigueur, le vieux chevalier, incapable de défendre son honneur, devient l'objet d'impitoyables sarcasmes qui, souvent, le conduisent au suicide. Pour le simple soldat, pas d'alternative non plus. Trop vieux pour l'embauche, il ne lui reste que le brigandage. Charles VII créa les "mortes-payes", une catégorie de vieux soldats embauchés comme sentinelles, mais Henri II les supprima. Jean le Bon réserva à une rare élite son asile pour vieux chevaliers.

Charlemagne à Lugelheim sur les bords du Rhin.

PREMIERS GRECS

Quelle fut l'importance des Grecs dans le monde antique ?

C'est vers 2000 av. J.-C. que les premiers peuples aryens ou indo-européens arrivèrent dans la péninsule. Ces Achéens sont les ancêtres des Grecs. Ils s'installent de préférence sur les collines et les côtes du Péloponnèse. On a retrouvé des traces de leur civilisation à Mycènes et dans les villes proches de Tyrinthe et d'Argos.

Vers 1400 av. J.-C., les Achéens envahissent la grande île de Crète, puis se répandent vers l'est et peuplent les îles de la mer Egée. Enfin, ils progressent jusque sur les côtes de l'Asie Mineure où ils s'emparent de la ville de Troie (au 13e siècle av. J.-C.).
Mais à partir de 1200 av. J.-C., une nouvelle vague d'envahisseurs venus du nord, les Doriens, va ébranler l'empire des Achéens. Ce sont des guerriers qui pillent et détruisent les villes dont ils chassent les occupants. A leur tour, ils élèvent des cités, se font la guerre entre eux, développent les échanges maritimes avec les îles, reprennent les traditions et la religion des Achéens.
Il n'y a guère d'unité et les Grecs ont entre eux des rivalités incessantes, ainsi Athènes et Sparte s'affrontent longtemps dans la guerre du Péloponnèse. A partir de 338 av. J.-C., les rois de Macédoine, Philippe et Alexandre, vont conquérir toute la Grèce. Les cités ne sont alors plus indépendantes mais rattachées à l'empire du plus grand conquérant du monde.
Alexandre mort, ses lieutenants se partagent son empire. Les Romains n'auront plus tard aucun mal à récupérer l'héritage de ces monarchies (de 150 à 30 av. J.-C.).
Les Grecs ont profondément marqué la civilisation et furent les premiers à mettre en place la *démocratie*, ou *gouvernement du peuple par le peuple*. Le peuple d'Athènes rend lui-même la justice, élit ses magistrats et ses généraux. Les cités ont des constitutions, des lois que nul ne peut enfreindre.
C'est parmi les Grecs que l'on trouve les premiers philosophes et les plus grands mathématiciens du monde antique. Ce sont eux qui inventent le théâtre et la poésie épique, l'éloquence et la comédie. Leurs sculpteurs et leurs architectes s'unissent pour réaliser des chefs-d'œuvre, élever de nombreux temples en l'honneur des dieux. Enfin, les Grecs ont inventé l'amour de l'homme, le culte des valeurs humaines, en un mot, l'humanisme.

Mycènes, l'acropole et la porte des Lionnes.

MANUSCRITS DE LA MER MORTE

Qu'appelle-t-on les manuscrits de la mer Morte ?

On appelle *Manuscrits de la mer Morte* un ensemble de textes religieux trouvés dans des grottes près de la mer Morte, à partir de 1947. Datant de plus de deux siècles av. J.-C. (alors que les manuscrits hébreux en notre possession ne remontaient pas jusqu'alors au-delà du IXe siècle), ils apportent des précisions sur les origines du christianisme. Ils se présentent sous la forme de rouleaux de parchemin de 20 cm de haut et plusieurs mètres de long, conservés dans des jarres de terre cuite, et viennent de la secte essénienne qui se développa à partir de 150 av. J.-C. sous l'impulsion d'un personnage énigmatique appelé "le maître de justice". Ce dernier aurait fondé un "monastère" près de la mer Morte.

Les manuscrits ont trois composantes :

- Des écrits *bibliques*, tous représentés, en particulier les *Psaumes* dont on a retrouvé jusqu'à 35 copies.
- Des écrits qui ne sont pas reconnus par l'Eglise instituée. L'un d'eux, le testament des 12 patriarches, montre pourtant la parenté entre les Esséniens et les premiers chrétiens.
- Les textes *esséniens* proprement dits. *Le Rouleau de la Règle*, par exemple, part d'un développement très rigoureux des règles monastiques et aboutit à une louange de Dieu, but suprême des méditations esséniennes. Ce mélange des règles strictes et du mysticisme fait l'originalité des écrits esséniens.

FABRICATION DU PAPIER

Depuis quand fabrique-t-on le papier ?

QUESTION POSÉE PAR :
ALICE DELEMARRE

Le papier est un matériau complexe qui fut certainement mis au point par les Chinois. Sa fabrication est connue en Europe depuis le XIIIe siècle et l'invention de l'imprimerie au XVe siècle développa cette industrie en Europe.

La pâte à papier est faite à partir de cellulose, constituant de tous les végétaux (la cellulose se trouve à l'état presque pur dans les tissus de coton ou de chanvre). C'est pourquoi on utilisa d'abord des chiffons pour la fabriquer. Mais l'ancien papier de chiffon restait très cher à produire.
La pâte à papier moderne, à base de bois, a été inventée par le chimiste Réaumur vers 1720. De nos jours, à partir d'une pâte de cellulose plusieurs fois raffinée, tamisée et défibrée, on obtient le papier que nous utilisons.

S.D.N.

Que signifient les initiales S.D.N. ?

QUESTION POSÉE PAR :
BARBARA LIEHR

Ouverture de l'Assemblée de la SDN de 1936.

La Société Des Nations (S.D.N.) est née en 1920, au lendemain du premier conflit mondial. Les vainqueurs, et surtout le président américain Wilson, cherchaient à instaurer un organisme d'arbitrage international afin d'empêcher une nouvelle guerre.

La S.D.N. siégeant à Genève, en Suisse, gage de neutralité, ne sut jamais imposer son autorité : l'absence des Etats-Unis, dont le Sénat refusa l'adhésion, puis le retrait ou le mépris des grandes puissances (Italie, Japon, Allemagne) privèrent la S.D.N. de tout pouvoir réel. En 1935, après l'agression de Mussolini contre l'Ethiopie, elle vota bien vainement des sanctions contre l'Italie. Totalement impuissante face à la guerre d'Espagne (1936-1939), à l'Anschluss (1938) et au démembrement de la Tchécoslovaquie (1938-1939), elle fut incapable d'empêcher la Seconde Guerre mondiale.
Première organisation internationale permanente, elle a eu le mérite d'habituer les nations et leurs dirigeants à l'idée qu'une coordination entre tous les Etats était nécessaire pour essayer de maintenir la paix dans le monde. Elle est à l'origine de l'actuelle Organisation des Nations unies (O.N.U.).

EGYPTE

Les Egyptiens avaient-ils beaucoup de dieux ?

QUESTION POSÉE PAR :
MARC-FRANÇOIS COMBES

Les Egyptiens, "les plus religieux de tous les hommes", adoraient des dieux très nombreux (leur religion est polythéiste, ce qui signifie en grec "plusieurs dieux"). L'Egypte ancienne était divisée en districts, les nomes, qui avaient chacun un dieu protecteur et des dieux moins importants. Si un nome l'emportait sur un autre, ses dieux devenaient supérieurs.

Triade de Mykérinos.

Le dieu Anubis représenté par un chacal (Musée du Caire).

Sous l'Ancien Empire, Ptah, le dieu de Memphis, était au premier rang, puis ce fut Râ, ou Rê, le dieu du soleil. Plus tard, les pharaons firent de Thèbes leur capitale et son dieu, Amon, s'imposa comme le premier des dieux. Les Egyptiens l'associèrent alors à Rê pour former un même dieu : Amon-Rê.

Il existait des milliers d'autres dieux : Osiris qui faisait lever les moissons chaque année ; la déesse-lionne Sekhmet qui commandait à la chaleur et aux maladies qui l'accompagnaient ; la déesse nourricière Hathor ; un dieu à la tête de bélier, Knoum, favorisait la fécondité des troupeaux et la naissance des enfants ; Thot, dieu de l'écriture et du calcul, était le patron des scribes. Le dieu qui protégeait la maison était Bès, un nain grotesque et bienfaisant.

Les étrangers étaient étonnés de l'aspect animal des dieux égyptiens : Hathor avait un corps surmonté de cornes ou d'une tête de vache ; Horus avait une tête de faucon et Thot une tête d'ibis. Les Egyptiens adoraient aussi des animaux comme des dieux. Parmi les plus connus : le chat et le taureau Apis.

Il y eut des dieux liés à l'agriculture : le dieu-grain et surtout le Nil : le fleuve, qui donnait l'eau et apportait les limons nécessaires aux bonnes récoltes, était considéré comme un dieu.

Enfin, des hommes furent divinisés : Les pharaons devenaient des dieux à leur mort.

ÉPOUSES DE NAPOLÉON Ier

Quelles furent les deux épouses de Napoléon Ier ?

Napoléon 1er eut deux épouses, l'une qu'il aima et qui lui resta fidèle, Joséphine, l'autre qui lui donna un fils mais l'oublia, Marie-Louise.

Au moment de partir se couvrir de gloire en Italie, Napoléon épouse le 9 mars 1796 Joséphine de Beauharnais. Marie-Josèphe Tascher de la Pagerie est née en 1763 à la Martinique. Mariée en 1779 au vicomte de Beauharnais, elle devient veuve en 1794 lorsque celui-ci est guillotiné, lui laissant deux enfants, Eugène et Hortense. C'est Barras, l'un des membres les plus influents du Directoire, qui pousse le jeune Bonaparte dans les bras de la belle créole de six ans son aînée. Joséphine connaît une ascension parallèle à celle de son époux : femme d'un jeune officier ambitieux, elle devient celle d'un général triomphant, du Premier Consul puis du Consul à vie en 1802. Enfin, le 2 décembre 1804, elle est couronnée Impératrice par Napoléon lui-même. Malheureusement, elle ne parvient pas à donner un fils à l'Empereur. Malgré son amour pour Joséphine, Napoléon se résout au divorce en 1809. L'Impératrice déchue se retire à La Malmaison où, jusqu'à sa mort en 1814, elle entretient une correspondance suivie avec l'Empereur.

En 1810, Napoléon, maître de l'Europe, épouse Marie-Louise de Habsbourg, la fille de l'empereur d'Autriche. Elle a vingt-deux ans de moins que Napoléon et lui donne le fils tant attendu, le 20 mars 1811. Impératrice des Français, Marie-Louise le fut jusqu'à la chute de Napoléon, qu'elle abandonna à son sort en devenant duchesse de Parme. Elle accepta d'être séparée de son fils, qui fut élevé à la cour d'Autriche, et elle se remaria deux fois : avec le maréchal Von Neipperg en 1821, puis avec le comte de Bombelles en 1834. Elle mourut en 1847, quinze ans après son fils décédé de la tuberculose à l'âge de 21 ans.

L'impératrice Joséphine à la Malmaison, par François Pascal Simon, baron Gérard (1807).

Marie-Louise, miniature de Johann-Baptiste Lampi (1812).

VILLE ROMAINE

A quoi ressemblait une ville romaine ?

Les Romains ont exporté dans tout leur Empire, au fur et à mesure de leurs conquêtes, le modèle de leur ville. Les vestiges de Pompéi, Rome, Paris, Nîmes, Avignon... ainsi que les descriptions des auteurs latins peuvent nous en donner une idée.

A Rome, le forum était à la fois marché et place publique. Les "hommes d'affaires" s'y retrouvaient, les avocats venaient y défendre leurs clients, une foule s'y pressait continuellement. Sur les collines alentour, les praticiens, nobles romains, avaient leurs villas, riches demeures entourées de vastes jardins. Au pied de ces collines s'étendaient les quartiers populaires aux innombrables ruelles bordées de maisons de bois, de trois ou quatre étages généralement. Le rez-de-chaussée de ces maisons était occupé par les échoppes des artisans ou les boutiques des marchands qui ouvraient directement sur la rue. Une intense animation régnait dans ces ruelles.

Les thermes étaient un haut lieu de la vie publique. On y trouvait des bains, des gymnases, des salles de repos, des bibliothèques, et les Romains s'y rencontraient pour discuter et y traiter des affaires.

Rome bénéficiait déjà d'un système d'égouts mais n'avait rien prévu pour l'enlèvement des ordures : on les jetait tout bonnement par la fenêtre ! Il n'y avait pas non plus d'éclairage la nuit dans les rues. En revanche, celles-ci connaissaient déjà des embouteillages monstres !

PYRAMIDE DU LOUVRE

En quels matériaux la pyramide du Louvre est-elle construite ?

Les dimensions de la Pyramide (21,65 m de haut pour une base carrée de 35,40 m de côté), son poids (20 tonnes de châssis, 95 tonnes de vitre, 95 tonnes d'acier), le nombre des matériaux la composant (pierre, béton, acier, aluminium, verre et bois) sont fort modestes. Pourtant, chacun de ces matériaux a été choisi ou construit et assemblé avec la plus extrême minutie.

A l'extérieur, un squelette de 128 poutres treillis forme des losanges sur lesquels le verre est collé. A l'intérieur se dressent 16 rangées horizontales de contre-câbles. Cela fait en tout 15 000 points d'assemblage, plus de 6 000 barres, 2 100 noeuds.

Au coeur, s'enroulant autour de la petite plate-forme cylindrique de l'ascenseur, l'ellipse hélicoïdale de l'escalier permet de pénétrer dans un souterrain où tout n'est, paradoxalement, que lumière.

Pour obtenir la transparence voulue par l'architecte Pei, on ne pouvait pas utiliser n'importe quel verre. Seul convenait un verre invisible, donc blanc (le verre ordinaire, trop épais, verdit). C'est Saint-Gobain qui a finalement emporté le marché.

CITÉS D'OR

Les cités d'or des Incas ont-elles vraiment existé ?

QUESTION POSÉE PAR :
ZARINAH LATIF

L'empire inca naquit au début du XIe siècle. Ce fut Manco Capac, un chef de clan, qui le fonda. Cet empire fut ruiné par des querelles intérieures et par l'invasion des conquistadores.

Les Incas adoraient l'or car il représentait les larmes du soleil. A cette époque, l'or abondait, on en trouvait dans les rivières et au flanc des montagnes.
Au XVIe siècle, après que Christophe Colomb leur eut ouvert la voie, les Espagnols arment de magnifiques caravelles et partent à la découverte du Nouveau Monde.
Cortès conquiert le Mexique et Pizarro s'empare de Tumbes, la cité aux temples recouverts d'or, faisant éclater ensuite le fameux "empire sacré". Il fait prisonnier l'empereur Atahualpa et massacre 16 000 Indiens. L'empereur lui propose alors une fabuleuse rançon (sa cellule remplie d'or et deux autres d'argent) contre sa liberté. Ayant récupéré l'or collecté dans tout le pays, Pizarro étrangle l'empereur. Les Indiens ne le lui pardonneront pas. Lorsqu'il réclame une deuxième rançon, les Indiens jettent tous leurs trésors dans un lac. Lequel ? Nul ne l'a découvert. Pourtant nombreux sont ceux qui, encore de nos jours, cherchent cette fortune.
Une autre légende parle d'un pays, l'Eldorado, où tout serait en or... Où se situe-t-il ? Les Indiens répondent toujours : "Là-bas, derrière la prochaine montagne."

A droite, idole féminine en or, Musée de l'or du Pérou.

LA TERREUR

Qu'est-ce que la Terreur ?

La Terreur est le nom donné au système de gouvernement adopté par les révolutionnaires à partir de septembre 1793 pour surmonter les graves difficultés qui assaillent la République.

Contre tous ceux que l'on soupçonne d'être hostiles à la Révolution, c'est la Terreur judiciaire : la loi des suspects (17 septembre 1793) permet d'arrêter tous les adversaires présumés de la Révolution, sur simple dénonciation. Tout citoyen dénoncé comme contre-révolutionnaire est arrêté, envoyé devant le tribunal révolutionnaire où il est jugé, condamné et exécuté, sans témoins, sans défenseurs, sans aucune garantie de justice.
Parmi les victimes de la Terreur, on peut citer les députés girondins, la reine Marie-Antoinette et Madame Elisabeth, soeur de Louis XVI, des prêtres et des religieuses, des savants comme Lavoisier. Dans les départements qui se sont révoltés contre Paris, on procède à des exécutions en masse : à Lyon, on mitraille les suspects au canon ; à Nantes, on les entasse sur des bateaux que l'on coule au milieu de la Loire. Contre la vie chère et le manque de pain, c'est la taxation des denrées et des salaires, et la réquisition des biens des suspects.
Contre les défaites militaires, c'est la levée en masse (mobilisation de tous les célibataires de dix-huit à vingt-cinq ans), la réorganisation de l'armée mais aussi la promotion de jeunes chefs patriotes (Hoche, Marceau, Kléber, Bonaparte...)
Bien que les moyens soient très discutables, les résultats sont éloquents : fin 1793, les villes et l'armée sont approvisionnées, les ennemis sont repoussés hors des frontières, les Vendéens sont écrasés. La République est sauvée. Dès lors, Danton et Robespierre vont s'opposer : faut-il ou non maintenir la Terreur ?
Robespierre l'emporte : non seulement il maintient la Terreur, mais il l'intensifie. Danton, Camille Desmoulin, Hébert sont parmi les victimes. La Terreur ne prend fin qu'avec la chute de Robespierre le 9 thermidor an II (27 juillet 1794).

CARIATIDE

Qu'est-ce qu'une cariatide ?

En Grèce, une cariatide était à l'origine une statue de femme qui, dans une œuvre architecturale, jouait le rôle de support, au même titre qu'une colonne. Depuis, le terme de cariatide -de même que celui d'atlante- s'applique à toute statue-colonne revêtant une forme masculine ou féminine, et supportant une corniche.

La légende raconte que les Cariates s'étaient ralliés aux Perses pour combattre les Grecs. Ceux-ci gagnèrent la guerre et pour se venger, tuèrent tous les hommes de la ville de Caryes. Les femmes furent faites prisonnières et pour les offenser, on ne leur permit pas de quitter leurs robes et leurs ornements bien qu'elles fussent traitées comme des esclaves. C'est pour faire connaître à la postérité ce châtiment, que les architectes de l'époque ont donné aux colonnes la forme et l'apparence de ces femmes.

En fait, certaines cariatides grecques sont antérieures aux guerres médiques, mais les plus célèbres sont celles de l'Erechtéion, sur l'Acroplole d'Athènes. Le principe a été repris plus tard par les Romains. Il se retrouve en Egypte et en Orient.
A la Renaissance, la mode était à l'imitation du modèle grec et c'est pourquoi de nombreuses constructions de l'époque comportent des cariatides. Par exemple au XVIIe siècle, un architecte français, Jean Goujon, conçut les 4 statues qui ornent la salle des cariatides au Louvre.
A Paris, au fil des rues, il n'est pas rare de voir certaines façades de vieux immeubles arborer des cariatides...
Mais dans de nombreuses autres villes de France, on trouve également des hôtels ou des palais ornés de figures de ce genre. On peut en voir à Dijon, à Toulouse, notamment, sans oublier les célèbres Atlantes de Pierre Puget (1656) qui, à Toulon, soutiennent le balcon de l'hôtel de ville.

MARIE-ANTOINETTE

Qui était Marie-Antoinette ?

QUESTION POSÉE PAR :
KATHY WERNER

Reine tragique ou reine frivole ? Victime ou responsable de la Révolution qui abat le trône ? Marie-Antoinette concentre sur elle la pitié ou la haine, l'admiration ou le mépris. Elle résume les sentiments opposés que les Français continuent d'avoir sur la Révolution et ses acteurs.

Fille de l'empereur d'Autriche, elle a 15 ans lorsqu'en 1770, les intérêts politiques l'arrachent à la cour de Vienne, où elle a reçu une éducation très négligée, pour la marier au dauphin de France, futur Louis XVI. Elle arrive à Versailles en ignorant tout de la France et des mœurs des courtisans. Les liens qu'elle ne peut rompre avec la cour d'Autriche, ainsi que sa conduite légère, rendent peu à peu la jeune reine impopulaire. On lui reproche des intrigues, vraies ou supposées, avec le frère du roi ou avec le diplomate suédois Fersen. On se scandalise de ses dépenses en faveur de ses amies, Mme de Lamballe et Mme de Polignac, au moment où le peuple manque de pain. Lorsqu'en 1786 éclate l'affaire du collier, la reine se trouve compromise, alors qu'elle n'y a aucune responsabilité. Mais qui peut croire l'"Autrichienne" ?
Son impopularité grandissante vient aussi de ses choix politiques. Cette aristocrate est aveugle à l'immense aspiration du peuple à la dignité : elle ignore les paysans victimes des droits seigneuriaux, elle ignore les artisans des villes qui souffrent de la faim. Son influence sur le roi, qu'elle sait faible et incapable - pense-t-elle - de mener l'Etat, va en s'accroissant : elle lui suggère des décisions, pèse sur le choix des ministres.
Dès 1776, le renvoi de Turgot, puis les disgrâces de Necker en 1781 lui sont reprochés. Toutes les décisions du roi qui déplaisent à la cour ou au peuple sont alors imputées à la reine.
Lorsque éclate la Révolution, les révolutionnaires s'en prennent de plus en plus à l'"Autrichienne".
Elle est l'instigatrice de la fuite de Varenne, qui échoue.
Le 10 août 1792, les Tuileries sont envahies et l'Assemblée suspend le pouvoir du roi. Puis c'est la proclamation de la République, la prison du Temple, le procès et l'exécution de Louis, les enfants arrachés à leur mère, les humiliations infligées par les gardiens et par le tribunal, la condamnation et la guillotine : la reine frivole s'est transformée en une femme digne et courageuse.

MAYAS

Qui étaient les Mayas ?

QUESTION POSÉE PAR :
MAUDE ANDRÉ

Si on ne peut dater avec exactitude l'origine de la civilisation maya - les premières traces remontent à 1 500 ans avant J.-C. - on sait qu'elle fut prospère à l'époque dite classique, du VIIe au IXe siècle. Aujourd'hui, 3 millions de Guatémaltèques et 500 000 Mexicains parlent encore une des 120 langues mayas et conservent encore quelques coutumes, bien que les Mayas aient été totalement soumis, dès le XVIe siècle, aux Espagnols.

Les vestiges de cette civilisation sont visibles sur 325 000 km^2 sur les hautes terres du Salvador et du Guatemala, dans la forêt tropicale du Mexique et du Honduras et sur le plateau sec du Yucatan. Les temples du nord et du centre, perchés sur de hautes plates-formes, richement décorés de textes gravés dans la pierre ou le bois, révèlent l'aspect le plus original de la civilisation maya : l'arithmétique et le calendrier.
La numérotation maya est à base vingt. Elle utilise le point, le tiret et le zéro pour écrire les nombres. Très proche de la nôtre, c'est une numérotation de position. Deux s'écrit ":" mais, ". ." c'est 20. Quant au temps, il se divise en "*uinal*" (mois) de 20 "*kin*" (jours). L'année compte 18 mois + 5 jours néfastes pour suivre le rythme de révolution de la terre. On compte en "*katun*" = 20 "*tun*" ou 20 ans.
La politique et la religion sont mal connues car les codex (bandes de papier de fibres de copo) qui auraient pu nous instruire, ont été presque tous détruits par l'autodafé espagnol.
A la tête de chaque cité, "*le hal ach*" (vrai homme) est le chef politique, religieux et le juge suprême. Sa charge est héréditaire. La noblesse est chargée de recueillir les impôts. Le peuple, agriculteur en majorité, ne possède que des outils en pierre et en bois car le fer est inconnu, de même que la roue : donc, aucun moyen de transport. Il travaille pour le "*hal ach*".

VIKINGS

Qui étaient les dieux des Vikings ?

QUESTION POSÉE PAR
ARNAUD DECROIX

L'ultime combat des dieux Vikings.

Les Vikings étaient des païens : ils croyaient à des dieux puissants et féroces, violents, cruels ou rusés. Les divinités vikings ont résisté longtemps au christianisme, puisque la Scandinavie ne s'est convertie qu'à partir du Xe siècle.

Odin, le plus puissant des dieux scandinaves, dirige la guerre et aide les hommes courageux. La belle Frigg, son épouse est la déesse de l'amour, ses Walkyries, dans le paradis des Vikings, récompensent pour l'éternité les guerriers tombés courageusement au combat. Thor, dieu du tonnerre, ébranle le monde de sa colère, lorsque, pendant les orages, son marteau s'abat sur les montagnes. A côté d'autres divinités mineures, d'autres esprits secondaires, les Trolls, sortes de génies, s'amusent aves les hommes en leur créant toutes sortes de difficultés ou en les aidant au contraire parfois dans leurs entreprises.
S'ils sont puissants, ces dieux ne sont pourtant pas éternels. La mythologie scandinave, comme celle, très proche, des Germains, imagine en effet un "Crépuscule des dieux" : vaincus au cours d'un ultime combat contre tous leurs ennemis, ces dieux disparaîtront pour laisser place à un monde meilleur.

HENRI IV

Pourquoi Henri IV dut-il conquérir son royaume ?

Henri IV roi de France de 1589 à 1610 est arrivé au pouvoir pendant les guerres de Religion. Il était né à Pau en 1553. Antoine de Bourbon, son père, et sa mère, Jeanne d'Albret, étaient souverains de Navarre, royaume situé entre la France et l'Espagne. Henri de Navarre était le chef du parti protestant.

Avant de mourir assassiné en 1588, Henri III avait désigné Henri de Navarre comme successeur, mais la majorité des Français refusait d'avoir un roi protestant. Seuls les protestants, minoritaires dans le pays, une partie de la noblesse et de l'armée le reconnurent comme souverain. Henri IV engagea donc la lutte contre ses adversaires catholiques. Paris résista 3 ans à Henri IV qui, finalement, abjura la religion protestante (juillet 1593) pour rallier le peuple. : "Paris vaut bien une messe", aurait-il dit. En février 1594 il fut sacré solennellement roi de France à Chartres.

HIÉROGLYPHE

Qu'est-ce qu'un hiéroglyphe ?

QUESTION POSÉE PAR :
ANNE SIMON
CHANTAL WAGNER

L'histoire des anciens Egyptiens est connue grâce à des milliers de textes en hiéroglyphes gravés sur des monuments ou dessinés sur des papyrus. Ces signes, au nombre de 5 000, racontent la vie des dieux et des hommes.

Ils furent peu à peu abandonnés lorsque des souverains, d'origine grecque, les *Ptolémée*, montèrent sur le trône d'Egypte : le grec devint alors la langue courante et seuls quelques prêtres et lettrés furent encore capables de comprendre les hiéroglyphes.

Peinture de la tombe d'Ipary, sculpteur de Ramsès II

Il fallut attendre presque vingt siècles pour qu'on puisse de nouveau les déchiffrer. En 1799, pendant la campagne en Egypte de Bonaparte, on découvrit dans le delta du Nyl, près de la vallée de Rosette, une grande pierre plate. Sur celle-ci étaient gravées des inscriptions en trois langues différentes: il s'agissait d'un décret du IIe siècle av. J.-C. A cette époque, les textes officiels étaient écrits en grec, en hiéroglyphes et en *démotique* (écriture égyptienne populaire simplifiée).
Un jeune Français, professeur au lycée de Grenoble et passionné par les langues anciennes, Jean-François Champollion, s'intéresse à la pierre de Rosette. Il pense qu'il s'agit du même texte transcrit en trois langues et remarque dans la partie en hiéroglyphes le même groupe de signes entouré d'une ligne fermée (un cartouche) : celui-ci correspond, dans le texte en grec, au nom du roi Ptolémée. Il parvient à établir des équivalences, puis les vérifie avec d'autres cartouches. Il consacrera les dix dernières années de sa vie à rédiger une grammaire et un dictionnaire et sera le fondateur d'une nouvelle science: l'égyptologie.

3

LA TERRE ET LA VIE

ALGUES

Toutes les algues sont-elles comestibles ?

Non, toutes les algues, qu'elles vivent en eau de mer ou en eau douce, ne sont pas comestibles. Mais un certain nombre d'entre elles pourraient bien constituer la base de l'alimentation du futur.

La population humaine ne cesse de s'accroître, alors que les surfaces cultivables n'évoluent pas à la même vitesse. De plus, l'exploitation agricole de la terre est limitée à terme. De ce fait, il faut que l'humanité se tourne peu à peu vers l'exploitation des eaux, non pour en tirer des quantités accrues de poisson, mais plutôt pour y trouver de nouvelles sources de protéines. Les algues de mer font partie de la cuisine traditionnelle asiatique. Une tradition millénaire en a fait, en Chine, en Indochine et au Japon, un des éléments de l'alimentation. Dans ces pays, les consommateurs peuvent se procurer des algues de qualités variées, adaptées à la cuisine de leur choix. On peut aussi trouver des algues fraîches ou en conserve.

Spaghetti à la spiruline.

Un marché aux algues dans les îles Philippines.

Avant l'arrivée des Européens, les Aztèques cultivaient une algue bleue, la *spiruline*, dans l'un des lacs de la région de Mexico. La même algue d'eau douce est connue en Afrique, autour du lac Tchad. La culture de la spiruline, redécouverte par des chercheurs dans les années 1960, a atteint aujourd'hui un niveau d'exploitation industriel. Recueillie à la surface des bassins, l'algue est séchée, malaxée et épurée, avant d'être conditionnée sous forme de galettes et de pâtes alimentaires. La valeur nutritive de la spiruline est très grande : 10 g de spiruline contiennent autant de fer que 450 g d'épinards et autant de vitamine A que 4,5 l de lait ! Son goût, légèrement végétal, et sa consistance permettent facilement une consommation sous forme de spaghetti par exemple ; il suffit de s'habituer à sa couleur vert foncé, qui n'est gênante qu'au début, si l'on sait que cette couleur est due au mélange de la chlorophylle pure, (qui est bleue) et du carotène (qui est jaune), que l'on trouve dans presque tous les végétaux.

MONTAGNES

Comment se sont formées les montagnes ?

QUESTION POSÉE PAR :
CYRIL BERNARD

L'histoire de la montagne remonte à l'origine du globe et son évolution se calcule en millions d'années. Une strate (couche de terrain) de 100 mètres d'épaisseur se traduit en temps géologique par un étage qui peut atteindre quelques dizaines de millions d'années. Plusieurs étages forment une série, laquelle constitue un système - tels le *Silurien*, le *Jurassique,* etc - qui détermine une période correspondant à un cycle. Les cycles hercynien et calédonien correspondent à l'*orogenèse* ou formation originelle des montagnes. Celles-ci furent modelées par la dérive des continents.

Les montagnes sont donc issues des plissements des plaques continentales aux endroits de friction. L'Himalaya résulte de la collision de la plaque indienne avec la plaque asiatique : le début du choc s'est produit il y a environ 30 millions d'années.

A l'ère primaire, lors du plissement hercynien, se sont formés des massifs granitiques (bassin rhénan, Massif central...). A l'ère secondaire, la mer a recouvert la majorité du continent. Des dépôts se sont formés dans d'énormes dépressions. Ce qui a donné naissance, au bout de centaines de millions d'années, à de nouvelles roches dites sédimentaires (Vosges du Nord, Grands Causses). Vient ensuite l'ère tertiaire, époque des grands soulèvements alpins, où se créent aussi les plus hautes montagnes du monde (l'Himalaya, les montagnes Rocheuses et la cordillère des Andes).

Le soulèvement des Alpes se répercuta sur les montagnes de l'ère primaire en les soulevant. C'est ainsi que les Vosges et le Massif central se trouvèrent "rajeunis". Cette phase marque la naissance des grandes chaînes de montagnes : Alpes, Pyrénées, Jura, Corse... Celles-ci se distinguent des massifs anciens par leurs formes généralement allongées et arquées, et surtout par leurs structures plissées.

LANGUES AFRICAINES

Existe-t-il beaucoup de langues en Afrique noire ?

QUESTION POSÉE PAR :

JEAN-JACQUES TARIBO

Au XXe siècle, une multitude de langues subsistent en Afrique. Sans compter les langues des colonisateurs : Français, Anglais, Portugais.
Dans la grande majorité des cas, l'écrit n'existe pas. Ce sont des langues parlées. Une mosaïque de dialectes forme par exemple la famille nigéro-congolaise. L'usage d'une langue, liée à l'appartenance à une tribu, conditionne le statut social de manière définitive. Il peut être à l'origine de guerres civiles.

Le bantou s'étend de l'Equateur à l'Afrique australe. En bordure de la forêt équatoriale, 12 millions de bergers peuls parlent cette langue et voisinent avec 33 millions de personnes parlant le haoussa. Certaines langues concernent moins de deux millions d'individus, voire quelques tribus. Ceci a conduit à la création artificielle de langues d'union à partir de dialectes voisins en Zambie (choua) et au Malawi (n'qamya). Le swahili concerne 42 millions de personnes dans tout l'Est de l'Afrique. Le krou est la langue des forêts équatoriales. Les langues les plus curieuses sont certainement les langues à clic des Bochimans et des Hottentots : le claquement de la langue importe autant que le son de gorge! Mais il en existe bien d'autres.

Il existe aujourd'hui une presse, des livres, des traductions en diverses langues africaines. Pour garder leurs langues traditionnelles, les Africains doivent aller vers une civilisation marquée par une oralité écrite, autrement dit une transposition de la langue orale. En attendant, les langues européennes sont encore les langues officielles dans la plupart de ces pays.

RIDES

Pourquoi a-t-on des rides quand on est vieux ?

QUESTION POSÉE PAR :
GREGOIRE DE LAVAL

Avec l'âge, la peau perd de son élasticité et la structure des muscles se modifie. La peau, plus ou moins distendue au cours de la vie, s'organise de manière particulière en fonction des mouvements du visage.

Les rides sont dues à un phénomène naturel qui tient à plusieurs facteurs. Une dégénérescence des tissus - liée au vieillissement - se traduit par une moins grande résistance à l'étirement, ce qui provoque un mécanisme d'adaptation aux mouvements musculaires du visage. La peau, afin de ne pas se craqueler, se structure alors en plis destinés à amortir les extensions liées au clignement des yeux, au sourire ou aux mouvements des mâchoires.
On peut provisoirement faire disparaître les rides en retendant la peau du visage grâce à une opération chirurgicale appelée *lifting*. Quant aux traitements de la peau à base de produits-miracle, ils sont d'une efficacité très limitée.

ANIMAUX ALBINOS

Qu'est-ce qu'un animal albinos ?

QUESTION POSÉE PAR :
VIRGINIE RISLER

Un corbeau, un aigle blanc, un python ou une taupe couleur de neige, c'est plutôt rare mais ça peut arriver : les animaux sont quelquefois albinos !
Cette anomalie génétique héréditaire est due à l'absence de mélanine, un pigment se trouvant en quantités variables chez les animaux et l'homme, qui assure la coloration de la peau et du poil pour l'être humain, du pelage pour les autres mammifères ou du plumage pour les oiseaux.

Python albinos, Inde.

La fréquence d'individus albinos est très faible dans les cas cités plus haut mais elle est plus importante chez certains mammifères comme les souris et les lapins. Leurs yeux sont alors toujours rouges : ceci est dû à l'absence de coloration de l'iris de l'oeil ; ce sont les vaisseaux sanguins qui tapissent cet organe qui lui donnent sa couleur.
Les animaux albinos résistent rarement à la vie sauvage du fait de l'absence de pigment les protégeant des rayons lumineux. Les êtres humains atteints par cette anomalie sont également, bien sûr, très sensibles à la lumière.

GRISOU

Qu'est-ce que le grisou ?

QUESTION POSÉE PAR :
LAURENT CUAZ

Le feu grégeois, inventé par les Byzantins et employé pendant les combats et les sièges, est une masse d'artifice composée d'un mélange de soufre, de poix et de salpêtre qui a l'avantage d'adhérer aux objets et ne peut pas s'éteindre à l'eau.
On l'a employé pendant tout le Moyen Age, surtout dans les batailles navales. Les mineurs wallons de cette époque comparaient les explosions qui avaient lieu dans les mines de charbon à des feux grégeois ou "grisous" en wallon.

Le grisou est un gaz naturel composé de méthane, de petites quantités d'anhydride carbonique et d'azote. Il forme avec l'air un mélange explosif. Il existe dans les pores du charbon de terre où il se forme par décomposition de matières végétales, il s'accumule dans les cavités naturelles qui existent en haut des couches. Quand l'une de ces cavités est attaquée par le pic du mineur, il se produit un dégagement de grisou.

C.E.E.

Qu'est-ce que la C.E.E. ?

QUESTION POSÉE PAR :
KATHY WERNER

La devise belge "l'Union fait la force" résume tout à fait l'idée de la C.E.E. En 1950, Robert Schuman propose l'unification économique en une fédération européenne.

Le fer, le charbon et l'acier sont les premiers produits circulant librement en 1953 entre quatre pays : Belgique, Pays-Bas, Luxembourg (le Bénélux) et la France, puis six pays en 1954, avec l'Italie et l'Allemagne fédérale. La Grande-Bretagne reste isolée. Le 25 mars 1957, est signé le traité de Rome, acte de naissance de la Communauté Economique Européenne.
L'Europe des six devient celle des neuf en 1973, avec l'accession du Danemark, de l'Irlande et de la Grande-Bretagne. Le dixième pays est la Grèce en 1981. L'Espagne et le Portugal sont les derniers admis en 1988.

Le but de la C.E.E est de faciliter l'échange des marchandises, de l'argent, de permettre la libre installation des personnes et de décider en commun de l'avenir de l'agriculture, des transports... Son siège est à Bruxelles. Elle est gérée par plusieurs institutions : le Parlement européen qui siège à Strasbourg et au Luxembourg, le Conseil des ministres, la Commission exécutive et la Haute Cour de Justice.

NOTRE PLANÈTE : LA TERRE

Coupe de la Terre

Comment la Terre a-t-elle été créée ?

QUESTION POSÉE PAR :

CYRIL CARRY, KETTY PELMARD, NATACHA ESTENSI, EVELISE FABRE,

La création de la Terre s'est déroulée en deux grandes phases.

Première phase : dans l'espace cosmique, autour du Soleil, la matière interstellaire est composée de gaz et de poussières. Les particules solides s'agglomèrent en tourbillonnant au centre des gaz chauds et forment des petits corps solides : les planétésimales. Celles-ci, sous l'effet de la gravitation, s'assemblent en dégageant une grande quantité d'énergie. Des corps de plus en plus gros se constituent : les planètes, dont la Terre. L'énorme quantité de chaleur dégagée par la désintégration des éléments radioactifs qu'elle renferme liquéfie la planète, permettant une certaine homogénéisation. Puis, la Terre se refroidit lentement.

Deuxième phase : ses matériaux se solidifient. La surface de la Terre est bombardée de météorites.

La dernière étape est celle de la différenciation. L'échauffement progressif de ses parties internes par désintégration des éléments radioactifs, crée la formation de couches concentriques, différentes les unes des autres par leur composition chimique, l'état de leur matière, et leurs propriétés physiques :

- au centre, le noyau se partage en deux zones, le noyau interne composé de fer et de nickel qui, malgré une température de plus de 5 000 degrés, sont à l'état solide à cause de la terrible pression à laquelle ces deux métaux sont soumis.

Le noyau externe, d'une épaisseur de 2 250 km est constitué de fer, de nickel et de soufre à l'état liquide. Le noyau occupe 19% du volume de la Terre ; au-dessus, le manteau est une énorme couche de presque 3 000 km d'épaisseur, composée de silicates riches en fer et en magnésium. Le manteau est en partie solide mais une bande de magma en fusion serait à l'origine des éruptions volcaniques. Il forme 80 % du volume de la Terre. La croûte très fine, 8 à 70 km d'épaisseur, est composée de basalte en profondeur et de granite à la surface. La croûte représente seulement 1 % du volume de la Terre.

Quel est son âge ?

Pour calculer l'âge de notre planète, les scientifiques ont utilisé leurs connaissances sur la désintégration des éléments radioactifs. Pour chaque élément, on calcule la vitesse de désintégration en fonction du temps qu'il met à perdre la moitié de ses atomes.

Soit, par exemple, une quantité "a" d'uranium. La moitié de cette quantité (a : 2) se dégrade en plomb au bout de 4,5 milliards d'années. En mesurant, dans un morceau de roche, la quantité d'uranium qu'elle contient, on obtient son âge.
C'est ainsi qu'on a pu dater l'âge de la Terre à partir de l'âge de ses roches les plus anciennes : 4,5 milliards d'années !...

Combien de fois la Terre a-t-elle tourné sur elle-même ?

Tout élément de l'Univers est en mouvement, la Terre a donc toujours tourné. Son âge étant évalué à 4,5 milliards d'années (à 100 millions d'années près), on peut considérer qu'elle a tourné 4,5 milliards de fois autour du Soleil. **Chaque année comptant 365 jours 1/4, il faut pour calculer le nombre de tours effectués par la Terre sur elle-même poser l'opération 4 500 000 000 x 365,25 = 1 643 625 000 000. Notre planète a donc tourné plus de 1 643 milliards de fois autour de son axe !**

Qui découvrit que la Terre est ronde ?

Les Hébreux croyaient la Terre plate et carrée. Les Egyptiens, eux, l'imaginaient comme un disque. C'est Pythagore qui, le premier, émit au VIe siècle av. J.-C. l'hypothèse que la Terre était une sphère.

Des mesures de plus en plus précises d'arcs terrestres permirent de déterminer le rayon de la Terre : il mesure 6 378 km à l'équateur et 6 356 km seulement aux pôles, car la Terre n'est pas une sphère parfaite mais un ellipsoïde aplati aux pôles appelé géoïde.
Depuis les premiers témoignages des astronautes, les incrédules, s'il en subsistait, ne peuvent plus ignorer la forme de notre planète. Cependant, si nous n'avons pas l'impression de vivre sur une "boule", c'est que l'immensité de la circonférence terrestre, 40 milliers de km à l'équateur, nous empêche de percevoir sa courbure. Pourtant, c'est bien à cause de cette courbure que nous voyons, soudain, disparaître à l'horizon le bateau que nous suivions des yeux.

L'Univers est-il en repos ou en mouvement ?

C'est le mouvement et non le repos qui caractérise l'Univers : mouvement à très grande échelle, connu sous le nom d'expansion de l'Univers et, à l'inverse, mouvement des électrons d'une orbite à l'autre à l'intérieur des atomes. La rotation de la Terre autour de son axe et sa révolution autour du Soleil procèdent du mouvement universel. La rotation de la Terre s'effectue à la vitesse de 1 670 km/h en 23 h 56 mn 4,1 s : c'est le jour sidéral, légèrement plus court que le jour solaire (24 h) car ce dernier représente la durée de rotation de la Terre combinée avec sa révolution autour du Soleil. Nous ne percevons aucun de ces déplacements en raison de leur régularité.

Carte dessinée par le savant al Irisi en 1154 (Sud en haut)

AQUACULTURE

Qu'est-ce que l'aquaculture ?

L'aquaculture est une nouvelle méthode qui développe l'élevage des poissons et des végétaux aquatiques dans le but de trouver et d'exploiter de nouvelles sources de nourriture.

L'aquaculture comprend aussi bien l'élevage de poissons d'eau douce, comme la truite, que celle des mulets, bars, daurades, soles et turbots, qui sont des poissons marins. Dans le passé, l'aquaculture se limitait à la production des moules et des huîtres, mais depuis peu, il est devenu évident que l'élevage des poissons en bassin pourrait être bien plus fructueux que la pêche traditionnelle. L'aquaculture permet par ailleurs de protéger des espèces marines menacées et de plus en plus difficiles et coûteuses à pêcher. Dans cette perspective, une utilisation rationnelle des côtes à des fins d'aquaculture permettrait de préserver la vie marine et obligerait les autorités concernées à améliorer la qualité des eaux du littoral.
L'aquaculture asiatique est plus ancienne et produit depuis longtemps des algues comestibles et des poissons d'élevage. Les chercheurs occidentaux, en étudiant les techniques de l'aquaculture chinoise, japonaise et philippine, ont entamé des recherches fructueuses pour développer l'aquaculture scientifique du XXIe siècle.

Deux types d'élevage pratiqués en aquaculture : la truite (ci-dessus) et la daurade (ci-dessous).

YEUX BRIDÉS

Pourquoi les Asiatiques ont-ils les yeux bridés ?

Certaines hypothèses font de la race jaune un sous-ensemble de la race blanche, isolé au nord-est du continent eurasien par les glaces et les chaînes de montagnes, devenues infranchissables à cause du froid.

Les yeux bridés des Asiatiques seraient le résultat d'une évolution, destinée à protéger leurs yeux de la très vive luminosité de la neige et de la glace ou du vent des steppes d'Asie centrale.

Ce que l'on appelle physiologiquement la *bride mongolique* est l'une des caractéristiques de la race jaune et de ses sous-ensembles. Plus ou moins prononcée, elle est commune aux habitants de la Mongolie (qui lui ont donné son nom), aux

Chinois, aux Japonais, aux Indiens d'Amérique, à la plupart des races métissées de l'Indochine et de la Mélanésie.

On ne peut affirmer avec certitude que les yeux bridés sont le produit d'une adaptation des races primitives à un milieu climatique. Ce phénomène pourrait aussi n'être qu'une mutation due au hasard. Elle se serait maintenue parce que les races hominiennes qui avaient essaimé dans les régions nordiques et orientales du continent eurasien ont été isolées du reste de l'humanité par les glaciations successives, qui ont désertifié d'immenses régions et ainsi créé des zones infranchissables. Les traits distinctifs des races asiatiques se seraient trouvés "enfermés" à l'Est et au Sud de ces zones désertiques pour des raisons géologiques et climatiques.

TRANSFUSION

Qu'est-ce qu'une transfusion sanguine ?

QUESTION POSÉE PAR
PATRICIA HAUTIER

Les camions des antennes mobiles des Centres de transfusion sanguine sont devenus familiers à tous. Chaque année, plusieurs millions de litres de sang sont offerts bénévolement par des hommes et des femmes qui font ainsi don du précieux liquide indispensable pour sauver la vie : les blessés ayant subi de graves hémorragies - 50 % de la perte du volume sanguin est mortelle - , les opérés, les grands brûlés, certains malades - hémophiles, leucémiques - doivent recevoir de grandes quantités de sang, sous forme de sang total, de plasma, ou de plaquettes. C'est cette injection de sang, conservé à 4°C en flacon contenant une solution anticoagulante stérile, ou en poche de plastique spécial soudé hermétiquement, que l'on nomme transfusion.

La transfusion n'est pas une greffe : les globules du donneur restent en survie dans le sang du receveur sans qu'il y ait reproduction de cellules. Des techniques spéciales permettent de ne prélever que le plasma ou les plaquettes. La transfusion sanguine n'est possible que depuis le début du XXe siècle et la découverte du système ABO.

Les globules rouges portent des antigènes spécifiques : A ou B ou A et B qui déterminent les groupes sanguins. Ces antigènes sont reconnus comme étrangers par l'organisme ne les possédant pas, et la transfusion est impossible d'un groupe à l'autre. Seul le groupe AB peut recevoir du sang A, B ou O, groupe sans antigène, donc donneur universel. Un autre antigène dit facteur rhésus, ou Rh, possédé par 85 % des Français est pris en compte. Un sang Rh + (même appartenant au groupe 0), ne peut être transfusé à un individu Rh- car un anticorps anti Rh, pourrait se développer dans son sang et provoquer un accident grave lors d'une transfusion ultérieure. C'est pourquoi on est obligé de changer tout le sang d'un nouveau-né lorsque c'est le deuxième enfant d'une femme Rhésus - et d'un homme Rhésus +.

TAILLE DES DIAMANTS

Comment taille-t-on un diamant ?

Jusqu'au XIVe siècle, la taille consiste en un simple polissage. Au XVe siècle, les Flamands taillent les premiers le diamant en forme géométrique. Au XVIIe siècle, le Vénitien Vincent Peruzzi met au point une taille à 56 facettes, taille "brillant". Vers 1750, on met au goût du jour la taille mazarine, ancêtre de la taille moderne (du nom du cardinal Mazarin). Jusqu'en 1914, on taillait plus en fonction du poids que de l'éclat.

De nos jours, on essaie d'utiliser au mieux les lois de la propagation de la lumière afin de donner au diamant le maximum d'éclat.
Les différentes phases de la taille :
- le clivage fend la pierre comme une bûche,
- le sciage partage la pierre perpendiculairement au plan de clivage,
- l'ébrutage donne à la pierre la forme voulue par frottement contre un autre diamant,
- le polissage est obtenu par frottement sur le plateau d'une meule en fonte enduite d'huile et de poudre de diamant.

COUCHER DE SOLEIL

Pourquoi les couchers de soleil sont-ils plus rouges que les levers ?

Les rayons du soleil traversent à la fin de la journée des couches d'air qui ont été réchauffées. De ce fait, l'absorbtion et la réfraction des rayons lumineux ne se font pas de la même manière que dans des couches d'air froides.

Au coucher du soleil, les rayons lumineux nous parviennent à travers une épaisseur d'air plus importante qu'au milieu de la journée, heure à laquelle la lumière nous arrive selon une trajectoire plus verticale et perpendiculaire au sol. En effet, au coucher comme au lever, le soleil semble plus jaune : sa lumière est affaiblie par les couches d'air supplémentaires que les rayons traversent de manière rasante. C'est la raison pour laquelle nous pouvons le regarder avec plus de facilité qu'à midi.
Au coucher, se produit un phénomène supplémentaire : l'atmosphère s'est réchauffée pendant la journée. L'air chaud absorbe plus encore que le matin les rayonnements "froids" (violet, bleu) et ne laisse passer que les rayonnements "chauds" (rouge, orange), ce qui nous donne de superbes spectacles colorés, accentués parfois par la présence de nuages ou de poussières dans l'atmosphère.

Lever de soleil sous les Tropiques.

Coucher de soleil en Méditerranée.

ÉQUATEUR

Pourquoi pleut-il beaucoup à l'Equateur ?

QUESTION POSÉE PAR :
SANDRINE GARIN

A l'Equateur, les rayons du Soleil sont presque toujours verticaux : la température reste constamment chaude (supérieure à 25°). Il n'y a jamais plus de 5° de différence entre le mois le plus chaud et le mois le plus froid.
Cette chaleur provoque une évaporation intense et des courants ascendants permanents : la brume monte, emplit le ciel et l'obscurcit, déterminant ce que les marins appellent le "pot-au-noir". Vers le soir, éclatent de violents orages avec rafales, éclairs, averses diluviennes, puis l'atmosphère redevient calme et le ciel est dégagé toute la nuit.

Le lendemain, le même phénomène se reproduit et des pluies abondantes et orageuses se déversent ainsi toute l'année. Le climat humide et chaud qui règne toute l'année dans les régions équatoriales a permis à une végétation luxuriante de s'y développer. La forêt vierge, extrêmement dense, ne comporte pas moins de trois couches d'arbres dont les plus hauts atteignent jusqu'à 60 m. Elle a été baptisée "l'Enfer vert" car il est pratiquement impossible à l'homme de s'y frayer un chemin.
Le climat chaud mais sec transforme, lui, le paysage africain en brousses et en savanes. Les arbres sont isolés au milieu de vastes étendues d'herbes rousses.

TRIANGLE DES BERMUDES

Le triangle des Bermudes existe-t-il ?

QUESTION POSÉE PAR :
VERONIQUE BALLY

Le triangle des Bermudes existe mais n'est pas plus dangereux que les autres parties de l'océan Atlantique. Sa réputation tient à un phénomène naturel particulier qui ne concerne plus les transports modernes.

Dans le passé, au temps de la marine à voile, il est arrivé que des bateaux soient pris dans les "calmes" des Sargasses. Ces courants maritimes circulaires et l'absence de vent ont piégé bien des navires, qui se perdirent corps et biens. Certains bateaux continuèrent même à dériver sans équipage pendant des années, alimentant la légende des vaisseaux fantômes. De nos jours, ce phénomène n'a plus aucune influence sur les bateaux à vapeur et encore moins sur les avions. Il a été démontré que certains des navires et des avions qui s'étaient prétendument perdus dans la région des Bermudes avaient en fait disparu en plein Pacifique. Le triangle des Bermudes n'est plus aujourd'hui qu'un thème pour les romans ou films de science-fiction.

Le vrai triangle des Bermudes n'est plus le cimetière marin qu'il fut durant quelques siècles.

CERVEAU

De combien de parties le cerveau est-il constitué ?

QUESTION POSÉE PAR :
MOHAMED NAIT-KACI

Le cerveau est le centre moteur de l'activité humaine. Il est composé de dizaines de milliards de cellules nerveuses - les neurones - qui reçoivent des messages électriques et chimiques. Chaque neurone peut établir avec ses semblables environ 10 000 connexions. Le cerveau assure la sensibilité consciente, la motricité volontaire, et les fonctions intellectuelles.

On distingue dans le cerveau deux hémisphères, séparés par une scissure profonde. Ils sont le centre de la motricité (le droit dirige la partie gauche du corps et vice versa). On y trouve aussi l'aire tactile, auditive, gustative... Les progrès de la science (la caméra à positrons notamment) permettent de déterminer quelles sont les zones qui entrent en activité pour une fonction donnée. A l'extérieur des hémisphères, dans le cortex, toutes les informations sont intégrées et coordonnées. Les structures médianes contiennent les commandes des équilibres physiologiques : l'hypothalamus est l'organe de régulation de nombreuses fonctions (faim, soif, température). Elles assurent aussi le lien entre la pensée et l'action.

A. Construction de la personnalité et du comportement. B. Centres psychomoteurs. C. Centres moteurs. D. Sensibilité générale. E. Vue.

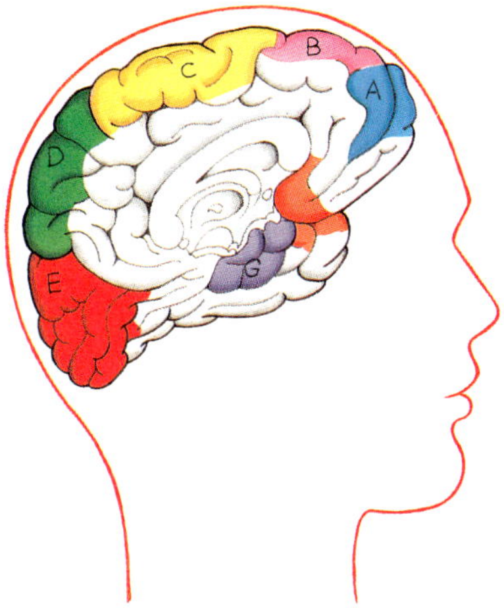

DOLMENS ET MENHIRS

A quoi servaient les dolmens et les menhirs ?

QUESTION POSÉE PAR :
CYRIL BARIAL
CYRIL CARRY

Les préoccupations religieuses des hommes sont très anciennes. Dès 80 000 ans av. J.-C. durant la Préhistoire, l'homme de Néanderthal par exemple, enterre ses morts. Les monuments révèlent l'importance de la religion ; les sépultures sont abritées par des constructions en pierre : les mégalithes. Il existe deux principaux types de mégalithes, les menhirs et les dolmens. Les noms utilisés couramment viennent de mots ou de racines bretonnes : menhir (men = pierre et hir = longue), dolmen (dol = table et men = pierre).

Les menhirs sont des pierres levées, isolées, alignées ou disposées en cercle (ils forment alors un cromlech : krom = courbe et lech = pierre). Certains sont gravés ou sculptés. Ils représentent souvent une figure humaine, peut-être une divinité ; ils sont toujours gigantesques. Les dolmens sont des tombes collectives recouvertes d'un monticule de terre qui a le plus souvent disparu avec le temps. Ils sont formés d'une ou plusieurs pierres plates reposant sur des blocs dressés. Certains, très allongés, forment des allées couvertes.

Au IVe millénaire avant J.-C., cérémonie de solstice d'été à Stonehenge (Angleterre).

Pendant longtemps, les mégalithes ont été associés aux Celtes et à leur culture druidique. Or, l'on sait maintenant que les menhirs et les dolmens sont bien antérieurs à l'arrivée des Celtes en Europe occidentale. Les plus anciens remontent à 3500 av. J.-C. (ils sont contemporains des grandes pyramides égyptiennes), les plus récents à 1500 av. J.-C. Ils ont été élevés par des populations du Néolithique sur lesquelles on ne sait à peu près rien. Il est toutefois probable que les Celtes, impressionnés par ces pierres mystérieuses, les utilisèrent pour leurs propres cultes. Longtemps après eux, maintes croyances et pratiques superstitieuses demeurèrent d'ailleurs attachées aux mégalithes.

On s'est aussi longtemps demandé comment ces pierres, pesant plusieurs tonnes, avaient été transportées, parfois de fort loin. Sans doute le peuple qui les érigea employa-t-il une technique analogue à celle des bâtisseurs de pyramides : un groupe d'hommes devait s'atteler pour tirer le mégalithe sur un chemin de rondins... Quoi qu'il en soit, la construction des alignements mégalithiques suppose une forte organisation, une planification du travail et des observations astronomiques précises.

Les alignements sont liés à un culte solaire : les levers d'équinoxe, le solstice d'été, les semailles, le lever des plantes, la floraison, la moisson. Les dolmens se rencontrent au Danemark, le long de la Baltique, en France et en Espagne.

On peut admirer les 2 934 menhirs de Carnac en Bretagne, ou le cromlech de Stonehenge en Angleterre, qui, selon certains scientifiques, aurait été un observatoire astronomique permettant de prévoir les éclipses de lune ou de soleil.

En haut, dolmen de Crucund.
Ci-contre, alignement de Carnac.

APPENDICITE

Qu'est-ce que l'appendicite ?

QUESTION POSÉE PAR :
CHRISTELLE SOUDAY

C'est par un cul-de-sac, le caecum, que débute le gros intestin. Sur la face interne du caecum, sous l'orifice où vient s'aboucher l'intestin grêle, se trouve une petite poche longue de 8 cm environ et d'un diamètre de 4 à 8 cm : l'appendice. L'utilité de l'appendice reste un mystère, et mis à part les scientifiques, la plupart des gens ignoreraient son nom si son inflammation, appelée appendicite, n'était aussi fréquente.

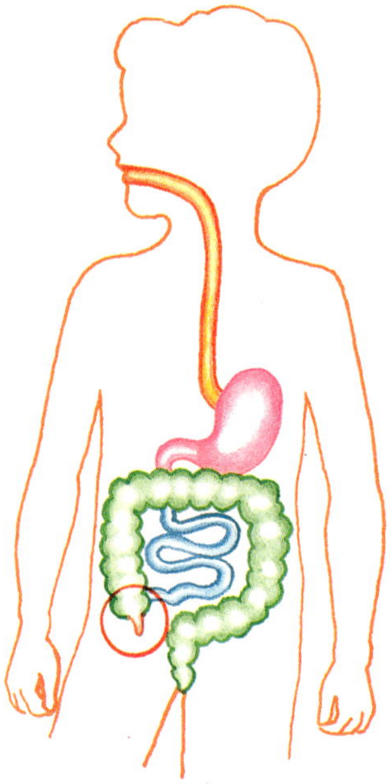

Cette inflammation est généralement provoquée par une infection microbienne. Elle est la source de douleurs plus ou moins intenses. On distingue l'appendicite chronique, que les médecins diagnostiquent parfois difficilement car les symptômes n'en sont pas très nets, et la crise d'appendicite aiguë qui se traduit par des nausées et des vomissements, des douleurs à la fosse iliaque droite et une fièvre légère. Un examen du sang révèle l'augmentation du nombre de globules blancs. Ce diagnostic exige de toute urgence l'ablation de l'appendice, opération bénigne appelée appendicectomie et qui constitue le seul traitement de l'appendicite. La guérison après une courte convalescence est définitive.

CANCER

Qu'est-ce qu'une tumeur cancéreuse ?

QUESTION POSÉE PAR :
STÉPHANE PELLET

Le mot "cancer" est un mot latin qui signifie "crabe". La tumeur qui se diffuse est métaphoriquement comparée à un crabe qui étend lentement ses pattes. Ce mot fit son apparition dans la langue française en 1503. Il désignait alors aussi bien des tumeurs que des chancres (petits ulcères). La médecine traditionnelle parlait couramment de "tumeurs malignes" (qui s'étendent), en les opposant aux "tumeurs bénignes" (plus localisées). La science des cancers s'est successivement appelée *cancérologie, carcinologie*, et aujourd'hui *oncologie*. Un organisme international centralise les recherches sur le cancer : l'ARC.

Le cancer est caractérisé par une prolifération anarchique des cellules d'un organe ou d'un tissu. La prolifération cellulaire locale donne naissance à une tumeur maligne (cancéreuse). Les cellules cancéreuses peuvent se déplacer dans l'organisme, véhiculées par le sang. Lorsqu'elles se fixent sur d'autres organes ou tissus, elles forment une tumeur secondaire : la métastase. On dénombre actuellement quelque cent cancers humains.

Malgré l'immense travail accompli depuis une vingtaine d'années par les laboratoires de recherche du monde entier, on ne sait pas encore ce qui déclenche cette prolifération de cellules : autrement dit, on ignore encore l'origine du cancer.
En revanche, on connaît chaque jour un peu mieux les facteurs qui favorisent son apparition. Ainsi, la pollution industrielle semble bien être en rapport direct avec l'augmentation des cancers dans les pays développés. Le rôle joué par les rayons X et ultraviolets ainsi que par les corps radioactifs n'est plus à démontrer. Des produits "cancérigènes", c'est-à-dire susceptibles d'engendrer un cancer, ont été dénoncés récemment. Au premier rang figure, bien sûr, le tabac : son rôle direct dans l'apparition du cancer du poumon a été mis en évidence, ce qui a donné lieu à des campagnes d'information destinées à dissuader les gens de fumer.

ZOULOUS

Qui sont les Zoulous ?

QUESTION POSÉE PAR :

MARC KOLASA

La tribu des Zoulous, "peuple du ciel", fait partie de l'ethnie des Bantous qui peuplent l'Afrique australe. Descendus du Nord, sans doute en quête de pâturages, les Bantous s'approprièrent les terres des Hottentots et des Bochimans, les premiers occupants de l'Afrique du Sud. Les peuples bantous étaient des peuples pastoraux qui vivaient de l'élevage des boeufs. Les femmes cultivaient le maïs, le millet, les haricots et les citrouilles.

Au XIXe siècle, un roi zoulou ambitieux, Chaka, organise son armée et conquiert toutes les tribus alentours. Il règne sur un territoire de plus de 250 000 km² et dispose de 2 000 guerriers. C'est le père de la nation zoulou. Au printemps 1824, les Anglais, à la recherche de nouvelles terres, débarquent à Port-Natal (actuel Durban). Ils s'installent et construisent des cahutes, quand un millier de guerriers zoulous surviennent. C'est le premier contact entre Chaka et les Blancs.

Puis, entre 1824 et 1879, les conflits entre les Zoulous, les Britanniques et les colons hollandais sont incessants. Le 11 janvier 1879, les Anglais engagent les hostilités avec une force militaire imposante contre les guerriers de Cetewayo armés de javelots. Pourtant, lors de la bataille d'Isandhlwana, le roi Cetewayo réduit à néant le 24e régiment britannique... Mais c'est la dernière victoire zoulou ! Ils sont maintenant "parqués" dans des parcelles infertiles disséminées dans la province du Natal : le Kwazulu. Le nouvel espoir du peuple zoulou est Nelson Mendela, qui fut emprisonné un quart de siècle et libéré par l'actuel président d'Afrique du Sud, de Klerck, le 11 février 1990.

FORÊTS

Pourquoi doit-on préserver les forêts ?

Les montagnes libanaises étaient jadis couvertes de cèdres réputés pour la qualité de leur bois. Aujourd'hui, quelques centaines d'arbres subsistent, dont certains auraient plus de 1 500 ans. On tente un reboisement.

La forêt a, de tous temps, été une source de vie. Jusqu'au Moyen Age, en Europe, elle occupait une grande partie du sol et elle donnait aux hommes le bois pour le chauffage et la construction, les fruits et le gibier dont ils se nourrissaient. Puis, l'agriculture se développant, l'espace des forêts s'est réduit. Maintenant, seules quelques forêts tropicales sont encore l'habitat permanent de certaines peuplades (Pygmées en Afrique, Indiens en Amazonie).

La forêt couvre actuellement 32 % des terres émergées. Elles ne sont pas toutes exploitées (seulement 60 %). Les forêts situées en Amérique du Nord, en Europe, en URSS et au Japon sont aménagées et traitées rationnellement pour une meilleure exploitation du bois. Mais ce n'est pas le cas pour certaines forêts équatoriales (en Amazonie notamment) où la forêt est tout simplement saccagée.
En Europe, la consommation du bois est en constante augmentation. Mais gardons-nous de voir dans la forêt une simple réserve de bois ! Elle a un rôle protecteur, elle régularise l'écoulement des eaux, elle fixe les sols (forêts des Landes), elle absorbe le gaz carbonique rejeté dans l'atmosphère par l'industrie, elle rejette de l'oxygène, elle protège les grandes plaines de la violence du vent, elle amortit les bruits.

Pour toutes ces raisons, les forêts doivent être protégées et respectées. Le reboisement est donc un des problèmes les plus importants qui se pose aux responsables des forêts, qu'elles soient communales ou nationales. Mais la protection contre les incendies reste le souci majeur (408 000 hectares de forêts méditerranéennes ont été détruits par le feu entre 1973 et 1986). Ces incendies pourraient souvent être évités si chacun se sentait un peu plus responsable.
Enfin la faune et la flore de nos forêts doivent être respectées par les "promeneurs du dimanche", les clairières où il fait bon s'arrêter pour un pique-nique ne doivent pas se transformer en poubelles !

LAIT

Que peut-on produire avec le lait ?

QUESTION POSÉE PAR :
NICOLAS RONDEAU

Le lait est, bien sûr, avant tout un produit alimentaire. C'est même le plus nutritif et le plus complet des aliments naturels (1 kg de lait contient en moyenne 875 g d'eau et 125 g de matière sèche, dont 30 g de matière grasse, 38 g de protéines, 45 g de lactose et 7 g de sels minéraux). Mais les milliards de litres de lait produits par les vaches françaises ne peuvent évidemment pas tous être utilisés sous leur forme liquide originelle.

Aussi le reste doit-il être transformé en beurre, qu'on obtient en battant la crème, et en fromage, qu'on fabrique en provoquant la coagulation du lait entier et en faisant égoutter le lait caillé pendant plusieurs jours afin que le petit lait ou "lactosérum" s'écoule à part.

On fait en effet passer le liquide à travers des membranes qui filtrent les différents éléments et permettent de séparer les petits (c'est-à-dire les sels minéraux et les molécules de lactose) des gros (les protéines et les globules de matière grasse). Cette opération, que l'on appelle le "cracking" du lait, permet donc d'isoler chaque élément.

Le lactosérum (petit lait) peut aboutir à la production de protéines qui seront utilisées pour la préparation d'aliments diététiques, et de lactose qui pourra servir pour la culture de levures ou être transformé en glucose et galactose : ces deux sucres seront employés dans l'industrie alimentaire et notamment dans la préparation des sirops.

POLLUTION

Existe-t-il une pollution naturelle ?

QUESTION POSÉE PAR :

NICOLAS BOLLAND

Oui : l'érosion des roches par la pluie et les vents, la radioactivité due aux rayonnements cosmiques ou aux radioéléments du sol, les émanations de gaz rejetés par les volcans, les parasites porteurs de maladies qui sont la cause de terribles épidémies, surtout dans les pays du Tiers-Monde...

Cette pollution naturelle est hélas augmentée par la pollution artificielle liée à la civilisation industrielle. Sans même parler des grandes catastrophes comme Tchernobyl en URSS, la fuite d'un gaz très toxique à Bhopal en Inde ou les diverses marées noires, la pollution est quotidienne et menace notre planète.

La pollution atmosphérique inquiète particulièrement les scientifiques car on la soupçonne de produire un effet de serre et de contribuer au réchauffement de la planète, ce qui aurait des conséquences dramatiques : fonte de la calotte glaciaire, montée des eaux des océans et disparition de certaines régions (en Hollande notamment).

C'est le gaz carbonique qui est le responsable de ce réchauffement. Il constitue le polluant le plus abondant dans l'atmosphère et provient des combustibles tels que charbon, pétrole, gaz naturel.. L'industrie rejette aussi en quantité de l'oxyde de soufre (SO^2) qui détruit les arbres en retombant sous forme de pluies acides.
Les oxydes d'azote (NO^2), le plomb, le mercure, l'arsenic sont autant de polluants contenus dans l'air que nous respirons.

Le monde produit-il beaucoup de déchets ?

Le monde croule sous ses déchets, accumulés dans des décharges souvent sauvages. Là, des produits très toxiques sont laissés à la portée de tous ou s'infiltrent dans le sol. La France à elle seule a produit en un an 18 millions de tonnes d'ordures ménagères, 150 millions de tonnes de déchets industriels dont 2 à 4 millions de tonnes de déchets agricoles venant de l'industrie agro-alimentaire ! Les ordures ménagères sont maintenant incinérées et l'énergie ainsi dégagée est parfois récupérée.

Mais les déchets industriels restent un problème que certains ont cru résoudre en les envoyant par cargos entiers... dans les pays africains ! Guinée, Sierra Leone, Nigeria ont le triste privilège d'être les poubelles des Etats-Unis et de l'Europe, ce qui ne fait que déplacer le problème...

VENISE

Comment Venise a-t-elle été construite ?

QUESTION POSÉE PAR :
STÉPHANE VILLEMIN

Les origines de cette ville enchanteresse remontent au Ve siècle ap. J.-C. A cette époque, la lagune retranchée derrière le cordon de sable qui l'isole des tempêtes, n'était encore qu'une étendue de marais et de vasières d'où émergeaient des îles couvertes de roseaux. Ici, une poignée d'hommes recueillait le sel et vivait de la pêche. Mais cette paix ne devait pas durer.

En l'an 450, les Huns d'Attila et les Wisigoths d'Alaric envahirent l'Italie et massacrèrent les habitants des côtes. Pour échapper à cette cruauté, plusieurs peuples de la région vénitienne abandonnèrent leur ville et se réfugièrent sur les îlots de la lagune, à Torcello d'abord, puis à Malamocco.
Peu à peu naquirent de petits villages parmi lesquels Venise, qui prit chaque jour plus d'importance. Car la cité n'est pas bâtie sur l'eau, contrairement à ce qu'affirme une légende, mais au bord de l'eau, sur un archipel de 118 îlots spongieux renforcés par des pieux prenant appui sur la couche d'argile dure (le "caranto").

Ainsi, 10 000 pilotis de mélèze soutiennent le pont du Rialto, 100 000 se trouvent sous le campanile de la place Saint-Marc, et plus de 1 million sous l'église Santa Maria della Salute (quoique certains prétendent qu'il n'y en a guère plus de 10 000). Venise est sillonnée par 200 canaux enjambés par 450 ponts.
Le destin de Venise a été toujours été lié à la mer : ainsi, une ancienne coutume voulait que, le jour de l'Ascension, le Doge se rende au Lido et qu'il jette un anneau d'or dans les flots en disant : "Nous t'épousons, Mer, perpétuant ainsi notre foi séculaire".
Il est actuellement question de fermer les trois passes reliant la mer Adriatique à la lagune. Car Venise chancelle sous l'effet des marées de l'Adriatique qui provoquent des inondations catastrophiques. En résultent une prolifération d'algues dégageant des odeurs nauséabondes, une invasion de moustiques, un exode de la population, une dégradation des monuments... A cela s'ajoutent les effets de la pollution industrielle. Aujourd'hui, cette ancienne "sérénissime république" lance un véritable appel au secours du monde entier. Alertée, l'opinion internationale a aussitôt pris les choses en main et la restauration va bon train, surtout depuis le lancement par l'UNESCO en 1967 de la campagne "Sauver Venise".

DINOSAURES

Quand les premiers vertébrés apparurent-ils ?

QUESTION POSÉE PAR
NICOLAS LEFEBVRE
JEAN-SÉBASTIEN DIDIER
CÉDRIC FRENIOT
EMMANUEL VITTE
THIERRY SEVES

La vie sur Terre fut d'abord exclusivement marine : les plantes étaient des algues et les animaux des mollusques. Les premiers animaux vertébrés firent leur apparition vers la fin de l'Ordovicien (il y a environ 440 millions d'années) : il s'agissait de poissons sans mâchoires. A la fin du Dévonien (il y a 360 millions d'années), apparurent les premiers vertébrés terrestres, les amphibiens. Ceux-ci ne s'éloignaient jamais de l'eau : ils y pondaient leurs œufs et leurs petits y passaient le début de leur vie. A cette époque, les eaux grouillaient de prédateurs qui mangeaient les œufs des amphibiens. Ces derniers, pour sauver leur progéniture, ont donc dû "inventer" un nouveau type d'œuf, qu'ils pondaient sur la terre ferme, hors de portée de leurs ennemis. Le développement de cet œuf constitua la première étape de la transformation des amphibiens en reptiles.

Les premiers reptiles apparurent au Carbonifère (entre 350 et 270 millions d'années) et poursuivirent leur évolution pendant le Permien (- de 270 à 225 millions d'années). Au début du Trias (il y a environ 225 millions d'années) apparurent des reptiles d'un type différent : les thécodontes. Ces derniers furent les ancêtres des dinosaures qui firent leur apparition à la fin du Trias (il y a 200 millions d'années) et régnèrent sur la Terre jusqu'au début du Tertiaire (il y a 65 millions d'années).

Quand le premier fossile fut-il découvert ?

Tout commença en 1780 à Maastricht (Pays-Bas), lorsqu'un fragment de crâne gigantesque et une mâchoire de 1,21 m de long furent découverts dans une mine de craie. Après les avoir examinés, un anatomiste hollandais, Petrus Camper, déclara qu'il s'agissait du crâne d'un énorme lézard marin.

En 1795, le fossile fut expédié à Paris où il fut examiné par le baron Georges Cuvier qui confirma les dires de Camper. Le lézard de Maastricht ne reçut un nom qu'en 1828, lorsque le révérend William Conybears décida de l'appeler *Mosasaurus camperi* d'après Petrus Camper et la Meuse (*Mosa* en latin) où il avait été trouvé.

En 1822, le docteur Mantell, un médecin anglais, rendait visite à un malade en compagnie de son épouse ; tandis qu'il s'occupait de son patient, Mme Mantell remarqua un bloc de pierre renfermant une grande dent fossilisée, qu'elle montra à son mari. Celui-ci l'envoya au baron Cuvier qui l'attribua à un rhinocéros. Peu convaincu, Mantell persista dans ses recherches et découvrit une étroite ressemblance entre la dent fossile et celle d'un lézard herbivore, l'iguane. Conybears suggéra d'appeler la créature *Iguanodon* ("dent d'iguane").

Entre-temps, à Stonesfield, près d'Oxford, d'énormes os fossilisés avaient été découverts. William Buckland, professeur de géologie, en publia une description en 1824, affirmant qu'ils appartenaient à un énorme lézard qu'il appela *Megalosaurus* ("lézard géant").

Richard Owen, l'un des fondateurs du Muséum d'Hisoire naturelle de Londres, proposa le nom de *Dinosauria* ("lézards terribles") pour désigner l'ensemble des reptiles géants.

Il faut encore citer les deux hommes qui révolutionnèrent l'étude des dinosaures : Edward Drinker Cope et Othniel Charles Marsh. Ils décrivirent à eux deux vingt-cinq genres nouveaux.

Comment les dinosaures sont-ils classés ?

H.G. Seeley fut le premier à s'apercevoir que les dinosaures pouvaient être classés en deux ordres distincts fondés sur la disposition des os constituants le bassin. En 1887, il proposa les noms d'Ornithischia et de Saurischia.

Chez les Saurischiens, le bassin est identique à celui des autres reptiles, tandis que chez les Ornithischiens, il ressemble à celui des oiseaux. Les deux ordres comprennent des bipèdes et des quadrupèdes.

Le plus grand carnivore terrestre connu, le *Tyrannosaurus rex*, appartenait à la famille des Théropodes. Sa queue mesurait 12 mètres et, dressé, il atteignait 5 mètres. Quand aux Sauropodes , ils comptaient parmi eux le célèbre *Diplodocus*, mesurant 27 mètres de long (dont 14 mètres pour la queue et 8 mètres pour le cou !). Les Sauropodes étaient tous herbivores.

A gauche, poissons primitifs.
Ci-dessous, les élasmosaures peuplèrent les mers du Jurassique et du Crétacé.

ÎLE DE PÂQUES

Où se trouve l'île de Pâques ?

L'île de Pâques est une île du Pacifique située à 3 700 km du Chili, pays auquel elle appartient depuis 1888, et à 400 km de Tahiti.

C'est un triangle de lave de 118 km^2 essentiellement composé de landes dévorées par le vent et les moutons. Trois volcans éteints occupent les extrémités, deux des cratères sont remplis d'eau douce. Au centre, s'étend un grand désert où les hommes n'ont habité que périodiquement. La flore est peu abondante. On trouve toutefois la patate douce, l'igname, le taro, le bananier et la canne à sucre. La côte est bordée de grottes, de statues géantes effondrées, de plates-formes de pierre ; des allées dallées et des maisons de pierre sont les témoins d'une civilisation ancienne. C'est l'île la plus isolée du monde, elle est appelée par ses habitants, les Pascuans, "Matakiterani", ce qui signifie "des yeux regardent le ciel".

Quelles ont été les premières populations ?

Il semble que l'île ait d'abord été habitée par des Polynésiens vers l'an 600. Ils lui ont donné deux noms étrangers, "Matakiterani" et "Tepito no te Henua" : le nombril du Monde.

A la suite d'un cataclysme, un roi polynésien, Hotu-Matua, serait venu se réfugier sur l'île avec sa femme Vakai a Hiva et ses compagnons. Il fonda la dynastie Miru qui exista jusqu'en 1862.

Parallèlement, un second roi était élu. C'était le *Tangata manu* - le chef militaire - choisi chaque année pendant la cérémonie de l'"homme-oiseau" : à l'arrivée du printemps austral, les hommes allaient sur un îlot, le Motu-Nui, et devaient rapporter le premier oeuf pondu par les sternes (hirondelles de mer). Ce peuple serait les Hanau Eepe que l'on a appelés "les hommes aux longues oreilles".

Ils étaient "de couleur jaune, très grands, de longs bras, une vaste corpulence du thorax, des oreilles énormes, des cheveux blond pur, un corps imberbe et brillant". Cette race semble avoir existé autrefois sur deux autres îles de Polynésie.

Les Hanau Momoko, eux, seraient venus des côtes d'Amérique du Sud, peut-être du Pérou. On note une certaine analogie entre certaines statues de l'île de Pâques et la sculpture mésolithique sud-américaine.

Jusqu'en 1862, date à laquelle la population fut décimée, une population d'environ 10 000 personnes vivait sur l'île. Elle était répartie en une dizaine de clans différents avec à leur tête le roi choisi dans le clan Miru.

Quel est le mystère des statues ?

La tradition dit que "chaque statue est sacrée et regarde une partie du monde dont elle détient la responsabilité". Leur taille varie de 2 à 22 mètres. Plus de 500 sculptures, ou "moai", sont recensées actuellement, certaines encore à l'intérieur du cratère du volcan Rano-Raraku, les autres réparties sur les 57 km de côtes.

Sept d'entre elles sont tournées vers la mer comme pour la surveiller. Les autres, d'un style différent, lui tournent le dos, dominent de grandes plates-formes - appelées *ahus* - et semblent protéger les villages. Elles ont les yeux ouverts et se trouvent sur le caveau des morts. Ces *moai* incarnaient une réalité. Chacun représente un ancêtre précis et détient le *mana*, connaissance au-delà de la physique, pouvoir spirituel capable d'agir sur le psychisme d'autrui. Le *moai* est un géant spirituel : vivre sous son regard, c'est être protégé. Les grands chapeaux de tuf rouge qui coiffent leur crâne symboliseraient le lieu de la connaissance chez l'homme.

Ces statues se sont maintenant écroulées, la face contre terre. En tombant, elles ont ouvert les caveaux de pierre. On trouve des plates-formes de pierre, avec ou sans statue, à tous les stades de fabrication tout autour de l'île. On en compte environ 240.
Des plates-formes plus petites servaient à l'exposition des morts. Les cadavres y restaient jusqu'à complet dessèchement, puis les os étaient placés dans les caveaux funéraires de l'ahu. Dans le paysage lunaire de l'île de Pâques, ces géants dégagent une impression angoissante.

Comment ont-elles été fabriquées ?

Les statues étaient taillées sous la direction d'un chef sculpteur. 15 tailleurs de pierre attaquaient la face du rocher avec leurs pics. Le premier travail consistait à ouvrir de part et d'autre deux couloirs d'accès de 1 m de large sur 1,5 m de profondeur. Quand la tête, les oreilles, le corps étaient terminés, il fallait détacher la statue de la roche en creusant de dos sans casser le géant. Le travail de sculpture de la nuque et du dos se faisait quand le *moai* était debout au pied de la falaise.

On retrouve souvent au niveau des reins trois graphismes qui représentaient les éléments de la vie : le soleil, la lune et le tonnerre.
Actuellement, les *moai* souffrent de la pollution et se désagrègent petit à petit. Des centaines sont amputés, qui attendent l'intervention de l'homme pour retrouver leur place sur les *ahu* et veiller à nouveau sur l'humanité.

"Chaque statue est sacrée et regarde une partie du monde dont elle détient la responsabilité".

NEW YORK

Comment a été fondée New York ?

A l'origine, il n'existait aucune ville dans la baie de New York et ce n'est qu'au début du XVIIe siècle que le navigateur anglais Henry Hudson découvrit le fleuve et la baie qui portent aujourd'hui son nom. En 1614, les Hollandais construisirent un fort sur l'île de Manhattan, puis en 1625 ils baptisèrent la capitale qu'ils avaient fon-

dée "Neuwe Amsterdam" - la "Nouvelle Amsterdam". Pourtant un an avant, Jean Verrazano avait baptisé Manhattan, la "Nouvelle Angoulême", en en prenant possession au nom du roi de France. Mais, après s'en être emparé, les Anglais modifièrent son nom qui devint alors New York. Le développement de la ville commença dès le début du XIXe siècle. Dès lors, elle ne cessa de grandir, et la population de s'accroître. Progressivement New York devint un important centre d'affaires et s'affirma comme le plus grand port des Etats-Unis. C'est pour cette raison que la ville ne cessa d'accueillir les immigrés venus de tous les pays d'Europe.

L'architecture de New York est caractéristique des villes qui n'ont pas ou peu de passé mais où cependant plusieurs styles de construction se côtoient. Ainsi, de la Ve Avenue peut-on voir aussi bien la Cathédrale St Patrick, de style néogothique, que les buildings immenses du Rockefeller Center à quelques dizaines de mètres de là. Parmi les particularités architecturales de New York on remarque aussi les bâtisses rectangulaires de brique rouge, sur lesquelles se détachent les armatures noires et métalliques des escaliers de secours.
La ville est divisée en plusieurs quartiers dont les plus célèbres sont, entre autres, ceux de Broadway - quartier très animé où se trouvent les cinémas, les salles de spectacle... -, de Harlem - où résident une majorité de Noirs ; New York est d'ailleurs la plus grande agglomération noire du monde -, de Chinatown - le quartier chinois -, Wall Street - le centre des affaires avec les "twin towers" que l'on voit sur l'une des photos - ou encore "Central Park", célèbre parc où sont notamment donnés des concerts.

COULEUR DE PEAU

Pourquoi y a-t-il différentes couleurs de peau ?

QUESTION POSÉE PAR :
CÉCILE BEZIAN-TASQUE
KARINE COLLEURAY
MARC KOLASA
KETTY PALMARD

La couleur de la peau, comme celle des cheveux, dépend de ses pigments qui sont répartis dans l'épiderme. Ces molécules complexes varient du jaune au brun et au noir. On les classe en : *phaéomélanines* (jaune à brun clair) et en *eumélanines* (brun à noir).

Chez les individus de race blanche, la plupart des "cellules claires", ou *mélanocytes*, contiennent une enzyme qui les rend capables de fabriquer des grains noirs de mélanine : mais tant que cette enzyme n'est pas sollicitée (par le soleil ou les UV par exemple), il n'y a pas de réaction et pas de fabrication de mélanine ; la peau reste blanche.
Chez les individus de race noire, les grains de mélanine sont très nombreux dans les cellules basales (les plus profondes, celles qui donnent naissance aux cellules de surface) et viennent augmenter le nombre de grains de mélanine qui se forment dans les mélanocytes. Plus les grains de mélanine sont nombreux et plus la peau est noire.

Mais on peut se demander pourquoi le Noir qui vit en Europe depuis plusieurs années garde une peau si foncée...A l'origine, cette hyperproduction de mélanine a certainement été une adaptation au milieu africain (la peau avait besoin de se protéger du soleil). Puis, cette présence de mélanine dans les cellules basales de la peau est devenue un caractère génétique héréditaire, c'est-à-dire qui se transmet de père en fils par les gènes, quel que soit le lieu de naissance.

PLUIES ACIDES

Comment agissent les pluies acides ?

Les pluies acides attaquent l'arbre principalement au niveau des racines : les acides détruisent les radicelles, petits filaments contenus dans la racine, et l'arbre asphyxié meurt peu à peu.

Les gaz produits par l'industrie et les transports automobiles se transforment dans l'atmosphère en molécules d'acide qui se mêlent aux eaux de pluie avant de retomber sur le sol. Les forêts de Scandinavie et de toute l'Europe du Nord sont gravement atteintes. En France, la forêt vosgienne est sévèrement touchée.
Les gouttes d'acide agissent bien sûr au niveau des feuilles, mais celles-ci peuvent dans la plupart des cas résister. Le plus grave est la destruction des racines de l'arbre, qui, rongées par l'acide infiltré dans le sol, cessent de fournir à la plante l'eau et les sels minéraux nécessaires à l'élaboration de la sève. Dans certaines régions de Pologne, d'Allemagne, de Suède et de Norvège, l'acidité des pluies peut atteindre celle du jus de citron !...

VOLCANS D'EUROPE

Les volcans d'Europe sont-ils dangereux ?

QUESTION POSÉE PAR :
SABRINA TOULON-SAINTE-TERRE

On dénombre 530 volcans en activité, parmi lesquels 80 sont sous la mer. Quelques-uns, comme le Stromboli, sont en éruption continuelle, mais la plupart ne connaissent que des éruptions sporadiques. Si certains sont en sommeil depuis plusieurs années, d'autres, considérés comme éteints, reprennent leur activité comme le fit l'Eldfell (Islande) en1973.

Deux pays d'Europe ont des volcans en activité : l'Italie et la Grèce.
En Italie :
- L'Etna, situé au nord-est de la Sicile, est très étendu (1 200 km^2) et culmine à 3 276 m. Il est formé de nombreux cratères. Certaines éruptions furent très meurtrières. L'Etna est en activité permanente. Sa dernière éruption date de 1971.
- Le Vésuve est situé à 13 km de Naples, au sud de l'Italie. Le sommet du massif se sépare en deux cônes, dont le cône d'éruption (Vésuve). En 79 av.J.-C., une terrible éruption ensevelit deux villes : Pompéi et Herculanum. Depuis, le Vésuve a souvent projeté des cendres. Sa dernière éruption remonte à 1944.
- Le Stromboli est situé sur une île de l'archipel des Lipari (nord de la Sicile). Le volcan, haut de 926 m, est en éruption permanente. Il éclaire les environs pendant la nuit.
- Le Vulcano autre volcan des îles Lipari, se dresse à 499 m. La principale éruption eut lieu en 1888. Il n'a jusqu'ici créé aucun dommage.
En Grèce :
- Le volcan de l'île Santorin explosa littéralement en 1300 av.J.-C., provoquant un raz de marée de 50 m de haut qui détruisit toute la civilisation crétoise. Le cratère, en grande partie immergé, est devenue une baie. L'activité volcanique continue cependant toujours.
- L'île de Nisyros possède un volcan de 692 m de haut dont l'activité se traduit par des fumerolles et des jets de vapeurs sulfureuses.

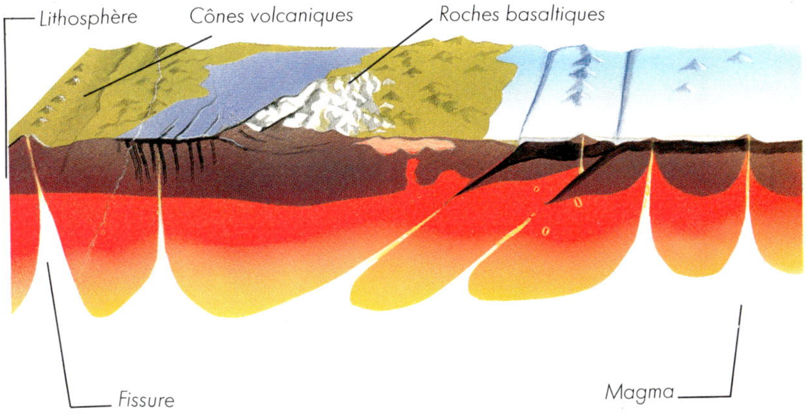

L'Europe compte aussi de nombreux volcans considérés comme "éteints" parce qu'ils n'ont pas eu d'éruptions dans les temps historiques. En fait, ces volcans sont seulement plongés dans une longue période de sommeil, dont ils peuvent fort bien sortir un jour.
Ce réveil pourrait même avoir lieu en France, dans la Chaîne des Puys qui compte les volcans les plus jeunes de notre pays : le cratère du Pavin est né il y a "seulement" 3 500 ans !
Mais rassurez-vous, ce réveil n'est sans doute pas pour demain. Peut-être ne se produira-t-il pas avant plusieurs centaines ou plusieurs milliers d'années !

L'Etna.

UTILISATIONS DU PÉTROLE

Que peut-on fabriquer à partir du pétrole ?

QUESTION POSÉE PAR :

JEAN-SÉBASTIEN DIDIER

Le pétrole est un mélange d'hydrocarbures (associations multiples d'atomes de carbone et d'hydrogène) qu'il faut séparer par le raffinage. Les produits recueillis subissent à leur tour des manipulations jusqu'à obtenir des huiles, des essences et des gaz combustibles (butane, propane). 7 % de ces bases conduisent à la fabrication de 80 000 produits différents.

On distingue 4 types de produits :
La chimie organique : engrais, détergents, colorants, explosifs, insecticides, alcools, solvants ... Ainsi les alcools sont synthétisés à moindre coût et avec une plus grande pureté qu'à partir des produits naturels.
Les plastiques : obtenus par polymérisation d'une même molécule (répétition du même assemblage). Le Polychlorure de vinyle (PVC), les polyéthylènes, le polystyrène servent à fabriquer emballages, jouets, outils, ustensiles ménagers, meubles, mousses...
Les fibres : Nylon, Tergal et acrylique,issus de la polymérisation du benzène, tout comme le Plexiglas, provenant du traitement de l'acétylène.
Les caoutchoucs synthétiques dont les qualités dépassent celles du naturel. Cette liste, incomplète, prouve que le pétrole est la source d'une deuxième révolution industrielle.

PORCELAINE

D'où vient la porcelaine ?

QUESTION POSÉE PAR :

MILENE GULLIENT

L'existence de la porcelaine a été dévoilée par Marco Polo, lors de son voyage en Chine. Son nom vient de sa ressemblance avec la nacre des coquillages appelés "Porcella". Les Chinois maîtrisaient cette technique depuis le VIe siècle. En Europe, jusqu'au XVIIe siècle, toutes les porcelaines existantes sont des articles importés. En 1695, la première manufacture européenne pour la pâte tendre est ouverte à Saint-Cloud. Mais la "véritable" porcelaine a été fabriquée en 1710 en Allemagne, grâce à la découverte du kaolin.

La porcelaine est fabriquée à partir d'une pâte compacte translucide et non colorée, composée d'un matériau fondant à la chaleur, le feldspath, sorte de verre naturel, et d'un matériau qui lui donne sa forme, le kaolin, sorte d'argile très blanche. Ce mélange est versé dans un moule de plâtre ou façonné sur un tour de potier. On cuit la pâte une première fois entre 950 et 980 °C. On obtient le dégourdi, fragile et poreux. On le recouvre ensuite d'émail broyé avant une deuxième cuisson à 1 000 °C puis à 1400 °C.
Les décorations sont assez difficiles sur le dégourdi et se font souvent par décalcomanie à 400 °C pour la fixation, mais couleur par couleur, car chacune a son point de fusion à la cuisson.

PARLER

Comment se forment les sons quand nous parlons ?

QUESTION POSÉE PAR :
THIERRY SEVES - ISABELLE BARON

C'est par un cri que le nouveau-né manifeste son arrivée dans le monde. Ce cri prouve le bon état de son appareil respiratoire qui est mis en contact avec l'air pour la première fois (le bébé expulse le liquide contenu dans ses poumons). Bon état des poumons, mais aussi du larynx, organe principal de la voix.
Situé entre le pharynx et la trachée, le larynx est un conduit cartilagineux recouvert intérieurement d'une muqueuse. Il comprend des organes vibratoires : les cordes vocales. Celles-ci, constituées de replis membraneux, règlent l'ouverture de la glotte.

Alors que pendant une respiration calme la glotte est largement ouverte, elle est presque entièrement fermée par les cordes vocales tendues lorsque nous parlons. Par l'étroite ouverture de la glotte, l'air expiré vient alors frapper les cordes vocales, les faisant vibrer comme les cordes d'une guitare : le son se produit. Plus l'air est expulsé avec force, plus le son est intense. Sa hauteur est déterminée par la longueur et la tension des cordes vocales.

C'est ainsi qu'au moment de la puberté les cordes vocales des garçons s'allongent et leur voix devient plus grave : on dit qu'elle mue. Chez les filles le changement est beaucoup plus discret.
Quand le bébé naît, il ne sait encore pas prononcer les différents sons qui existent dans chacune des langues. Ceux-ci nécessitent un bon positionnement de certains des organes de notre bouche (la langue par rapport au palais, aux dents...). Les voyelles sont pour lui les sons les plus accessibles et parmi les consonnes, c'est le son "pe" qu'il prononcera le plus facilement.
C'est pour cette raison que, souvent, le premier mot que les bébés disent est "papa".

SEL

Pourquoi met-on du sel sur les routes ?

L'épandage de sel sur les routes est le moyen le plus efficace et le moins coûteux pour lutter contre le verglas.
L'eau se congelant à 0°, il se forme une couche de glace dès que la pluie, dont la température est légèrement supérieure, tombe sur un sol très froid.

L'eau salée ne se congèle pas à 0°, mais à une température inférieure, d'autant plus basse que la quantité de sel utilisée est grande. En épandant du sel, on évite la solidification de l'eau de pluie qui dissout ce sel et reste donc liquide, même en dessous de 0°.

L'emploi du sel ordinaire (chlorure de sodium) est limité aux températures supérieures à 10°C. Jusqu'à - 30°C, on peut utiliser du chlorure de calcium, plus coûteux mais plus efficace. L'eau salée est malheureusement très corrosive pour les voitures, et un nettoyage des carrosseries est donc recommandé après une période de salage. Mais le sel peut aussi avoir un effet irritant sur les tissus vivants : par temps de neige, si vous constatez que du sel a été répandu par terre, n'oubliez surtout pas d'entourer de chiffons les pattes de votre chien. Sinon, il risque de souffrir et peut-être refusera-t-il par la suite de sortir !

CACAO

Combien un cacaoyer produit-il de cacao ?

Le cacaoyer atteint son meilleur rendement à l'âge de 12 ans. Il mesure alors entre 4 et 6 m de hauteur. On utilise le fruit (ou cabosse). De forme ovoïde il peut atteindre 30 cm de longueur. Vert jaunâtre, il tend à devenir orangé ou violet à maturité. La cabosse contient une quarantaine de graines blanches. Il faudra environ une trentaine de ces fèves pour produire un kilo de cacao.

Il existe aussi des variétés à fèves violettes. Le rendement moyen est de 300 à 400 kg de cacao à l'hectare. L'arbre sera productif jusqu'à l'âge de 50 ans environ, mais il peut vivre un siècle, et même plus.

DIGESTION

Que se passe-t-il dans notre corps quand nous digérons?

Après un repas, les aliments que nous avons ingurgités passent par l'œsophage puis descendent dans l'estomac. Le rôle de cet organe, qui se dilate selon la quantité de nourriture ingérée, est de broyer les aliments, grâce à ses muscles qui se contractent, et de les mélanger à des substances que ses cellules ont sécrétées : les sucs gastriques.

Ce processus - qui constitue la première phase de la digestion - permet à la nourriture de se transformer en substances chimiques simples que le corps est en mesure d'assimiler.
A l'extrémité de l'estomac se trouve l'intestin grêle dans lequel les aliments entrent peu à peu, une fois broyés. Celui-ci ne mesure pas moins de 7 mètres : en le dépliant et en ajoutant à ses extrémités tous les éléments du tube digestif, on arrive à une hauteur voisine de celle d'une maison de 3 étages !...

C'est dans l'intestin que la nourriture est "triée" par l'organisme. En effet, c'est là que les aliments "utiles" traverseront ses parois pour aller dans le sang et former une nouvelle "matière vivante" : chaque jour une grande quantité de cellules meurent dans notre corps, c'est pourquoi cette matière régénérante est nécessaire pour maintenir le corps en vie. Deux glandes sont essentielles dans le processus de la digestion, elles produisent des sucs : ce sont le foie et le pancréas. Toutes deux sont directement reliées à l'appareil digestif par des conduits.
La bile, sécrétée par le foie, sert à activer la décomposition des graisses afin de permettre leur digestion. Le pancréas, lui, sécrète de la lipase qui transforme ensuite ces graisses en éléments assimilables par le corps.
Chaque suc a un effet distinct sur les aliments, certains agissent donc sur les graisses, d'autres sur les glucides (le sucre) ou encore sur les protéines.
Les autres aliments seront orientés vers le "gros intestin" où l'eau contenue dans les aliments sera absorbée. Dans cette partie de l'intestin, les aliments peuvent rester entre 5 et 25 heures avant d'être acheminés vers le rectum.

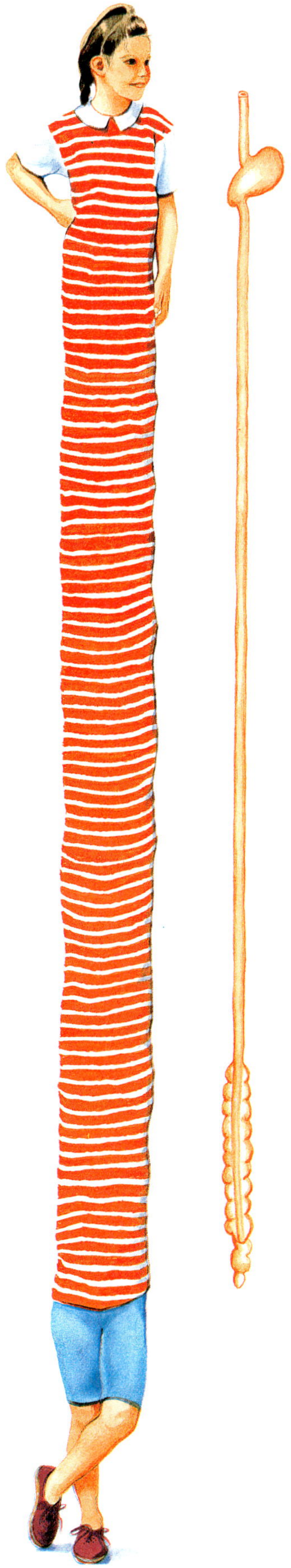

DÉRIVE DES CONTINENTS

Quelles preuves a-t-on de la dérive des continents ?

L'observation du tracé des côtes qui se font face, l'évolution parallèle de la faune et de la flore de continents désormais éloignés, l'étude des failles océaniques et du volcanisme permettent de vérifier l'hypothèse de la dérive des continents, élaborée par le savant allemand Alfred Wegener. Cette hypothèse, qui date de 1915, fut à l'époque brutalement rejetée. Depuis, de nombreuses observations ont corroboré cette théorie.

L'Amérique du Sud "s'emboîte" très bien dans le golfe de Guinée, en Afrique, comme une pièce de puzzle. Les mêmes roches composent le sous-sol du Brésil et ceux de la côte occidentale de l'Afrique. Certains fossiles se retrouvent ainsi dans des régions aujourd'hui éloignées de plusieurs milliers de kilomètres, ce qui prouve qu'elles se touchaient il y a 250 millions d'années. De même, on trouve des espèces identiques de trilobites (crustacés fossiles) dans les roches sédimentaires d'Ecosse ... et de Terre Neuve ! Le continent australien présente quant à lui de très nombreuses particularités zoologiques qui s'expliquent par son isolement ancien.

Depuis 1960, grâce à l'observation de l'activité des plaques continentales au fond des océans et grâce à l'étude plus précise des lignes de faille sur les continents, la théorie de Wegener est parfaitement éprouvée.

HIPPOCAMPE

Est-il vrai que c'est le mâle de l'hippocampe qui pond les œufs ?

Non, le mâle se contente de transporter un moment les œufs fécondés dans une poche ventrale. En réalité, le mâle couve les œufs, mais ne les pond pas.

Malgré son allure particulière, l'hippocampe est un poisson. Sa tête de cheval, sa queue préhensile qui lui permet de flotter entre deux eaux en position verticale, et ses minuscules nageoires qui donnent à sa nage l'aspect d'un vol désordonné, font de l'hippocampe un perpétuel sujet d'étonnement.
Ses moeurs sexuelles sont elles aussi très surprenantes : la reproduction se fait "à l'envers" en somme, puisque les œufs de la femelle sont pondus à l'intérieur d'une poche ventrale du mâle, où ils sont fécondés et demeurent jusqu'à éclosion. A ce moment, le mâle expulse les jeunes *alevins* éclos en exerçant de fortes pressions sur sa poche. Comme cet événement ressemble exactement à une ponte, on a longtemps confondu (depuis l'Antiquité!), le mâle et la femelle. L'hippocampe est donc un *ovovivipare* : la femelle pond les œufs, même s'ils ne sont pas à terme lorsqu'elle les dépose dans la poche ventrale du mâle.

AURORE BORÉALE

Qu'est-ce qu'une aurore boréale ?

QUESTION POSÉE PAR :
OLIVIER GAVAZZI

Le Soleil est une étoile, il est donc en perpétuelle activité. A son centre, par fusion nucléaire, l'hydrogène est transformé en hélium (4 atomes d'hydrogène pour 1 atome d'hélium). Ces réactions nucléaires dégagent une énergie thermique (chaleur) intense qui se propage jusqu'à la surface. L'activité du Soleil est plus ou moins importante.

Lors du maximum d'activité, on observe des protubérances à la périphérie du Soleil. Elles sont constituées d'hydrogène électrisé et s'élèvent à des milliers de kilomètres au-dessus de la surface solaire en suivant les lignes de champ magnétique, pour retomber sur la photosphère en dessinant une courbe. Mais certaines particules jaillissent si fort qu'elles sont éjectées du Soleil à grande vitesse (5 000 000 km/s) dans l'espace. Ces particules chargées (électrons et protons principalement), tournent en spirale à grande vitesse dans le champ magnétique terrestre et se rapprochent des pôles magnétiques (comme la limaille de fer est attirée par les pôles d'un aimant). Elles électrisent l'air au passage en libérant des grains de lumière appelés photons, qui font briller la haute atmosphère. De gigantesques draperies à dominante verte avec des nuances de rouge et de jaune envahissent alors le ciel.

Il faut aller dans les régions polaires pour admirer ce spectacle, appelé aurore boréale lorsqu'il se produit au pôle Nord et aurore australe au pôle Sud. Il garde toute sa beauté, même s'il a perdu son mystère : depuis longtemps, des physiciens sont parvenus à reproduire le phénomène en laboratoire, à provoquer une véritable petite aurore artificielle, en faisant tomber un faisceau de rayons cathodiques, particules chargées négativement, sur une sphère d'acier aimantée représentant la Terre !

ORAGES

Comment se forment les orages ?

QUESTION POSÉE PAR :
KETTY PELMARD

Au départ, il y a un phénomène d'évaporation au-dessus d'une masse d'eau (lac, rivière, mer). La vapeur d'eau s'élève, rencontre de l'air plus froid et se condense pour former des nuages de fines gouttelettes. Quand celles-ci se réunissent entre elles, elles forment des plus grosses gouttes qui ne peuvent plus flotter. Alors elles tombent et il pleut. Il faut environ 8 millions de gouttelettes d'un nuage pour former une goutte de pluie ! Leur diamètre varie de un dixième de mm à 5 mm. Il se produit également un phénomène électrique car les gouttes d'eau formant le nuage sont chargées d'électricité. Les charges positives sont nombreuses dans la partie inférieure et sont entourées de charges négatives. Dans la partie supérieure, les cristaux de glace sont chargés positivement.

Lorsque le nuage chargé d'électricité se rapproche de la Terre, il se forme sur terre un courant de signe contraire. Heureusement, l'air est un mauvais conducteur d'électricité, mais une masse d'air peut devenir légèrement conductrice et le long de cette zone, une série de décharges électriques progresse : c'est la foudre. Lorsque dans le même nuage, il se produit de fortes zones de courants positif et négatif, il se forme des décharges électriques : les éclairs.

OCÉAN

Y a-t-il des formes de vie au fond des océans ?

En haut : un eurypharynx (60 cm de long) draguant un banc de crevettes pélagiques. En dessous : un chauliodus (30 cm de long).

Pendant longtemps, on a cru que seuls des animaux adaptés à l'obscurité pouvaient survivre dans les fonds sous-marins, où la lumière n'accède pas. Mais on vient de découvrir des formes végétales et animales qui se regroupent près des sources sulfureuses des grandes failles océaniques et qui fonctionnent selon un principe différent. Il y a donc plusieurs formes de vie au fond de l'océan.

Jusqu'au début des années 1980, les scientifiques pensaient que les grands fonds n'étaient peuplés que de poissons vivant des cadavres de la faune des régions de surface : ainsi, une baleine qui meurt de mort naturelle coule et lorsqu'elle arrive au fond, des petits animaux (vers, crabes, poissons) se chargent de "recycler" cette énorme quantité de chair. Certaines observations avaient par ailleurs mis en évidence l'existence de poissons chasseurs, armés de curieux dispositifs destinés à leurrer leurs proies. Mais il n'y avait aucune trace de végétation : la lumière ne pénètre pas au-delà de 400 m de profondeur et la température de l'eau baisse régulièrement, dans ces conditions, comment des plantes pourraient-elles assurer la photosynthèse ? En 1977, on a pourtant découvert des plantes et des animaux capables d'utiliser l'oxyde de carbone et l'oxygène pour constituer des molécules organiques susceptibles de composer des glucides, puis des protéines et des lipides. Concrètement, cela veut dire que dans le noir absolu, près des sources chaudes sulfureuses, des plantes ont remplacé la fonction chlorophyllienne des végétaux de surface par une utilisation spécifique de l'énergie chimique de l'oxydation du soufre.

La soucoupe Cyana par 2 800 m de profondeur, près des sources chaudes.

LATITUDE ET LONGITUDE

Qu'est-ce que la latitude et la longitude ?

QUESTION POSÉE PAR :

CAROLE SIMON

Les premières cartes datent de la période mésopotamienne. Mais ce sont les Grecs qui inventèrent la cartographie en dessinant des parallèles E-O et des méridiens N-S qui se coupaient à angle droit.
La première vraie carte projetée est due à Mercator en 1569. La surface de la Terre est projetée sur un cylindre tangent à l'équateur. Les axes N-S sont les méridiens.

A un méridien correspond la longitude d'un point. Ce méridien d'origine (0°) passe près de Londres, à Greenwich et les graduations d'angle se font vers l'Est (pour l'Europe) ou vers l'Ouest (pour l'Amérique), jusqu'à 180°. Les lignes parallèles à l'équateur précisent la latitude par rapport à celui-ci (0°). Les pôles sont situés à 90° N et S par rapport à l'équateur.

Tout navire se repère sur une carte grâce à ces deux axes. Attention ! un écart de 1 mm ou 1/60 de degré représente toujours 1 852 m en latitude, mais le même écart angulaire varie de 0 à 1852 m en allant du pôle à l'équateur (les méridiens sont en fuseau).

CAFÉ

D'où vient le nom du café ?

Une légende dit que la graine de café fut découverte quelque part dans la province de Kaffa, au sud de l'Ethiopie, par un chevrier du nom de Kaldi, à peu près en l'an 850 de notre ère. Les chèvres de Kaldi se seraient mises à piaffer après avoir mangé les graines d'une plante toute verte. Le berger, d'après la légende, goûta les graines à son tour, puis se précipita au village le plus proche pour rendre compte de sa découverte, qu'on baptisa café d'après le nom de la province. Mais l'hypothèse la plus couramment acceptée affirme que le mot café vient sans doute du mot arabe qahwah. Quoi qu'il en soit, le café fut introduit en Europe par l'intermédiaire des Arabes au XVIe siècle.

La graine de café, ou "cerise" provient du caféier, qui mesure environ deux mètres dans les plantations. Ses fruits, renferment chacun deux "cerises".
Il existe deux variétés de café. L'arabica, la plus recherchée pour son goût, pousse sur les hauts plateaux d'Amérique latine, entre 800 et 2 000 m, et en Afrique de l'Est. Le robusta, plus fort et de qualité inférieure, pousse en plaine, surtout en Afrique.

RÊVER

Pourquoi rêvons-nous en dormant ?

QUESTION POSÉE PAR :
GRÉGORY GOSSELIN DE BENICOURT

Le secret des matins heureux ? Un sommeil suffisamment long, peuplé de doux rêves. Nous rêvons toujours plusieurs fois par nuit même si nous ne nous en souvenons pas.
Les encéphalogrammes réalisés sur des dormeurs ont montré que deux types de sommeil alternent au cours de la nuit. Le "sommeil lent" d'abord, de plus en plus profond (au stade maximal de profondeur du sommeil, il est très difficile de réveiller le dormeur) et le "sommeil paradoxal". C'est durant le sommeil paradoxal que se produisent les rêves. Ce type de sommeil s'accompagne de mouvements oculaires rapides. C'est après cette phase qu'intervient le réveil spontané.
Quatre à cinq cycles complets de sommeil - lent puis paradoxal - alternent au cours d'une nuit.
La durée du sommeil paradoxal représente vingt pour cent du sommeil total, donc, nous rêvons beaucoup.

Le rêve est un phénomène psychologique. Il est constitué d'une série d'images au déroulement plus ou moins cohérent. Ces images sont en rapport avec des excitations externes ou internes, et surtout avec les préoccupations récentes, ou parfois très anciennes du dormeur. Les cauchemars sont des rêves pénibles, effrayants ou angoissants. Dans ses cauchemars les plus fréquents, le dormeur se croit traqué, empêché d'agir, ou précipité brusquement dans un gouffre. Freud a montré que le contenu des rêves dérivait de désirs refoulés. Le rêve permet ainsi d'exprimer et de réaliser, sous une forme déguisée, des idées, des passions, des haines innaceptables pour la société ou l'individu lui-même.

4

LA SCIENCE ET LES INVENTIONS

MICROSCOPE

Comment fonctionne un microscope ?

QUESTION POSÉE PAR

SIMON CAROLE

Pour lire des caractères extrêmement petits, on utilise une lentille convergente, la loupe : c'est un verre bombé sur ses deux faces qui resserre les rayons lumineux et permet d'avoir une vue agrandie d'un objet. Le microscope est un appareil qui possède une deuxième lentille convergente dans le prolongement de la première, tout près de l'objet, ce qui amplifie l'agrandissement.

Le microscope classique est donc composé de plusieurs objectifs de différentes puissances, placés juste au-dessus de la lamelle qui porte l'échantillon.

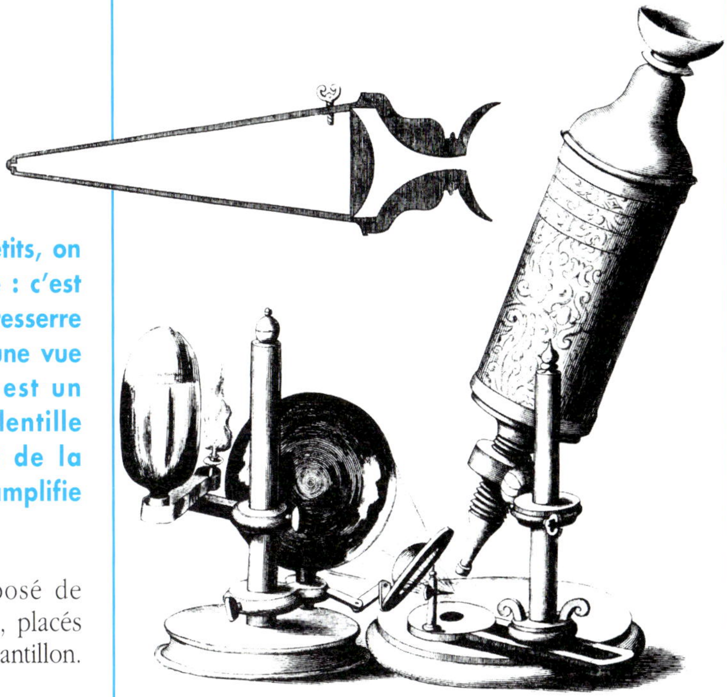

Microscope de Robert Hooke, XVIIe siècle.

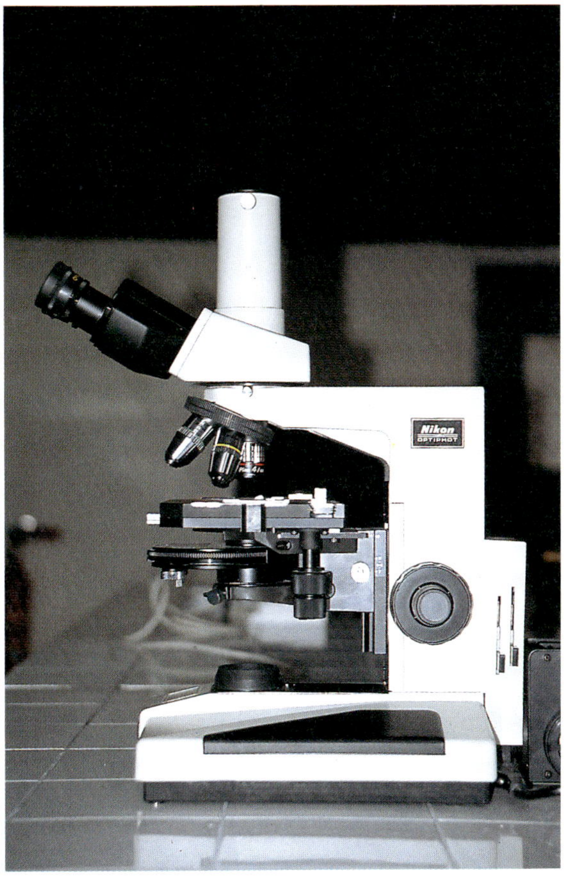

Cette lamelle est éclairée par une lumière focalisée par une lentille.

On regarde l'image à travers l'oculaire qui fonctionne comme une loupe et que l'on règle en éloignant ou rapprochant le tube. Aujourd'hui, les microscopes les plus puissants ont un pouvoir grossissant d'environ 2 500 fois.

Grâce à leur invention, les opticiens hollandais du début du XVIIe siècle, Jansen et surtout Van Leeuwenhoek, se prennent d'une véritable passion pour un univers invisible à l'oeil nu et ignoré de l'humanité. Grossis 200 fois, leur apparaissent bactéries, cellules, spermatozoïdes ...

La précision augmente au XIXe siècle grâce à l'adjonction d'autres lentilles (jusqu'à 12). Par ses recherches, Abbe permet en 1880 la réalisation d'un appareil grossissant 2 000 fois.

Mais il existe une limite au grossissement due à la nature de la lumière. Un détail inférieur à 0,2 micron ne peut être distingué à la lumière visible. On utilise alors un microscope électronique. Il interdit, par son principe, l'observation d'échantillons vivants : le vide est nécessaire. Un faisceau d'électrons très puissant est envoyé sur le prélèvement observé. Un détecteur récupère les électrons non absorbés et, par amplification, une image agrandie jusqu'à 200 000 fois est transmise sur écran de télévision.

ANTENNE PARABOLIQUE

Qu'est-ce qu'une antenne parabolique ?

On appelle antenne parabolique une antenne qui dispose d'un miroir réflecteur dont la forme est définie par une parabole tournant sur un point fixe.

Les radars, les radio-téléscopes et les antennes de télévision par satellite utilisent des déflecteurs paraboliques car cette courbe géométrique a la capacité de concentrer en un point F (le foyer) tous les faisceaux lumineux frappant le miroir parabolique parallèlement à son axe central. Ainsi concentrée, la réception est susceptible d'être amplifiée et mieux interprétée.
Selon une légende, le savant grec Archimède aurait enflammé à distance des galères romaines en faisant disposer des soldats sur les remparts de Syracuse, de manière que leur boucliers forment une parabole. L'ensemble de ces boucliers d'acier, brillant comme un miroir, aurait concentré les faisceaux lumineux sur les coques et les voiles des navires...

ALLUMETTES

Comment sont fabriquées les allumettes ?

QUESTION POSÉE PAR :

ANNE SIMON

Les premières allumettes, chinoises, datent de 577. Depuis longtemps oublié, le principe du frottement de deux produits facilement inflammables entre eux (le soufre et le phosphore), est redécouvert par le Français Charles Sauria en 1837. Mais la pâte constituant le bouton contenait du phosphore blanc trop facilement inflammable et nocif pour les ouvriers des manufactures.
En 1847, le phosphore rouge, non toxique et moins inflammable, permet la fabrication des allumettes de sécurité, en Suède. L'usage du phosphore rouge est

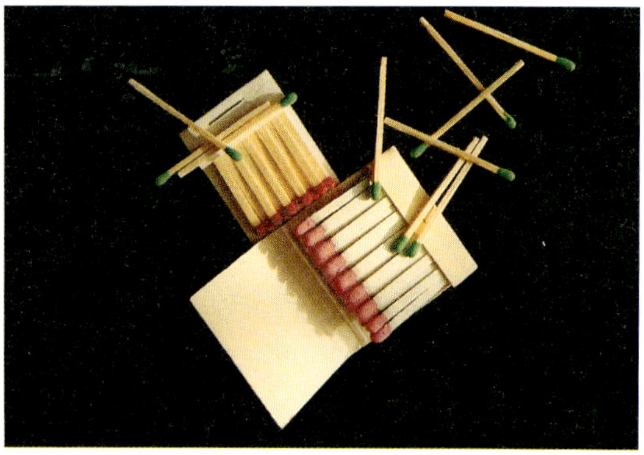

rendu obligatoire en 1906. Puis les deux éléments (soufre et phosphore) sont séparés, l'un dans le bouton, l'autre sur le grattoir, ce qui permet une sécurité encore plus grande pour les allumettes fabriquées par la SEITA depuis 1926.

On débite des billes de peuplier dont on ôte l'écorce. Celles-ci sont tranchées en feuilles de 2 mm d'épaisseur elles-mêmes découpées en tiges. Celles-ci, après séchage, sont trempées dans la paraffine. Puis l'extrémité est plongée dans un mélange de bioxyde de manganèse, de bioxyde de potassium, d'oxyde de zinc et de sulfure d'antimoine. Le frottoir porte le phosphore rouge et un abrasif pour pulvériser le bouton. Le frottement des deux éléments à l'air provoque la flamme.

DIODE

Qu'est-ce- qu'une diode ?

QUESTION POSÉE PAR :

LANDRY HELENE

Une diode est un dispositif qui ne laisse passer le courant électrique que dans un seul sens.

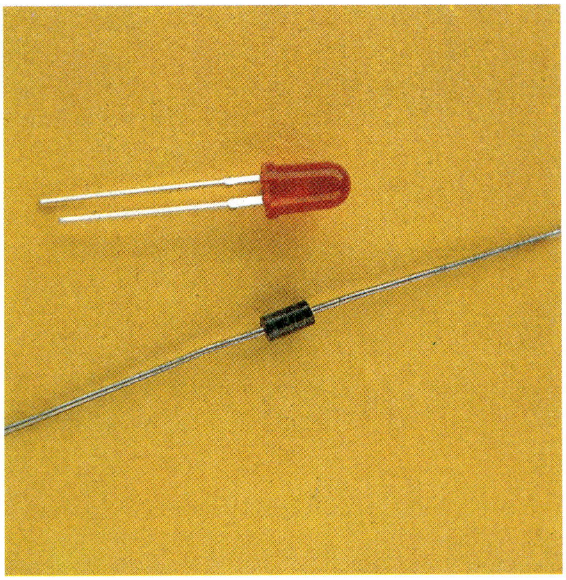

Un matériau semi-conducteur (silicium, germanium) est dopé : d'un côté, sont déposées des traces d'impuretés (arsenic, phosphore) riches en électrons (charge nagative) et sur l'autre côté, d'autres impuretés (bore, gallium) déficitaires en électrons (charge positive). Les électrons surnuméraires ont une tendance naturelle à combler les trous de la zone à charge négative (n) vers la positive (p). Une surface de jonction neutre sépare ces zones.
Si la diode a sa zone "n" reliée au pôle négatif du générateur et sa zone "p" reliée au pôle positif, le courant circulera normalement : la polarisation est directe. En cas de branchement inversé, la zone de jonction devient une barrière que les électrons ne peuvent franchir, à quelques exceptions près : ils ne circuleraient que vers le pôle positif du générateur. La diode est devenue un interrupteur ouvert. Les diodes électroluminescentes (LED) permettent, grâce à ce principe, l'affichage numérique.

ÉLECTRON

Est-ce qu'un électron tourne toujours autour du noyau ?

QUESTION POSÉE PAR :

TROUSSARD CYRIL

En général, les électrons qui gravitent autour du noyau de l'atome ne peuvent pas s'échapper à cause de la force d'attraction électrique qui les lie au noyau. Mais dans les métaux, par exemple, certains électrons - les plus éloignés du noyau - sont peu attirés par celui-ci. Ils peuvent alors sauter d'un atome à l'autre pour vagabonder dans tout le métal. On les appelle les électrons libres (il n'y en a qu'un seul sur les 29 que compte l'atome de cuivre).

Sous l'action d'un générateur, les électrons libres vont tous dans le même sens, de la borne négative vers la borne positive du générateur. Ce mouvement constitue le courant électrique.
Ces électrons peuvent être extraits du métal à condition de leur fournir un supplément d'énergie. Dans l'effet thermo-électronique utilisé dans le tube d'un téléviseur, le métal est fortement chauffé et certains électrons libres peuvent alors s'éjecter. Le tube étant sous vide, ils pourront circuler sans obstacle et être dirigés vers l'écran recouvert d'une substance fluorescente qui s'illumine à leur contact.

Le "canon à électrons" se trouve à l'arrière du tube cathodique du téléviseur.

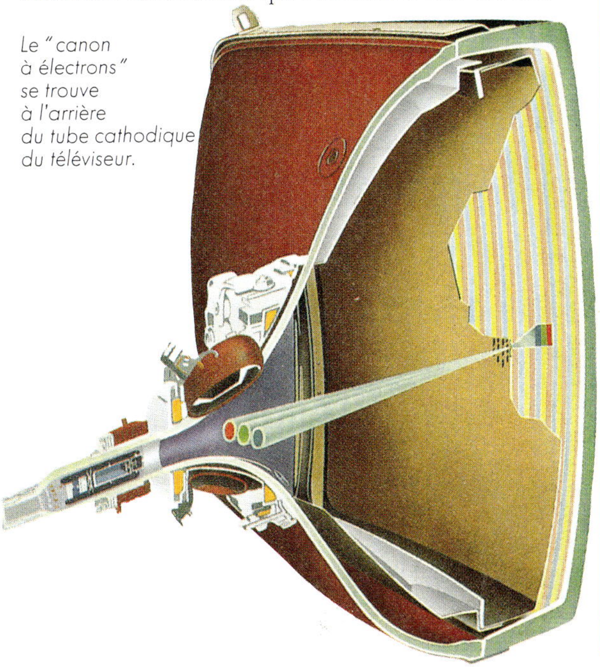

LAMPE À HUILE

Comment fonctionne une lampe à huile ?

Le principe de la lampe à huile est très ancien : une mèche imbibée d'huile supporte la flamme, tandis que par capillarité, l'huile imprègne la mèche au fur et à mesure de la combustion de l'huile.

La découverte des propriétés de l'huile dans le domaine de l'éclairage est certainement très ancienne, car on trouve des lampes à huile dans toutes les civilisations, dès la fin de la Préhistoire et durant toute la période antique. Dans la plupart des cas, la lampe à huile est composée d'un récipient (contenant l'huile) dans lequel trempe une mèche qui repose sur une sorte de bec ; ainsi la mèche brûle sans se casser. Une petite lampe à huile peut brûler pendant plusieurs semaines en consommant les gaz produits par la combustion des corps gras qui constituent l'huile.
Utilisées jusqu'au milieu du XIXe siècle, ces lampes ont connu au cours des âges de nombreux perfectionnements. En 1784, un Suisse, Aimé Argand, invente une lampe à courant d'air munie d'une cheminée de verre et d'une mèche tissée en forme de cylindre creux. Ce système a l'avantage de supprimer la fumée tout en augmentant la luminosité de la lampe.
Fort injustement, le nom de cet inventeur sera oublié, et c'est celui d'un pharmacien français de la même époque, Antoine Quinquet, qui reste attaché à ce modèle de lampe. Pourtant, Quinquet s'était contenté de perfectionner la lampe d'Argand !

Copie d'une lampe à huile datant de la Grèce antique.

RAILS

Comment pose-t-on les rails ?

QUESTION POSÉE PAR :
JEAN-PIERRE CARRÈRE

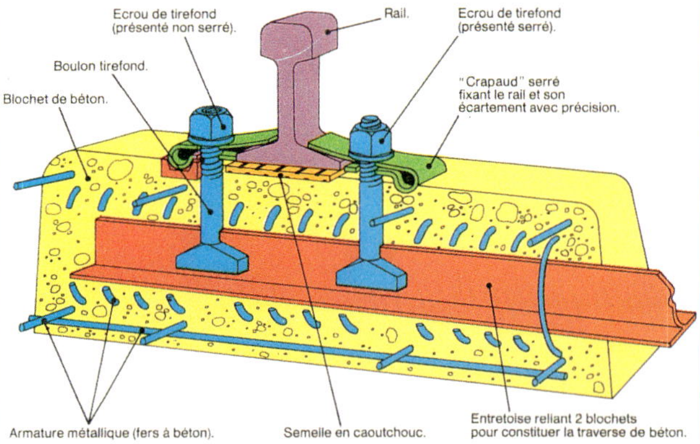

Dans la plupart des pays, l'écartement des rails est de 1,435 m. Sur une voie normale, les rails, longs de 18 à 36 m, sont joints par des pièces de métal, les éclisses, mais un espace d'environ 1 cm est laissé entre deux rails pour permettre la dilatation du métal à la chaleur.
Sur les grandes voies modernes, les rails sont assemblés par soudure en barres de plusieurs kilomètres, ce qui évite le "tac-tac" au passage de chaque éclisse. Ces barres sont fixées sur des traverses de béton très lourdes, profondément ancrées dans un lit de pierres concassées : le ballast.

La première ligne de chemin de fer française (Saint-Etienne/Andrézieux-Bouthéon (Loire) a été créée en 1827 pour le transport du charbon. C'est en 1837 que le premier chemin de fer public français conduisit des passagers, sur 21 km, de Paris à Saint-Germain.

AVION

Qu'est-ce qui permet à un avion de rester en l'air ?

Qu'un avion vole, cela semble tenir du prodige : c'est en fait le résultat d'un conflit entre quatre forces la poussée, le poids, la traînée et la portance.

Quand un avion vole, son moteur le pousse vers l'avant : c'est la poussée. Son poids l'attire vers le sol. Les turbulences de l'air et le vide qui se crée derrière lui le freinent et le tirent en arrière, c'est la traînée. La portance est la poussée de bas en haut qui se produit essentiellement sous les ailes, du fait de la vitesse et de la résistance de l'air. Donc, pour qu'un avion vole, il faut que la poussée et la portance qui le tirent vers l'avant et vers le haut soient plus fortes que le poids et la traînée qui le tirent vers l'arrière et vers le bas.
L'aile d'un avion est conçue de manière à donner le plus de portance possible pour le minimum de traînée. C'est pourquoi elle est toujours profilée. La portance dépend de la vitesse d'écoulement de l'air sous les ailes. Quand cette vitesse diminue, la portance diminue, et inversement. Le décollage n'est assuré qu'à une vitesse assez grande pour que la portance soit suffisante.

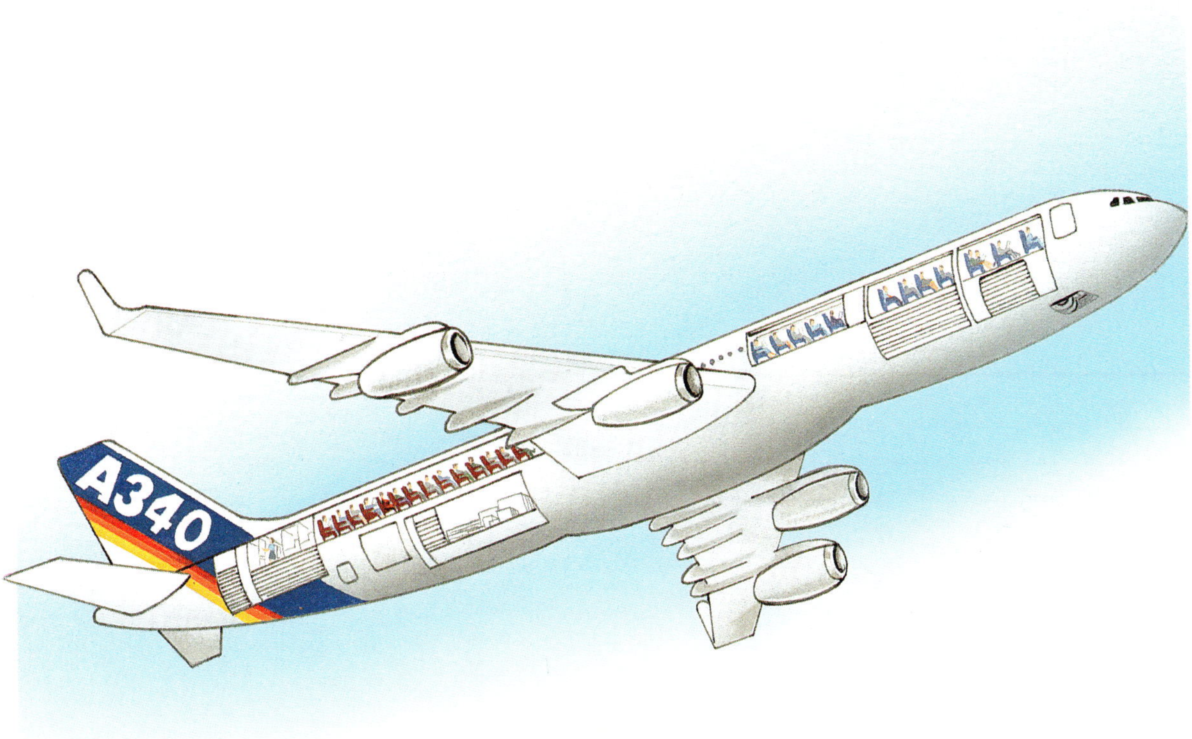

SOLEIL

Pourquoi le Soleil nous éclaire-t-il ?

QUESTION POSÉE PAR :

SANDRINE GARIN
CLAIRE STEHLY - UHRWILLER

Le Soleil est une étoile, c'est-à-dire une énorme boule de gaz (essentiellement de l'hydrogène) à l'intérieur de laquelle se produisent des réactions nucléaires. Au centre du Soleil, il se passe la même chose que dans certaines explosions nucléaires : des atomes d'hydrogène fusionnent pour produire des atomes d'hélium. Cette réaction dégage beaucoup d'énergie et la température atteint une dizaine de millions de degrés au centre de l'astre. Heureusement, la force de gravité est assez forte pour que le Soleil ne vole pas en éclats.

C'est la forte chaleur dégagée par les réactions nucléaires qui fait briller le Soleil, sa température de surface est voisine de 5 400 °C, ce qui lui donne son éclat blanc jaunâtre caractéristique.

Il brille ainsi depuis 4,6 milliards d'années et continuera encore au moins aussi longtemps à briller, avant d'avoir épuisé son énergie.

Quelle est la composition du Soleil ?

Le Soleil est une gigantesque sphère de gaz (dont le diamètre est de 1 400 000 km, soit près de 110 fois le diamètre terrestre), constituée essentiellement d'hydrogène, le gaz le plus léger et le constituant principal de l'Univers avec l'hélium (90 % des atomes de l'Univers sont de l'hydrogène et 8 % de l'hélium).

Ce gaz est en grande partie électrisé, un peu comme le gaz dans les tubes fluorescents ou dans les lampes d'éclairage des villes. Mais surtout, il est si comprimé et si chaud au coeur de l'étoile que son aspect n'a plus rien à voir avec ce qu'on entend couramment par le mot gaz. Ainsi, 1 litre de gaz au centre du Soleil contient plus de 100 kg de matière... Au centre de l'astre, la température atteint des millions de degrés. Là encore, cela échappe au sens commun tant la valeur est élevée. Mais il faut surtout retenir que cela permet à des réactions de fusion nucléaire de se produire en permanence au coeur du Soleil. Les noyaux d'hydrogène fusionnent pour former des noyaux d'hélium tout en dégageant une énergie importante. Alors pourquoi le Soleil n'explose-t-il pas ? Il y a tout simplement équilibre entre la force exercée vers l'extérieur par ces explosions et la force exercée vers l'intérieur par les couches externes pesant sur la partie centrale du fait de la gravitation. C'est d'ailleurs la force de gravitation (attraction mutuelle existant entre deux corps dans l'Univers) qui, au départ, a permis à une masse de gaz diluée dans l'espace de se ramasser progressivement sur elle-même et de se tasser jusqu'à former une boule assez dense et assez chaude pour que des réactions nucléaires aient lieu en son sein et qu'elle devienne une étoile.

Protubérances solaires.

Est-il exact que le Soleil explosera?

QUESTION POSÉE PAR :

SÉVERINE CARREAU ET BENOIT JAMET

Non le Soleil ne devrait pas exploser. Mais dans 4 à 5 milliards d'années, lorsqu'il aura épuisé son combustible (l'hydrogène, qu'il transforme en hélium par fusion nucléaire depuis déjà 4 milliards 600 millions d'années), il changera complètement d'aspect.

Le cœur du Soleil va alors ralentir son activité et se tasser sur lui-même pendant que les couches externes vont au contraire se mettre à gonfler de manière spectaculaire. Le Soleil va alors absorber Mercure puis Vénus et la Terre pour se stabiliser enfin au niveau de l'orbite de Mars. Notre astre sera alors une géante rouge, avec un diamètre 200 fois supérieur à son diamètre actuel et une température de surface de 3 500°C au lieu de 5 500°C actuellement.

Le cœur du Soleil continuera de se tasser sur lui-même sous l'effet de sa propre gravitation et sa température augmentera. Lorsqu'elle atteindra 10 millions de degrés, l'hélium se transformera en carbone par réaction nucléaire. L'allumage des réactions de fusion de l'hélium se fera de manière violente, provoquant une augmentation soudaine de l'éclat du Soleil.

Plus tard encore, lorsque le carbone lui-même aura été converti en éléments plus lourds, il y aura un ralentissement de l'activité. Le cœur se contractera une fois de plus alors que les couches externes se gonfleront, au point qu'une partie de l'enveloppe externe de notre étoile pourra être éjectée dans le processus. Puis petit à petit, faute de combustible nucléaire, le Soleil s'éteindra après un certain nombre de soubresauts, comme ceux que l'on vient de décrire, mais sans véritable explosion.

Suivant qu'elles contiennent plus ou moins de gaz que le Soleil, les étoiles ont des aspects et des destins fort différents.

HÉLICOPTÈRE

Qui inventa le premier hélicoptère ?

QUESTION POSÉE PAR :
OZGUR SELVAN

Paul Cornu et son hélicoptère en 1907.

L'hélicoptère est le seul appareil capable d'effectuer un vol stationnaire prolongé. Cela lui permet de treuiller dans la tempête l'équipage d'un navire en détresse, de transporter un blessé, de ravitailler des personnes ou des troupeaux isolés par la neige ou les inondations, d'atteindre des hauts sommets ou des plates-formes pétrolières. Son nom original provient de deux mots grecs qui signifient respectivement "spirale" et "aile".
Léonard de Vinci, au XVe siècle, avait dessiné dans ses carnets le schéma d'un appareil avec une voile en spirale tournant autour d'un axe vertical.

L'histoire de son invention est beaucoup moins connue que celle des avions. Peu de personnes savent que les chercheurs français ont beaucoup travaillé à la naissance de l'hélicoptère.
Dès le XIXe siècle, des mécaniciens et des horlogers avaient construit des modèles réduits capables de voler et avaient envisagé les problèmes du vol vertical. Le premier décollage d'un hélicoptère piloté par un homme a été réalisé par le constructeur Paul Cornu à Lisieux le 13 novembre 1907.

Son appareil, d'une masse de 260 kg avec le pilote, était pourvu d'un moteur de 24 chevaux et de deux grands rotors de 6 m de diamètre. Paul Cornu, qui pilotait son appareil en actionnant des gouvernes sous les rotors, ne contrôlait pas complètement les décollages effectués et l'on devra attendre presque 17 ans pour qu'Etienne Dehmichen réussisse le premier kilomètre en circuit fermé.

Curieusement, le même laps de temps se retrouve entre le premier vol de Clément Ader et le succès d'Henri Farman le 13 janvier 1908 : premier kilomètre en circuit fermé au-dessus du terrain d'Issy-les-Moulineaux ! La performance d'Etienne Dehmichen fut réalisée dans le Doubs, à Valentigney, le 4 mai 1924. Son appareil, d'une masse de 1 000 kg, était équipé de douze hélices, deux d'entre elles étant réservées à la propulsion horizontale. Avant de boucler son premier km, le pilote avait réussi un vol de 13 minutes et avait soulevé au-dessus du sol une charge de 200 kg ! Ce succès encouragea les efforts de beaucoup d'autres ingénieurs. Ainsi sont nées en France les Alouettes, Superfrelons, Gazelles, Pumas, Ecureuils.

FAUTEUILS VOLANTS

Quel est le premier fauteuil spatial à avoir "volé" ?

Le premier fauteuil spatial à avoir "volé" dans l'espace est le M.M.U. (Manned Manoeuvering Unit, dérivé de l'A.M.U. testé en 1973 à l'intérieur de la station orbitale Skylab). Il fut utilisé par l'astronaute Bruce Mac Candless à partir de la navette spatiale Challenger en février 1984.

Ce fauteuil se réduit à un dossier et deux accoudoirs supportant les commandes, de sorte qu'il ressemble plutôt à un sac à dos. L'astronaute se déplace en utilisant le principe de la réaction par l'émission de petis jets de gaz comprimé.

Un système de tuyauteries amène le gaz propulsif (de l'azote) contenu dans les réservoirs du dossier jusqu'aux 24 tuyères réparties sur le pourtour du M.M.U., de façon à permettre des mouvements dans tous les sens par une commande sélective de l'éjection de bouffées de gaz.

Bruce Mac Candless.

LUNE

Pourquoi y a-t-il des cratères sur la Lune ?

Les cratères lunaires sont le résultat d'un bombardement de la surface de cette planète par de gigantesques météorites et par des comètes. Leur origine n'est pas volcanique.

Grâce à son invention, la lunette astronomique, le savant italien Galilée fut le premier, au XVIe siècle, à observer la surface de la Lune. Mais c'est au XXe siècle, avec la mise au point de télescopes géants, puis grâce à l'étude directe, sur le sol de la Lune, que notre connaissance du relief lunaire a beaucoup progressé.

Les "mers" sont des plaines ondulées, de couleur grise. Les "continents", de couleur blanche les nuits de pleine lune, sont des plateaux élevés parcourus par des chaînes de montagnes. Les cratères lunaires criblent mers et continents ; ils ont été produits par le choc sur le sol de météorites plus ou moins importants : au moment de l'impact, le sol a été propulsé de manière circulaire par l'onde de choc et les roches se sont rassemblées à distance en un énorme talus, qui constitue le rempart du cirque.

JOURNAL

Comment les journaux sont-ils imprimés ?

QUESTION POSÉE PAR

JEAN SÉBASTIEN DIDIER

LE CAHIER SCIENCES DE LIBERATION DU MERCREDI

Libération

UN PROJET GOUVERNEMENTAL POUR DEFENDRE LA SANTE PUBLIQUE

TABAC ET ALCOOL AU REGIME SEC

La publicité pour les tabacs sera totalement interdite d'ici trois ans, celle pour les alcools sévèrement limitée, le prix des cigarettes augmenté de 15% dès l'année prochaine : les mesures proposées par le ministre de la Santé Claude Evin doivent être adoptées aujourd'hui par le Conseil des ministres. En prévision du débat parlementaire les «lobbies» concernés affûtent déjà leurs arguments. Lire page 2.

DES CHIENS NOURRIS HIGH TECH

QUAND DEBRAY LOUE DE GAULLE

PATRIMOINE : LA REFORME DOUCE

MANDELA A PARIS POUR MAINTENIR LES SANCTIONS

LA DEFAITE DE LECONTE

Si le principe de la transmission d'informations par l'intermédiaire d'un support en papier existe toujours, sa technique de fabrication a été bouleversée. Depuis la Renaissance, on est passé de la presse à vis où les feuilles étaient imprimées une à une, à la production "offset" gravée au laser.

Dans un journal, on trouve des articles fournis par les dépêches des agences, des correspondants locaux ou spécialisés (sport, économie ...), des annonces légales, de la publicité. Une conférence de rédaction permet de préciser l'emplacement de tous ces éléments, leur illustration (photos ou graphiques) et leur importance en lignage (nombre de lignes). Puis, les textes sont photocomposés : corrections, cadrages et mises en pages sont réalisés par visualisation directe sur un écran au moment de leur frappe puis tirés sur des supports transparents. Les films des photos et des illustrations peuvent être placés à ce stade : c'est le montage.

Cet assemblage est transféré sur une plaque offset par différents procédés : exposition à la lumière (laser ou autre) du film transparent posé sur une plaque sensible ou par diffusion électrostatique. La plaque offset est alors préparée pour être encrée sur les surfaces non exposées. Ce procédé est réutilisé pour chaque couleur fondamentale (bleu, jaune, rouge plus noir). L'association de trois plaques et donc de trois encres permet des tirages de grande qualité. Ces plaques sont posées sur les cylindres d'une rotative où le papier circule en continu entre les rouleaux d'encre et les plaques, puis le papier est coupé et plié pour devenir "journal".

ÉCLUSES

Depuis quand utilise-t-on des écluses ?

Les écluses sont des ouvrages étanches construits sur des voies d'eau pour permettre aux bateaux de franchir une dénivellation. Il en existe plusieurs types, la plus commune étant l'écluse à sas, inventée au XVIe siècle et perfectionnée par Léonard de Vinci.

Le sas est un bassin rectangulaire ayant une porte à chaque extrémité : l'une en amont (départ du courant - plus haut) ; l'autre en aval (arrivée du courant - plus bas). Les parois latérales faites en maçonnerie sont appelées "bajoyers" ou bajoues.
Elles doivent résister d'une part aux poussées du sol, d'autre part à celles de l'eau qui varient au cours du remplissage et de la vidange. Le fond, ou "radier", est en forme de voûte. Il doit s'opposer aux efforts transmis par les bajoyers et aux sous-pressions. L'écluse communique avec l'amont et l'aval par un système de portes à deux vantaux. Autrefois elles étaient en bois, aujourd'hui elles sont métalliques. Lorsqu'un bateau remonte le cours d'eau (d'aval en amont) il rentre dans le sas quand le niveau de celui-ci est le même qu'à l'aval c'est-à-dire au plus bas. Lorsque le bateau est dans le sas, la porte de l'aval étant fermée, le niveau s'élève par l'entrée de l'eau en amont.
Celle-ci passe, dans les anciennes installations, par des orifices pratiqués dans la porte appelés "ventelles". Les nouvelles écluses ont, pour leur part, des aqueducs longitudinaux qui déversent l'eau d'amont dans le sas par des orifices dits "larrons". Lorsque le niveau du sas est égalisé avec le plan amont, les portes de celui-ci sont ouvertes et le bateau poursuit sa route. Les opérations inverses sont pratiquées pour aller d'amont en aval, c'est-à-dire descendre le cours d'eau.

CHATEAU D'EAU

Qu'est-ce qu'un château d'eau ?

Un château d'eau est une construction soutenant un réservoir surélevé par rapport aux points de consommation, et qui fournit ainsi de l'eau sous pression.

Certains réservoirs sont enterrés, mais il faut qu'ils soient situés dans un lieu plus élevé que le point alimenté le plus haut, ce qui est rarement réalisable. Dans certaines conditions toutefois, un réservoir enterré alimentera un château d'eau qui, à son tour, alimentera un village ou une ville. La capacité de stockage du château représente le 1/4 ou le 1/3 de la consommation journalière. La hauteur d'eau ne doit pas dépasser 6 m. En effet, 1 m^3 d'eau pesant 1 tonne, il est assez difficile de faire supporter à ce genre de construction plus de 500 m^3 d'eau.
L'alimentation du château d'eau est assurée par la station de captage, par un réservoir intermédiaire de plus grande contenance et situé à une altitude supérieure. L'eau arrivant en pression constante est stoppée par un robinet à flotteur qui se ferme lorsque le flotteur a atteint le niveau supérieur du bassin du château d'eau (comme une chasse d'eau !). Lorsque la consommation d'eau augmente, le niveau descend ainsi que le flotteur qui, de ce fait, ouvre le robinet d'admission.
La stérilisation des eaux se fait dans le château, dans le réservoir intermédiaire ou dans une station d'épuration. Les principaux stérilisateurs sont le chlore ou l'ozone.

FUNICULAIRE

Qu'est-ce qu'un funiculaire ?

Le funiculaire est très efficace pour gravir des pentes raides. Il n'a pas de locomotive et les voitures des passagers sont tirées par un câble au moyen d'un moteur fixe. Les câbles de halage relient deux voitures qui montent et redescendent sur des rails parallèles. Une voiture monte pendant que l'autre descend, celle qui monte est tirée par un treuil puissant logé en haut de la ligne. Comme les deux voitures sont reliées entre elles, celle qui descend participe à la traction de celle qui monte, ainsi le moteur fatigue moins que s'il devait tirer à lui seul la voiture en train de monter.

On trouve souvent des funiculaires dans les régions montagneuses comme les Alpes. Il en existe aussi dans certaines grandes villes, au Havre par exemple ou à San Francisco.

Le funiculaire de Montmartre.

VÉLO DE COURSE

Quels matériaux utilise-t-on pour fabriquer un vélo de course ?

Le sport cycliste, bien que relativement récent (la toute première course date de 1868) a évolué très vite et de façon spectaculaire grâce aux perfectionnements techniques apportés aux machines.
Véritables monstres à l'origine, les vélos passent de 40 à 25 kg. Bien des progrès ont été réalisés car aujourd'hui, nos vélos de course pèsent entre 8 et 10 kg. La légèreté est primordiale. Plus le cadre est léger, meilleure est la tenue de route. D'où la recherche de matériaux ultra-légers.

Aujourd'hui, les matériaux utilisés pour la fabrication d'un vélo sont l'acier, l'aluminium, le cuir pour la selle (la selle 100 % cuir devient rarissime), le coton, la soie et le caoutchouc pour pneus et boyaux. Soie et latex sont très appréciés pour leur ultra-légèreté, mais les chambres à air en latex se dégonflent vite. Le latex est donc souvent remplacé par du butyl IIR synthétique.

L'acier utilisé pour les tubes de cadre est de plus en plus concurrencé par les composites. Il reste indispensable pour les rayons, la chaîne et les axes. On l'allie souvent au carbone, au chrome, à l'aluminium, car il est alors plus résistant.
L'aluminium, dont les qualités (légèreté, malléabilité, résistance à la corrosion) sont bien connues, est utilisé non seulement pour le pédalier, les freins, les pédales, la tige de la selle, le guidon, la jante... mais depuis peu, pour le cadre. Les tubes sont encastrés à l'intérieur des raccords et soudés avec une colle qui se solidifie à la cuisson. Un cadre ainsi conçu pèse 700 g de moins qu'un cadre en acier de 5/10 mm d'épaisseur. Mais, depuis 10 ans, c'est la fibre de carbone qui prévaut chez les fabricants de cadres. Certains l'emploient aussi pour la fourche et les raccords. L'avantage de la fibre de carbone est son extrême résistance et sa légèreté (supérieure à celle du dural, alliage d'aluminium). Un cadre en acier pèse environ 1 960 g, en dural 1 425 g et à 3 tubes en fibre de carbone 1 380 g seulement.
On l'utilise donc de plus en plus pour les roues lenticulaires des vélos de piste, les guidons et les plateaux pédaliers.

POTIERS

Comment les potiers de l'Antiquité créaient-ils leurs couleurs ?

C'est à l'aide de poudres, obtenues à partir de roches ou de métaux oxydés, et parfois même de débris végétaux, que les potiers de l'Antiquité coloraient leurs créations.

Les potiers grecs passèrent maîtres dans leur art aux alentours du VIe siècle avant Jésus-Christ et purent répandre leur production dans toutes les villes de la Méditerranée. Ayant découvert un moyen de cuire plus à fond leur argile et une méthode pour la décorer à l'aide de dessins capables de résister à l'usage, les potiers d'Athènes et de Corinthe imposèrent leur style. Tout d'abord, ils se contentèrent d'inciser et de recouvrir de poudre de plomb et de charbon de bois certaines parties du vase. A la cuisson, ces zones se détachaient alors en noir sur le fond ocre de l'argile cuite. Puis ils imaginèrent de dessiner en noir seulement le contour des personnages et de peindre les fonds en noir afin de faire ressortir la teinte lumineuse des visages. Parfois, ils utilisaient des fonds blancs à base d'oxydes d'étain.
Seuls les Crétois avaient mis au point une céramique polychrome, avec des verts et des rouges tirés d'oxydes de cuivre et de fer. Mais il fallut attendre la découverte du procédé de la glaçure à base de plomb, ou vernis (vers le Xe siècle dans l'Espagne arabe, au XIIIe siècle seulement dans le reste de l'Europe), pour obtenir des couleurs inaltérables à l'eau ou à la cuisson.

PHOTO

Comment fonctionne un appareil photo ?

QUESTION POSÉE PAR :

NICOLAS HUNAULT
SÉBASTIEN DIDIER-JEAN
TÉRENCE WILQUIN

Le principe de la chambre noire est connu depuis cinq siècles : des rayons lumineux passent par un petit orifice pour pénétrer dans une boîte étanche. Un objet extérieur placé devant cette boîte donne une image inversée, projetée sur le fond de la boîte.
Une lentille convergente placée dans le trou, assure la netteté de l'image qui peut alors être fixée sur une plaque sensible placée sur le fond d'un boîtier. C'est ce procédé qui fut employé par Nicéphore Niepce en 1826. Il avait enduit sa plaque de chlorure d'argent qui noircit à la lumière.

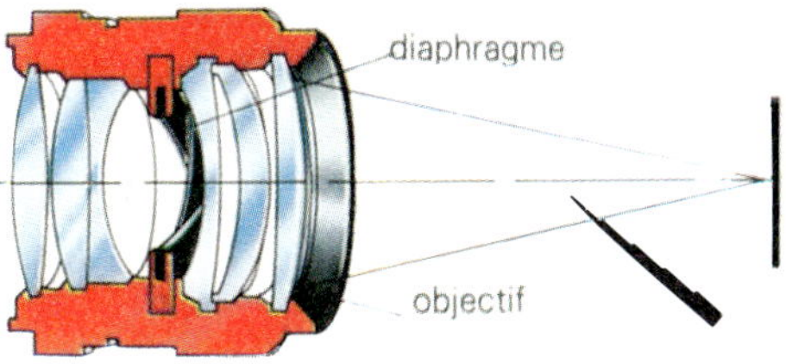

Jacques Daguerre, inventa un procédé qui permettait de développer et de fixer les images. Mais il n'obtenait ainsi que des négatifs.
C'est un savant anglais Fox Talbot qui réalisa le premier négatif sur papier dont on pouvait tirer des épreuves positives. L'appareil fut perfectionné grâce à *l'obturateur* qui s'ouvre pendant un court laps de temps pour permettre l'exposition du film à la lumière.
L'objectif à plusieurs lentilles permet par son déplacement, de faire la mise au point et de rendre l'image nette.

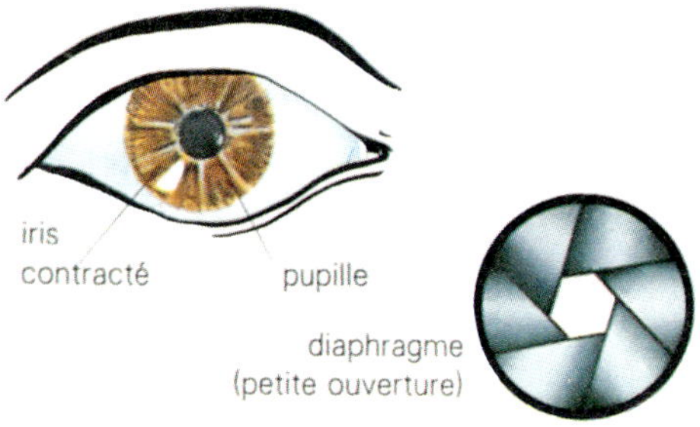

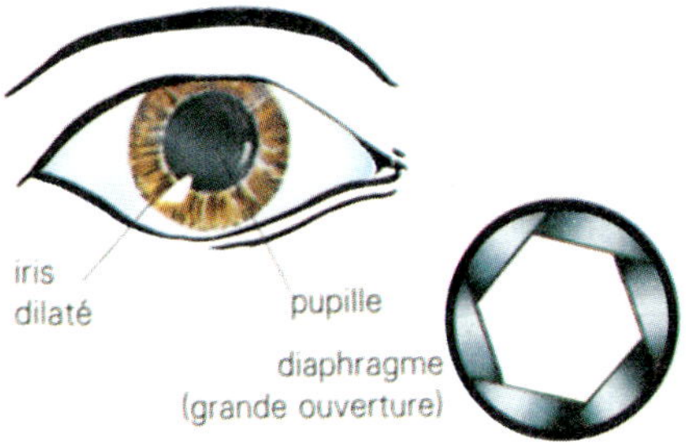

Le diaphragme agit sur la profondeur de champ et la quantité de lumière projetée lors de l'exposition de la pellicule.
Les rayons lumineux passent par l'objectif et agissent sur la portion de pellicule dévoilée le temps de l'exposition. Plus la lumière est forte, plus l'ouverture est faible (22). Plus le sujet bouge, plus la vitesse de l'obturation sera grande (1/500, 1/1 000, 1/2 000 de seconde).
Le film terminé est développé dans l'obscurité puis il est fixé : on obtient le négatif.
Pour obtenir la photo positive, il faut imprimer le négatif en le projetant sur du papier photo.

AVION

Pourquoi les avions laissent-ils des traces dans le ciel ?

La vapeur d'eau produite par les réacteurs des avions se transforme en cristaux de glace à cause du froid régnant en haute altitude et laisse une traînée dans le ciel.

La combustion du kérosène, qui sert aux avions à réaction, produit de la vapeur d'eau, qui est rejetée par les tuyères derrière l'appareil. Comme la température à 10 000 mètres d'altitude est de l'ordre de -50°C, cette vapeur d'eau est immédiatement figée en un nuage de particules de glace. Puis, peu à peu, le rayonnement solaire dégèle ces cristaux et le nuage se dissipe.
Malheureusement, une partie des gaz rejetés par les réacteurs a des effets nocifs : les oxydes d'azote et le gaz carbonique détruisent l'ozone et participent à l'effet de serre. Quant aux particules d'hydrocarbure provenant du kérosène, elles s'accumulent dans la haute atmosphère avant de retomber lentement, mêlées aux eaux de pluies.

BATTERIE

Qu'est-ce qu'une batterie ?

QUESTION POSÉE PAR :

KLAUS PETERSEN

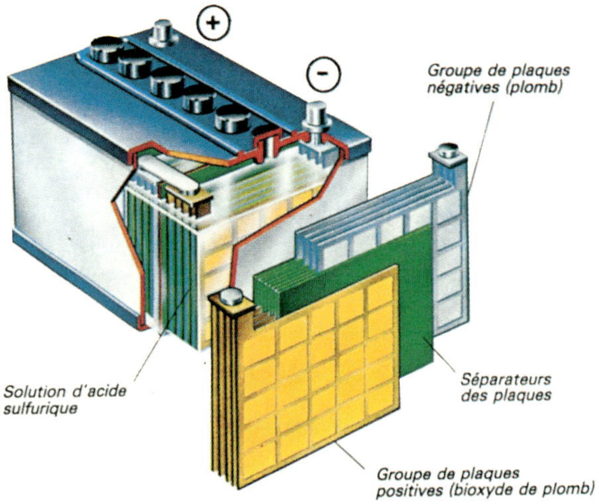

Une batterie, comme celle que l'on trouve sur une voiture pour permettre le démarrage du moteur, est un ensemble d'accumulateurs électriques.

Un accumulateur est formé, de même qu'une pile, de deux plaques de natures chimiques différentes (électrodes) séparées par un liquide conducteur appelé électrolyte. L'accumulateur est le siège de réactions chimiques qui produisent de l'énergie électrique. Son avantage est qu'il est rechargeable, c'est-à-dire que les réactions chimiques qui s'y produisent sont réversibles, contrairement à la pile qui est hors d'usage, une fois la réaction terminée.
Si l'on fait passer dans un accumulateur, grâce à un autre générateur électrique, un courant en sens inverse du courant de décharge, on oblige les réactions chimiques à se produire en sens inverse et à reconstituer les produits de départ. L'accumulateur peut donc à nouveau produire de l'énergie électrique. Ainsi dans une voiture, l'accumulateur recharge la batterie dès que le moteur tourne.
Le pouvoir d'accumuler, sous forme chimique, l'énergie qu'on lui fournit, et de la restituer, à la demande, sous forme électrique, lui a valu son nom d'accumulateur.
Le premier accumulateur, à électrodes au plomb, est dû au physicien français Gaston Planté en 1859.

SUCRE DE BETTERAVE

Qui a inventé le procédé d'extraction du sucre de la betterave ?

C'est un apothicaire allemand du nom d'Andreas Marggraf qui extrait le premier le sucre d'un jus provenant de betteraves compressées, en 1747.

Morceaux de sucre de betterave et de canne.
La couleur du sucre de canne est due à un raffinage moins poussé.

L'invention n'intéressa pas les fabricants de sucre qui, à l'époque, cultivaient d'immenses champs de canne sur les territoires des colonies d'Amérique.
C'est seulement au début du XIXe siècle que l'empereur Napoléon ordonna la construction de raffineries de sucre tiré de jus de betteraves, car, en riposte au blocus decrété contre eux, les Anglais, maîtres des mers, empêchaient la France de recevoir le sucre en provenance des Antilles. Grâce au principe, amélioré par un élève de Marggraf, Franz Karl Achard, le financier français Delessert fit construire une quarantaine d'usines sucrières qui fournirent en sucre blanc (encore de nos jours, le sucre de canne est marron) toute la France.
Malgré l'évolution des techniques, le procédé de fabrication du sucre de betterave est toujours le même. Les betteraves sont lavées puis découpées en fines lamelles appelées "cossettes", dont on extrait un jus. 100 litres de ce jus contiennent 12 à 17 kg de sucre. A partir du jus on fait un sirop qui se cristallisera pour enfin donner du sucre.

AMPOULE ÉLECTRIQUE

Qui a inventé l'ampoule électrique ?

Le savant américain Thomas Edison a le premier mis au point une ampoule électrique à filament métallique, capable d'éclairer à partir d'une énergie électrique.

Un certain nombre de chercheurs avaient, au XIXe siècle, tenté de mettre au point des lampes fonctionnant à l'électricité. Edison fut le premier à avoir l'idée d'utiliser pour le filament des matériaux très résistants. Il perfectionna d'abord la lampe à filament de carbone, puis obtint des résultats décisifs en isolant l'excitation électrique du filament dans le vide. Placé à l'intérieur d'une ampoule ne contenant plus d'oxygène, le filament ne se consumait plus. La première ampoule électrique à filament métallique est donc bien l'œuvre d'Edison, savant autodidacte qui, après avoir quitté l'école à 13 ans, mit au service de la recherche ses talents d'ingénieur et de commerçant. Ses plus grandes réussites, mis à part la lampe à incandescence, sont le phonographe et la pile à accumulation à base de fer-nickel.

MACHINE À ECRIRE

De quand datent les premières machines à écrire ?

On ignore quel est le véritable inventeur de la machine à écrire. Dès le début du XIXe siècle, de nombreux appareils ont été imaginés, destinés notamment aux aveugles. Les premiers brevets concernant des machines à écrire ont été déposés aux Etats-Unis par James Deusmore et Christophe Latham Sholes entre 1868 et 1873. La mise au point définitive date du début du XXe siècle.

L'idée de frapper le papier à l'aide de lettres fixées chacune à un levier lui-même relié à une touche est donc déjà ancienne. Les inventions de Deusmore et Sholes furent exploitées par la firme Remington, qui eut pendant longtemps une quasi-exclusivité sur ce type de machine. En raison de leur poids et de leur encombrement, ces machines furent cependant longtemps impossibles à transporter (20 kg pour une Remington des années 1930). L'invention de principes nouveaux, comme la marguerite, la boule (les lettres sont réunies sur un disque ou sur une sphère) et l'entraînement électrique, a nettement amélioré le dispositif. Les machines modernes sont bien plus légères et performantes.

AIR

Quelle est la composition de l'air ?

QUESTION POSÉE PAR :
CÉLINE MARTINEZ

Le chimiste français Lavoisier fut le premier à étudier la composition de l'air. Il montra, dès 1775, que l'air est formé principalement de deux gaz : l'oxygène qui permet les combustions et la respiration, l'azote qui ne permet ni l'un ni l'autre. On sait maintenant qu'il contient aussi, en faibles quantités, du dioxyde de carbone (gaz carbonique), de l'hydrogène et des gaz appelés gaz rares ou gaz inertes en raison de leurs faibles réactivités chimiques : argon, néon, hélium, krypton, xénon et radon.

Cent litres d'air contiennent environ : 78 litres d'azote, 21 litres d'oxygène, 0,9 litre d'argon et 0,03 litre de gaz carbonique pour les plus abondants.
On trouve aussi un peu d'ozone dont la concentration atteint son maximum à une altitude d'une trentaine de kilomètres. C'est la fameuse couche d'ozone dont la détérioration provoque tant d'inquiétudes.
Dans la basse atmosphère, l'air est, de plus, mélangé à de la vapeur d'eau (en quantité très variable selon la température et les régions qu'il a traversées), du gaz ammoniac, du gaz sulfureux, des hydrocarbures... On y trouve aussi des poussières inertes et des micro-organismes.

Antoine Laurent de Lavoisier, chimiste français du XVIIIe siècle

SCAPHANDRE

Qui inventa le premier scaphandre ?

Un homme ne peut plonger longtemps et profondément s'il ne dispose d'accessoires nécessaires à sa survie. A 2 m, il est impossible de respirer à l'aide d'un tuyau relié directement à la surface de l'eau, la pression du liquide est trop forte. Pour respirer sous l'eau, la pression de l'air doit être sensiblement voisine de celle subie par le corps du plongeur.

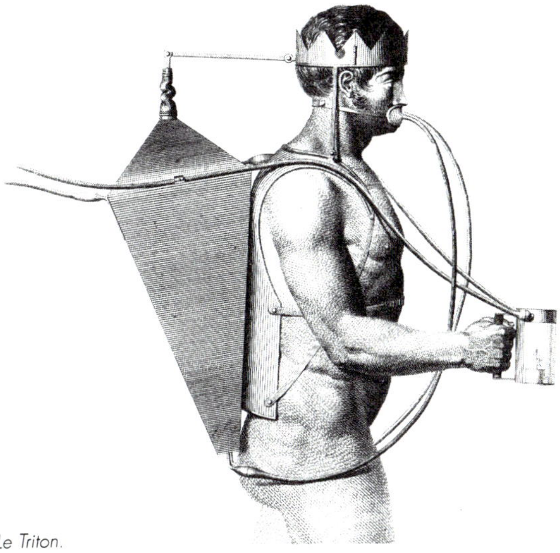

Le Triton.

C'est en complétant le casque inventé par Borelli en 1680 en y ajoutant une pompe pneumatique de surface, que l'Anglais Siebe crée le scaphandre en 1839. Le casque, lesté, était posé sur les épaules du plongeur. Une pompe à bras actionnée par une personne qui se trouvait sur un bateau ou un ponton permettait l'envoi d'air sous pression. L'air utilisé ressortait librement.

En 1857, le Français Cabirol imagine la combinaison de caoutchouc. L'équipement se composait donc de cette combinaison imperméable, de souliers lestés et d'un casque en cuivre, en forme de sphère, évasé en bas pour s'appliquer sur les épaules. Il était muni de quatre glaces. Celle du milieu, circulaire était munie d'une armature à vis et pouvait se démonter à volonté. Le tuyau d'arrivée d'air se trouvait à l'arrière du casque.
En 1865, Rouquayrol et Denayrouze mettent au point le scaphandre autonome. Tout lien avec la surface est supprimé grâce à un réservoir régulateur automatique qui fait varier la pression de l'air respiré en fonction de la profondeur. Grâce aux travaux des commandants Prieur et Cousteau, les tenues des plongeurs autonomes se sont considérablement perfectionnées : cagoule (obligatoire), pantalon, veste, gants en textile étanche et isotherme, circuit chauffant intégré. Une ceinture de lest largable facilite la descente et une paire de palmes assure la mobilité. La respiration est possible grâce à une ou deux bouteilles de 1,5 à 6,8 litres reliées à un embout buccal.
A partir de - 40 m, l'air comprimé devient dangereux. L'azote qu'il contient est remplacé par l'hélium. Au-delà de -150 m, les robots doivent remplacer l'homme à cause de l'obscurité et de la pression.

FLAMME

Pourquoi une flamme s'éteint-elle dans une boîte fermée ?

QUESTION POSÉE PAR :

MATHIEU BARRIÈRE

Une flamme est produite par la combustion d'un gaz, car il faut qu'un corps se vaporise avant de brûler (par exemple pour la bougie, c'est la vapeur de la bougie qui brûle). Cette combustion est une réaction chimique entre deux corps : le combustible (ici la bougie) et le comburant (l'oxygène contenu dans l'air). La réaction fait disparaître du combustible, cela est bien visible (la bougie diminue), mais aussi du comburant pour fabriquer de nouveaux corps (ici de l'eau et du dioxyde de carbone).

Quand une combustion s'arrête d'elle-même, c'est que l'un des deux corps (combustible et comburant) est épuisé. Dans une boîte fermée, en général, la quantité d' oxygène emprisonnée est trop faible pour permettre au combustible de brûler entièrement et la flamme s'éteint. La combustion s'arrête dès que tout l'oxygène emprisonné a été transformé. C'est pourquoi pour faire prendre un feu, on souffle dessus: on le nourrit en oxygène.

La flamme, visible à l'oeil nu, est en fait constituée essentiellement de gaz. Si elle brille et prend ces teintes jaune-orangé, c'est parce que dans ce gaz circulent de petites poussières incandescentes. La flamme semble aller vers le haut car son gaz chaud est beaucoup plus léger que l'air froid environnant et par conséquent "monte".

AÉROSOLS

Pourquoi les bombes aérosols sont-elles dangereuses ?

QUESTION POSÉE PAR :

CYRIL BARRIAL

Depuis de nombreuses années, l'usage des bombes aérosols s'est considérablement multiplié. D'innombrables produits sont présentés ainsi : peintures, déodorants, insecticides, cires, laques, pesticides, produits pharmaceutiques... Les liquides enfermés dans une bombe métallique sortent en jet de fines gouttelettes pulvérisées grâce à l'action d'un gaz compressé (un liquide sous pression). Mais les gaz contenus dans ces bombes ne sont pas inoffensifs ! Il s'agit d'azote, de dioxyde de carbone, d'hydrocarbures ou de chlorofluorocarbures, ces fameux CFC qui détruisent la couche d'ozone.

L'utilisation des CFC dans les bombes a heureusement été réduite de 30 % en 1981 et interdite aux Etats-Unis. En 1987, 40 pays (dont la France), réunis à Montréal, ont signé un protocole par lequel ils se sont engagés à réduire progressivement leur production de CFC. On peut espérer que d'ici la fin du siècle, cette production aura atteint le point zéro. On trouve maintenant des bombes aérosols non dangereuses portant le sigle "Préserve la couche d'ozone". Il faut absolument encourager les industriels dans ce sens.

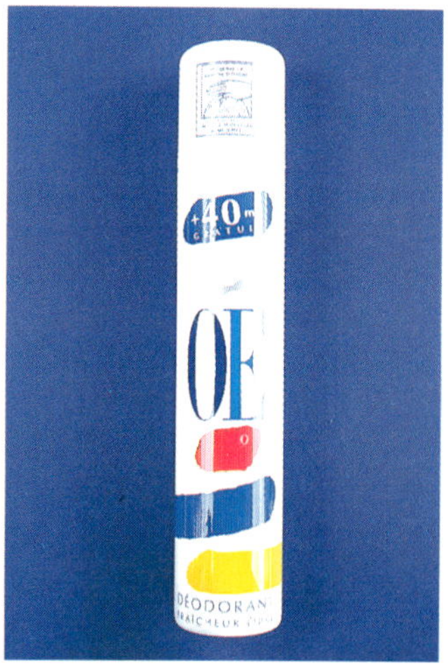

OMNIMAX

Qu'est-ce que le procédé Omnimax ?

Omnimax est le nom d'un système optique capable d'enregistrer sur un film de grand format des images prises selon un angle ultra panoramique de 180°, puis de les projeter sur un écran hémisphérique selon un angle équivalent.

On peut admirer les réalisations tournées en système Omnimax à la Géode, à Paris : c'est une salle de cinéma sphérique dans laquelle sont projetés des films sur écran très large, supérieur au champ de vision humain. L'impression d'être au centre de la scène projetée est totale, et l'absence de déformation de l'image, accompagnée par une bande son diffusée sur six canaux, accentue le caractère spectaculaire des films Omnimax.

Les sièges de la Géode sont disposés en pente raide face à l'écran, le spectateur étant placé en position légèrement couchée. Les scènes de vol, les images panoramiques, les chutes dans le vide et les paysages aquatiques sont particulièrement saisissants.

Techniquement, le procédé Omnimax complète l'ancien Imax, qui équipe d'autres cinémas panoramiques dans le monde. L'innovation consiste à projeter sur un écran *sphérique* de 1 000 m^2 une image de format Imax, développée sur un film de format 70 mm (celui du cinémascope mais trois fois plus haut) grâce à un objectif ultra grand angulaire (le *fish eye*). Les bobines du film sont si lourdes qu'elles se déroulent à plat, de part et d'autre d'un projecteur équipé de lampes si puissantes qu'elles sont refroidies par un système hydraulique...

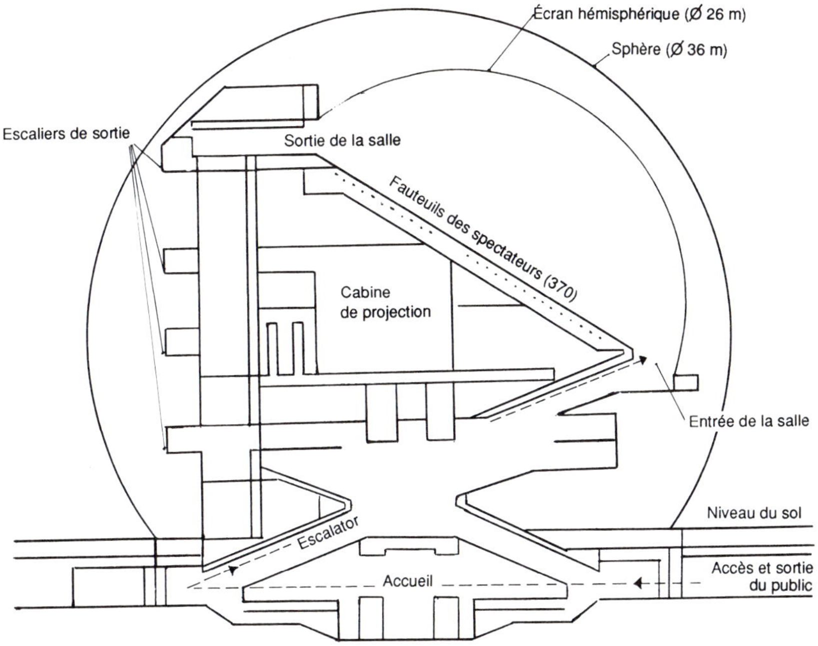

Coupe nord-sud simplifiée de la Géode du parc de La Villette à Paris.

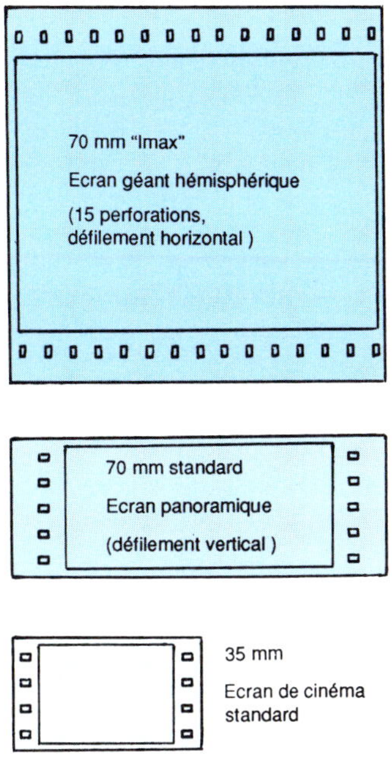

Comparaison, du format Imax utilisé à la Géode et des formats utilisés dans les salles de cinéma conventionnelles.

BÉTON

Comment fabrique-t-on du béton ?

QUESTION POSÉE PAR :

AMOURETTE LAÉTITIA

Ce mélange est la base de toute construction contemporaine durable : piliers de clôture, pylônes, barrages, ponts, immeubles (poutres, parois), digues, plates-formes de forage...

Le béton est un mélange de sable et de gravier ou de petites pierres concassées liés par un ciment qui durcit à l'eau. Les proportions ciment-eau et ciment-cailloux jouent un grand rôle dans la résistance de l'ensemble.
Le malaxage dans une toupie ou une bétonnière doit être fait de façon à éviter des "grumeaux" et le coffrage doit se faire sans poche d'air. Pour les grandes quantités, on utilise des sondes vibrantes : elles améliorent la prise.
Le béton ne doit pas sécher trop rapidement, sinon il devient cassant. La présence en son coeur de barres d'acier torsadées en fait un béton armé, aux qualités de résistance améliorées.

MÉTÉORITES

Les météorites peuvent-ils nous tomber sur la tête ?

Si l'on considère 1 km2 donné à la surface du globe, le calcul montre qu'il tombe, en moyenne, seulement un météorite de plus de 500 g pour 1 million d'années. Au vu du chiffre ci-dessus, le risque est bien mince. Pourtant on connaît un cas précis. A Milan, au XVIIe siècle, un frère franciscain fut tué par un météorite qui lui sectionna l'artère fémorale et s'arrêta contre son fémur. Le météorite (d'environ 4 cm sur 5) a été perdu au milieu de XVIIIe siècle, mais sa description, accompagnée d'un dessin en couleurs, est toujours à la bibliothèque Ambrosienne de Milan (le dessin est daté de 1664, l'événement doit être légèrement antérieur à cette date).

Le 8 novembre 1982, à Wethersfield, dans le Connecticut (Etats-Unis), un couple regardait la télévision lorsqu'un météorite de 2,700 kg traversa le toit de la maison et le plafond de la salle à manger, rebondit sur le plancher et remonta frapper le plafond... C'est dire la violence de l'impact et la chance qu'a eue ce couple d'être dans la pièce à côté ! Un météorite avait déjà endommagé le toit d'une maison à 3 km de là, le 8 avril 1971, mais il n'y a aucun lien entre les deux événements. Un autre cas spectaculaire s'est produit le 10 décembre 1984 à Statesboro, en Géorgie (Etats-Unis) où un météorite de 1,5 kg est tombé sur une boîte aux lettres.

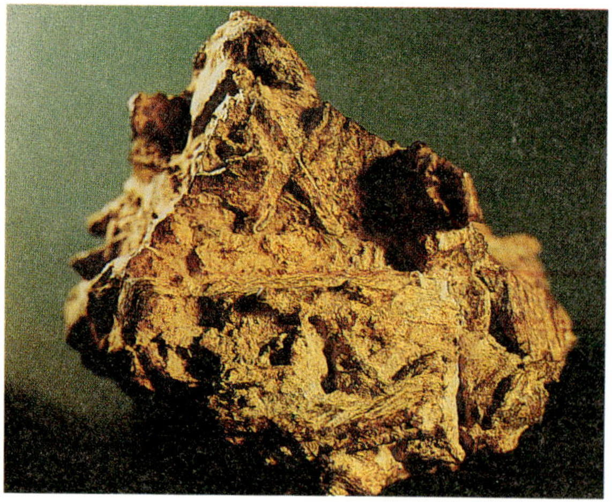

T.G.V.

A quelle vitesse le T.G.V. roule-t-il ?

"A 15 h 41, le 26 février 1981, à Moulins-en-Tonnerrois, massés sur un pont, les journalistes voient passer une flèche orange. Un bruissement d'air froissé. Le temps de tourner la tête, le T.G.V. 16 est déjà loin. Il vient de porter à 380 km/h le record du monde de vitesse ferroviaire." Cet article paru dans "la Vie du Rail" en mars 81 relate les exploits du Train à Grande Vitesse, inauguré le 22 septembre 1981 par François Mitterrand. Plus récemment, en mai 1990, le T.G.V. a atteint la vitesse de 513,3 km/h lors d'un essai expérimental...

Après le Tokaïdo, le train le plus rapide du monde en 1972, après l'A.T.P. britannique qui lui succéda en 1980, le T.G.V. a pris la place d'honneur pour le transport rapide des voyageurs. Il est tracté par deux motrices électriques alimentées par caténaires. Son architecture est originale : motrice de faible encombrement à l'allure profilée (au bon coefficient de pénétration dans l'air) et au centre de gravité abaissé, rame articulée.

Dans ce train, la technique de pointe s'allie également au confort. Un fourgon spécial accueille en effet valises, colis encombrants, bicyclettes... Vous pouvez vous glisser sans effort dans un fauteuil confortable, au dossier inclinable. Personne ne se trouve sur les roues, situées entre les remorques (ce qui est un gros avantage par rapport aux trains traditionnels !). Le T.G.V. est très stable malgré sa vitesse.

Ce train est une grande réussite, et la SNCF n'a pas l'intention de s'arrêter là. Le T.G.V. Atlantique est déjà en service, le T.G.V. Nord vers Bruxelles et Londres est prévu pour 1993. Il mettra Lille à 1 heure de Paris, Bruxelles à 1 h 20, Londres et Amsterdam à 3 heures...

Le T.G.V. a détrôné l'avion sur un nombre de lignes intérieures françaises : il a l'avantage d'emmener les voyageurs directement au cœur des villes.

LA RECHERCHE

Comment fonctionne un laboratoire de recherche ?

QUESTION POSÉE PAR :
KATHY WERNER

Jusqu'au début du XXe siècle, la recherche scientifique n'était pas un métier. Les savants qui se consacraient à leur travaux avaient une fortune personnelle ou étaient aidés financièrement par des mécènes.
Depuis le début du XXe siècle, des organismes ont été créés par l'Etat pour développer la recherche scientifique dans de multiples domaines.
Le C.N.R.S. (Centre national de la recherche scientifique) créé en 1939, regroupe 7 500 chercheurs.
L'I.N.R.A. (Institut national pour la recherche agronomique) s'intéresse à tout ce qui concerne l'agriculture et l'élevage.
L'I.N.S.E.R.M. (Institut national pour la santé et la recherche médicale) regroupe les recherches médicales et pharmaceutiques.
Le C.E.A. (Commissariat à l'énergie atomique) est le deuxième organisme de recherche fondamentale avec des filiales à vocation à la fois technique et industrielle.
Les résultats obtenus dans les différents domaines sont divulgués dans les revues spécialisées et dans les congrès scientifiques.

Un bon laboratoire, c'est une équipe dynamique, un directeur "reconnu" par la communauté scientifique, un encadrement pédagogique assuré, des thèses de recherche en rapport avec les préoccupations de notre société (énergie, productivité, santé...).
La recherche n'est concevable qu'en travail d'équipe. Elle résulte d'une collaboration entre spécialistes de niveaux différents et de disciplines multiples.
Un "patron" de laboratoire est un animateur pour son équipe. Le temps des chercheurs solitaires est révolu, dans 90 % des cas, le travail en équipe est la règle, à cause de la complexité croissante des sciences.

Quelles doivent être les qualités du chercheur ?

Désir de comprendre, plaisir d'inventer, angoisse de ne pas trouver, incertitude sur sa compétence, sont le quotidien du chercheur ! Théoricien, expérimentaliste ou homme de terrain, ils ont tous le même besoin : trouver. Un chercheur sait qu'il a encore à apprendre, qu'il existe toujours quelque chose à découvrir. Il doit rester critique par rapport aux travaux des autres. Il doit faire preuve d'imagination et d'initiative pour inventer des expériences plus concluantes. Il doit faire preuve de ténacité et d'esprit de collaboration.
En bref, curiosité, passion, ténacité, imagination et esprit d'équipe sont des qualités indispensables aux chercheurs modernes, qu'ils travaillent dans des laboratoires publics ou privés.

Comment devient-on chercheur ?

Pour devenir chercheur, de longues études sont nécessaires. L'accès à l'emploi dans l'industrie dépend des filières choisies : les jeunes sortant des "grandes écoles" (Normale Sup, Polytechnique) sont les préférés des industriels ; les ingénieurs sortant des écoles moins cotées, valorisent leur diplôme en passant un D.E.A. (Diplôme d'Etudes Approfondies) après un an de troisième cycle. Quant à ceux qui ont suivi la filière universitaire, ils ont du mal à soutenir la concurrence par rapport aux ingénieurs, et pour eux le troisième cycle s'impose.
Une bonne connaissance de l'anglais (langue utilisée dans toutes les publications scientifiques) et de l'informatique (outil de traitement de l'information) sont nécessaires. Enfin, le choix du laboratoire est essentiel.

Qu'est-ce que la recherche fondamentale et la recherche appliquée ?

- La recherche fondamentale ne se préoccupe pas des applications immédiates. Dans un secteur de recherche fondamentale, on ne fabrique rien et on n'a rien à vendre. La recherche fondamentale fait progresser les connaissances au service de tous. Elle prépare le terrain aux recherches appliquées.
- La recherche appliquée est financée par l'industrie. Comme son nom l'indique, elle essaie de mettre en pratique les découvertes de la recherche fondamentale.

Toutes les grandes industries de pointe consacrent un budget important à la recherche dans l'espoir de découvrir de nouveaux produits ou des procédés mieux adaptés. Un brevet est alors déposé pour que d'autres chercheurs ne copient pas cette nouvelle invention. La recherche industrielle se fait au sein d'une équipe, mais les résultats restent secrets car il ne faut pas dévoiler ses découvertes aux entreprises concurrentes.

Corbeville, Laboratoire Central de recherches Thomson.

Illustration extraite de "La Légende des Siècles" de Victor Hugo.

Le "Norge", dirigeable d'Amundsen.

Combat aérien durant la Grande Guerre. Un avion allemand vient d'abattre une "saucisse" d'observation.

DIRIGEABLES

Comment fonctionnaient les dirigeables ?

Les dirigeables sont des *aérostats*, c'est-à-dire des appareils qui se meuvent dans l'air grâce à l'emploi d'un gaz plus léger que l'air. C'est le cas également des ballons mais eux par contre n'ont pas de moteur. Le premier dirigeable s'est élevé dans les airs en septembre 1852, avec à son bord le Français Henri Giffard. Le ballon était alors rempli de gaz de houille. Sa forme allongée, qui était due uniquement à la pression des gaz, lui assurait une bonne stabilité. Plus tard, on se mit à construire des dirigeables à des fins militaires. Ceux-ci étaient gonflés à l'hydrogène.

C'est ainsi que furent construits, en Allemagne, les dirigeables "Zeppelin" qui servirent pendant la Première Guerre mondiale à bombarder et à surveiller les territoires ennemis. Ces engins, conçus par le comte Ferdinand de Zeppelin avaient eux une armature rigide en bois ou en métal. Ils mesuraient entre 128 et 245 m de long.
En 1928, le *Graf Zeppelin* fut le premier dirigeable à traverser l'Atlantique et c'est ainsi que ces impressionnants ballons devinrent un moyen de transport pour les passagers. En 1932, un accord fut passé avec la Lufthansa pour que des traversées régulières de l'Atlantique aient lieu avec des passagers à bord. C'est ainsi que le *Graf Zeppelin* puis le *Hindenburg*, qui prit son relais, transportèrent au total plus de 15 000 passagers dans le plus grand confort. L'inconvénient majeur de ces engins était qu'ils étaient gonflés à l'hydrogène, gaz très inflammable. Les risques d'incendie étaient par conséquent importants. C'est ainsi que le *Hindenburg*, le plus grand dirigeable jamais construit, s'enflamma au-dessus du sol américain et s'écrasa dans le New Jersey. Certains passagers réussirent à s'en sortir indemnes, mais il y eut 36 victimes.
Progressivement, on cessa d'exploiter les dirigeables comme moyen de transport et désormais, ceux que nous pouvons voir parfois dans le ciel, de bien moindre dimension, ne servent que de support publicitaire.

PILE ÉLECTRIQUE

Qui a inventé la pile électrique ?

Le premier générateur de courant continu à partir d'énergie chimique fut mis au point à la fin du XVIIIe siècle par l'Italien Volta.

Volta plongea dans un liquide acide une barre de zinc et une barre de cuivre. Il obtint un dégagement de courant continu en mettant en circuit le pôle positif et le pôle négatif. Son invention prit le nom de "pile" parce qu'elle était constituée à l'origine d'un empilement de disques de zinc, de draps humidifiés et de cuivre.
Alessandro Volta mit aussi en évidence la possibilité de transformer en courant électrique une réaction chimique grâce à des déplacements d'électrons entre des métaux baignant dans un électrolyte, l'acide sulfurique.
Aujourd'hui, les métaux utilisés sont le fer, le nickel et plus encore le cadmium, le mercure, le lithium. La plupart des piles modernes sont dangereuses pour l'environnement. Il ne faut pas les jeter à la poubelle mais les apporter dans une déchetterie où elles seront gratuitement recyclées.

MARS

Pourquoi Mars est-elle appelée la planète rouge ?

Depuis des millénaires, l'homme a remarqué cette planète à éclat orangé. Dès qu'elle est un peu basse sur l'horizon, l'absorption de sa lumière par l'atmosphère terrestre accentue la couleur de cette planète qui mérite alors bien son surnom de planète rouge.

C'est cette couleur évoquant le sang qui a valu à la planète d'être baptisée du nom de Mars, dieu de la guerre chez les Romains. Cette teinte vient tout simplement de l'oxyde de fer qui est présent en grande quantité dans le sol de Mars et lui donne sa coloration rouille.

L'analyse du sol de Mars faite par les sondes Viking qui se sont posées à la surface de la planète en 1976 a confirmé la prédominance de l'oxyde de fer.
Ces mêmes sondes ont pris de magnifiques photos de couchers de soleil sur Mars, avec un beau ciel orangé du fait de la présence dans l'atmosphère de fines poussières en suspension colorées par l'oxyde fer.
Cette atmosphère, essentiellement composée de gaz carbonique, d'azote et d'argon, n'est pas aussi "infernale" que celle de Vénus. Et on a pu établir qu'autrefois il y avait eu de l'eau à la surface de la planète.

CONSTELLATION

Comment peut-on reconnaître une constellation ?

QUESTION POSÉE PAR :
SANDRA TERROITIN

On a pris l'habitude de repérer les étoiles grâce aux figures plus ou moins régulières qu'elles dessinent dans le ciel, ce sont les constellations. Bien entendu, il ne s'agit que d'un regroupement apparent car bien souvent les étoiles d'une même constellation sont à des distances très différentes de nous. Elles apparaissent effectivement dans une même région du ciel mais notre œil n'a pas la perception de la profondeur (un peu comme si elles étaient peintes sur une grande voûte).
Pour repérer les constellations dans le ciel, il est indispensable de disposer d'une carte du ciel. Encore faut-il arriver à la lire, ce qui n'est pas si simple car le ciel semble tourner du fait de la rotation de la Terre sous nos pieds. Heureusement, il y a une étoile presque fixe qui est l'Etoile polaire. Par chance, elle se trouve pratiquement à l'endroit du ciel où se projette l'axe de rotation terrestre. Par conséquent, l'ensemble des étoiles semblent tourner autour de l'Etoile polaire qui constitue un excellent point de repère.

A partir de cette étoile se dessine la constellation de la Petite Ourse qui a une forme caractéristique de casserole.
Deux autres constellations remarquables se trouvent dans cette région du ciel (vers le nord) et restent de ce fait visibles toute l'année. Il s'agit de la constellation de la Grande Ourse (qui a elle aussi une forme de casserole mais est plus brillante et plus étendue que la Petite Ourse) et de la constellation de Cassiopée (qui dessine la lettre W dans le ciel) .
A partir de là et de proche en proche, on peut identifier toutes les constellations en les repérant sur une carte.
La plupart des constellations tirent leur nom de personnages de la mythologie, comme Hercule, Orion, Céphée, Persée, etc.

Été

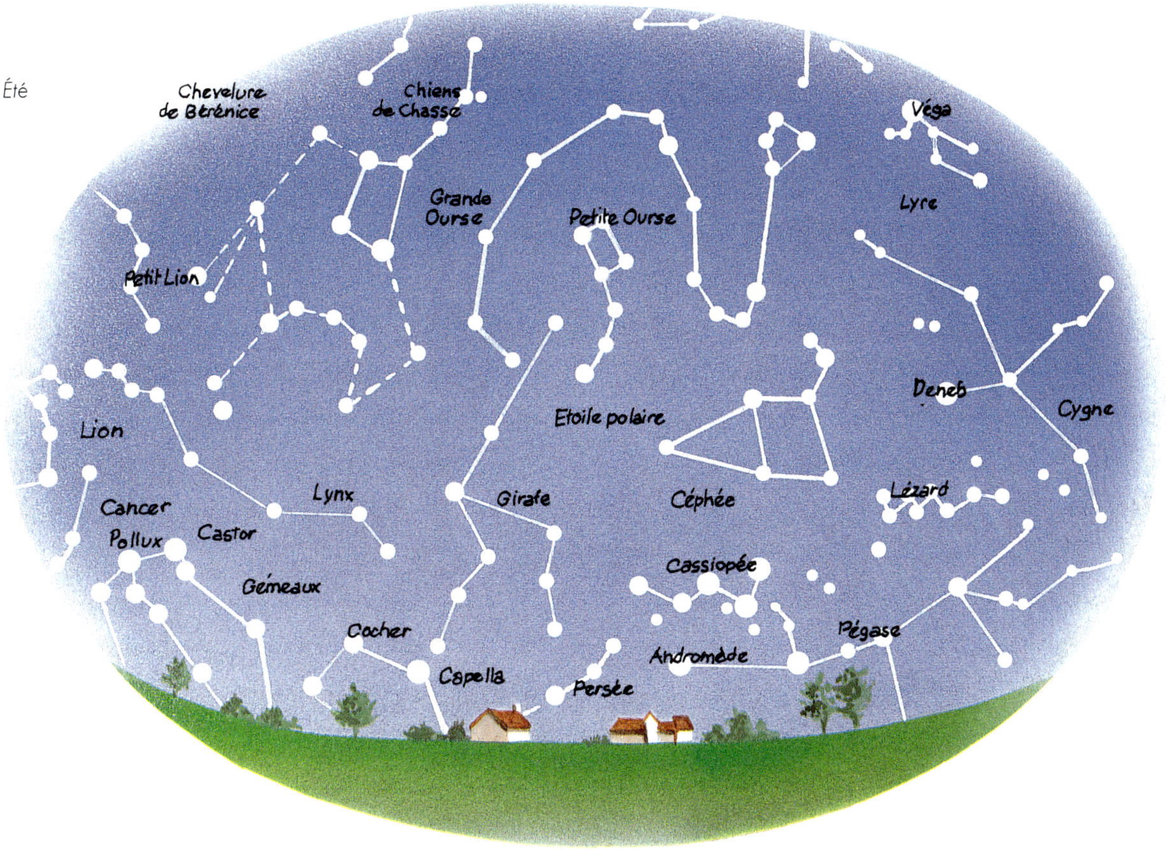
Chevelure de Bérénice
Chiens de Chasse
Véga
Grande Ourse
Petite Ourse
Lyre
Petit Lion
Deneb
Cygne
Lion
Etoile polaire
Céphée
Lézard
Cancer
Lynx
Girafe
Pollux
Castor
Cassiopée
Gémeaux
Cocher
Pégase
Andromède
Capella
Persée

Hiver

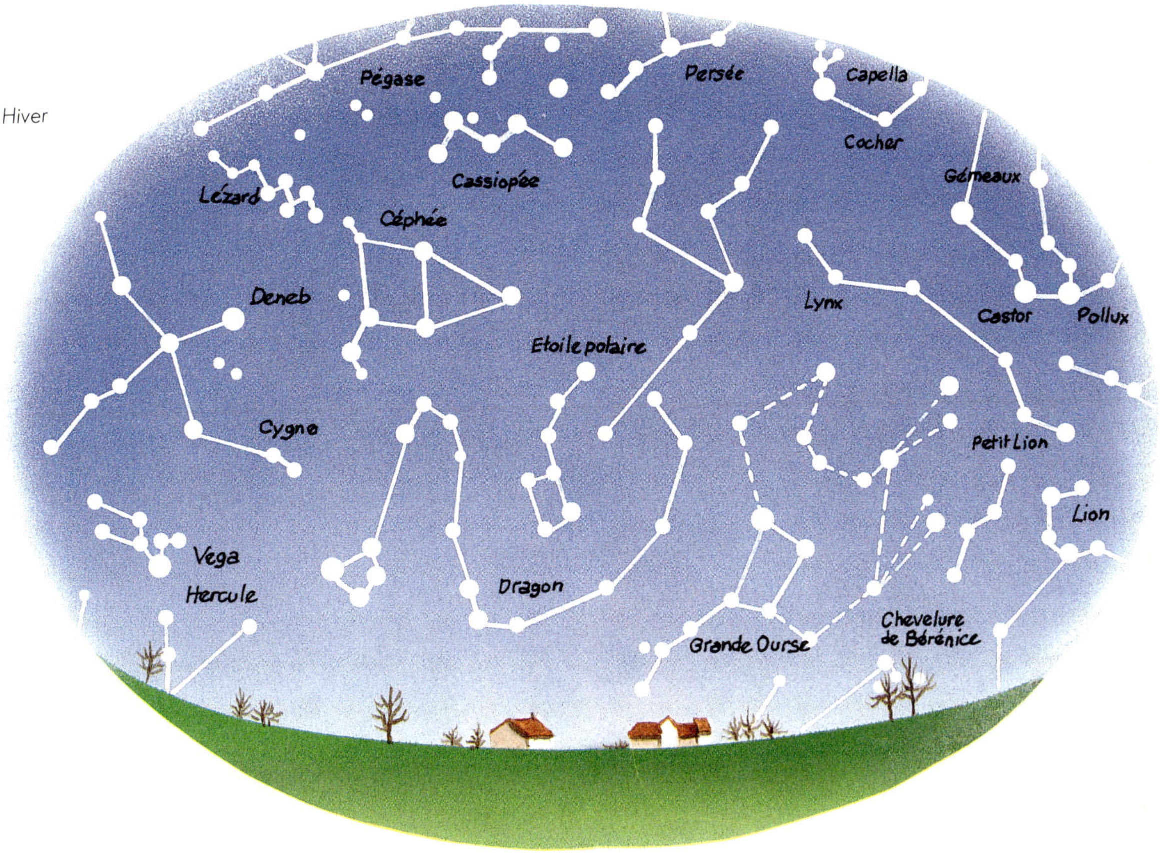
Pégase
Persée
Capella
Cocher
Cassiopée
Gémeaux
Lézard
Céphée
Deneb
Lynx
Castor
Pollux
Etoile polaire
Cygne
Petit Lion
Lion
Vega
Hercule
Dragon
Chevelure de Bérénice
Grande Ourse

PÉRISCOPE

Comment fonctionne un périscope ?

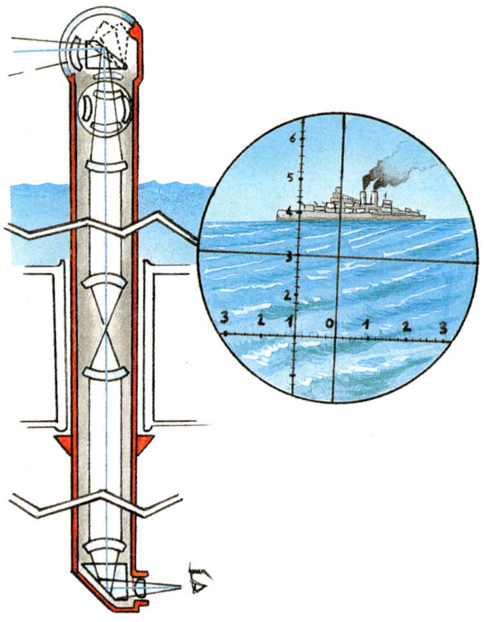

Le périscope permet de regarder dans l'axe de son choix sans être vu (tranchée, sous-marin), d'éviter des manoeuvres délicates (rétroviseur de semi-remorques) ou d'observer des lieux inaccessibles ou dangereux en détournant l'image qu'il envoie grâce à des miroirs parallèles ou à des prismes.

Si le périscope est court, deux miroirs aux extrémités ouvertes d'un tube suffisent : l'un est placé de biais (à 45° par rapport au sol) et reçoit une image qu'il réfléchit vers un deuxième miroir qui lui est parallèle et situé à l'autre bout du tube. L'observateur voit sans grossissement ce que le miroir reçoit. Si le périscope dépasse de 1 m, l'écart entre les miroirs est tel que le deuxième ne permet plus qu'une vision réduite de ce qui est perceptible directement.
Dans un sous-marin, sa longueur peut être de 15 m. De plus, le périscope est télescopique et panoramique. Un prisme tournant à l'entrée permet une observation sur 360° et un jeu complet de lentilles formant l'objectif redresse l'image, adaptant leur position pour compenser la perte de lumière et de largeur de champ.

SYNTHÉTISEUR

Comment fonctionne un synthétiseur ?

QUESTION POSÉE PAR :

ÉRIC PERRIN

Le synthétiseur est un appareil électro-acoustique capable de transformer et de faire la synthèse d'éléments sonores (voix, motifs musicaux, bruits...) à partir de leurs constituants. Autrement dit, il recrée les sons à partir de leurs différents éléments.

L'électro-acoustique c'est l'ensemble des techniques d'application de l'électricité ou de l'électronique au domaine de l'acoustique. Le magnétophone, le tourne-disque, la radio font appel à l'électro-acoustique puisque les vibrations de l'air créées par les sons (la voix ou les instruments de musique) sont transformées en signaux électriques qui seront restitués par la membrane du haut-parleur. Le synthétiseur de sons apparu en 1966 est le plus original des instruments électro-acoustiques.
Le synthétiseur est un ensemble de générateurs d'ondes (qui créent des ondes, les vibrations sonores, et les transforment en énergie électrique) et des modules de traitement qui modifient les sons.
On peut ainsi varier à l'infini l'intensité (niveau sonore), la fréquence, la vitesse, le timbre, la durée..., pour chaque vibration sonore.
Depuis cette découverte, la musique contemporaine a beaucoup évolué. Les studios se sont multipliés aussi bien en France qu'en Allemagne, en Belgique, aux Pays-Bas, au Canada et aux Etats-Unis. Cette musique nouvelle peut d'ailleurs très bien se combiner avec la musique instrumentale traditionnelle. C'est ce qu'on appelle la musique électro-acoustique mixte.

AUTOMOBILE

Comment fonctionne une automobile ?

QUESTION POSÉE PAR :

VIRGINIE VERLET

L'énergie du moteur provient de l'explosion d'un mélange d'air et d'essence précisément dosé. Cette explosion actionne de deux à douze pistons (en général quatre), entraînant eux-mêmes la rotation d'un "arbre" relié aux roues par l'intermédiaire d'un système de transmission mécanique. Pour utiliser le gazole, carburant moins performant mais plus économique que l'essence, il faut disposer d'un moteur Diesel. L'explosion du mélange combustible est alors provoquée par compression et non par l'allumage au moyen d'une étincelle électrique comme dans les moteurs à explosion.
Le moteur d'une automobile est presque toujours placé à l'avant ; il peut entraîner soit les roues avant (traction avant), soit les roues arrière (propulsion arrière) par l'intermédiaire d'un pont.
Afin que le véhicule puisse rester immobile même si le moteur tourne, il faut pouvoir déconnecter les roues et le moteur. C'est le rôle de l'embrayage, formé par un ensemble de deux disques métalliques recouverts d'un dépôt spécial, qui se plaquent l'un contre l'autre ou se séparent. Le conducteur agit sur l'embrayage au moyen d'une pédale. Certains modèles sont équipés d'un embrayage automatique qui plaque les deux disques l'un contre l'autre dès que le moteur atteint une certaine vitesse de rotation. Il suffit alors d'accélérer pour faire démarrer le véhicule. Placée entre les roues et l'embrayage, la boîte de vitesses permet, par un jeu d'engrenages qui démultiplient la puissance du moteur, le démarrage progressif de l'automobile. Une automobile présente aussi des équipements indispensables tels que les freins, les amortisseurs, les jauges, les voyants... et des gadgets.

ÉLECTROPHONE

Comment fonctionne un électrophone ?

Avant toute chose, il faut savoir que les sons correspondent à des vibrations de l'air et que ces vibrations peuvent être enregistrées sur un disque.
L'électrophone sert à reproduire des sons déjà enregistrés. L'aiguille de l'électrophone, en parcourant les sillons plus ou moins larges et plus ou moins profonds, va transmettre un message au haut-parleur.
Le plateau est mû par un moteur qui doit être parfaitement silencieux. Le disque est placé sur ce plateau dont on peut régler la vitesse (45 ou 33 tours/ minute).
La tête de lecture est un cône minuscule (un saphir synthétique ou un diamant à tête arrondie) logé dans une cartouche (tête de lecture) qui se trouve à l'extrémité du bras de lecture et que l'on pose délicatement sur le disque.

La vibration mécanique de l'aiguille (saphir), due à l'irrégularité des sillons, va être transformée en un courant électrique, qui sera amplifié puis envoyé dans le haut-parleur. La partie essentielle du haut-parleur est sa membrane.

En effet, les signaux électriques que lui envoie l'amplificateur vont la faire vibrer. Cette vibration va provoquer des ondes sonores que nous allons percevoir et qui seront identiques à celles qui ont été enregistrées.

DISQUE MICROSILLON

Comment peut-on graver des sons sur un disque ?

QUESTION POSÉE PAR :
CYRIL BERNARD

Cela semble en effet impossible d'emprisonner des perceptions sonores qui sont par essence impalpables et immatérielles.
Mais quand on a découvert que les sons sont provoqués par la vibration de l'air, il suffisait alors de trouver le moyen de fixer cette vibration pour la retransmettre ensuite. C'est ainsi qu'est née l'idée de "graver" les vibrations dans un disque de cire.

Les ondes sonores sont transformées en un courant électrique qui fait vibrer une lame, laquelle creuse les sillons dans le disque mou qui tourne en dessous à une vitesse régulière (33 ou 45 tours à la minute). Cette vitesse devra être la même lors de l'écoute sur l'électrophone, sinon le son ou la voix seront déformés !
Les sillons seront plus ou moins profonds et plus ou moins larges selon l'intensité de la vibration qui, elle, varie avec l'intensité et la qualité du son (plus ou moins aigu). Le "moule" une fois réalisé permettra la fabrication d'une multitude de disques confectionnés dans une matière plastique, le vinyle.

LECTEUR DE DISQUE COMPACT

Comment fonctionne un lecteur de disque compact ?

Le principe est le même que pour un électrophone. Les ondes sonores (la musique) émises devant les micros et destinées à être restituées par les haut-parleurs sont transformées en impulsions électriques. Jusqu'ici pas de changement avec les procédés traditionnels. Mais ces impulsions électriques, au lieu d'être imprimés sur des sillons, sont "numérisés" : le signal électrique continu est découpé par un convertisseur en tranches très fines, et chaque tranche est remplacée par un nombre qui représente l'amplitude et la position de cette tranche dans le signal.

Transmettre le signal au haut-parleur reviendra donc à transmettre la succession de ces nombres. Comment ? Ces nombres sont d'abord exprimés en base 2. Deux signes (0 et 1, blanc et noir, ou creux et bosse) suffisent pour les reproduire sur la surface du disque. Pour pouvoir écouter le son enregistré, il faut donc lire ces nombres et les transformer à nouveau, à l'aide d'un convertisseur (le lecteur de disque), en un signal électrique analogique qui provoquera, comme dans l'électrophone traditionnel, la vibration de la membrane du haut-parleur et l'émission d'ondes sonores identiques à celles qui ont été enregistrées.

La lecture de ces nombres se fait à l'aide d'un rayon laser suffisamment fin pour lire chacun des signes numériques de la surface du disque. Le rayon laser est réfléchi par la surface du disque vers le dispositif de conversion.
Quel est l'intérêt de cette technique ? Une fois enregistré et numérisé, le signal ne peut plus subir de modifications dues à des parasites électriques ("bruit") inévitables dans tout appareil électrique ou électronique. En outre, il n'y a plus de contact entre la surface du disque et le dispositif de lecture. Le disque, par ailleurs protégé par un dépôt transparent, ne s'usera pas.

MINITEL

Que peut-on faire avec un Minitel ?

Le Minitel est un nouveau moyen de communication dû aux Télécommunications. Il utilise les lignes téléphoniques pour transmettre et recevoir des informations et des services sur l'écran d'un terminal. Muni d'une fiche de branchement sur la prise du téléphone, il est constitué d'un petit écran et d'un clavier de commande (un peu comme un micro-ordinateur). Le téléphone se branche derrière le terminal.

L'utilisateur accède à des services payants ou non, éventuellement à l'aide d'un code personnel. C'est avant tout un annuaire électronique qui couvre l'ensemble des abonnés français.

L'extension de l'usage du Minitel permettrait d'économiser une très grande quantité de papier. De plus, la mise à jour est permanente et la recherche peut être plus rapide, surtout si l'orthographe est approximative.
Il est possible d'obtenir des renseignements administratifs ou commerciaux. Une garde d'enfants, des projets de sortie peuvent être résolus par son intermédiaire. Les achats par correspondance, les réservations pour le train sont réalisables.
Les messageries permettent à certains de rompre leur isolement, mais menacent dangereusement leurs finances ! Grâce au Minitel, les entreprises accèdent aux banques de données, consultent leurs stocks. Bref, c'est formidable, tant qu'il n'y a pas de panne de courant !... La croissance du temps de consultation par chaque utilisateur aussi bien sur l'annuaire électronique (87 minutes fin 1985 contre 57 à la fin 1984) que pour les autres services (1 h 15 contre 45 minutes) semble prouver que l'engouement pour le Minitel n'est pas un phénomène passager.

HYDROFOIL

Quand l'hydrofoil a-t-il été inventé ?

Le nom de ce bateau porté par des ailes est anglais mais il a été inventé par un Italien, Forlanini, en 1848. En 1919, un hydrofoil propulsé par un moteur d'avion a battu le record du monde de vitesse sur l'eau. Les Allemands ont apporté depuis une amélioration considérable à ce type de bateau en le munissant d'un moteur léger et plus puissant. Vers 1950, les Etats-Unis, le Canada et l'U.R.S.S mirent en service régulier des hydrofoils actionnés par des turbines à gaz.

L'eau est 775 fois plus lourde que l'air. Les hydrofoils peuvent donc être portés par des ailes beaucoup plus petites que celles des avions. Leur petite taille ne doit cependant pas les empêcher d'être très résistants.
Le bateau, surélevé par rapport au niveau de la mer, est soumis à une résistance beaucoup plus faible ; il dépense deux fois moins d'énergie, à vitesse égale, que s'il devait fendre les eaux avec sa coque.
En outre, n'étant pas porté par la houle, il est également moins sensible au roulis et au tangage, ce qui est, bien sûr, très appréciable pour le confort des passagers. Cependant, lorsque la mer est mauvaise, les à-coups et les vibrations sont importants et il est plus prudent de ne pas l'utiliser.

CONCORDE

Quand Concorde effectua-t-il son premier vol ?

QUESTION POSÉE PAR :

ZOUBI MOHAMED

Le prestige coûte cher. Le Concorde en est le plus bruyant exemple. Imaginé en 1956, construit en 1969, le prototype 001, piloté par André Turcat, vola pendant 29 minutes le 2 mars 1969. Le 30 octobre de la même année, le mur du son fut franchi (Mach 1,05 soit près de 1300 km/h). Un an plus tard, Concorde dépasse Mach 2 et sa vitesse de pointe confirmée est de Mach 2,2 ; soit plus de 2 500 km/h.

C'est donc l'avion commercial le plus rapide du monde.

Mais Concorde est aussi l'avion le plus coûteux du monde : 30 milliards de francs pour 16 appareils et 88 réacteurs ! En 1973, année de la crise pétrolière, les compagnies américaines font couler le projet en renonçant à leurs commandes. D'autres compagnies les suivent et 70 appareils sont décommandés. Seules les compagnies Air France (qui possède encore 7 avions) et British Airways, l'utilisent. Concorde emmène une centaine de passagers de Paris à New York en 3h 30 mn à 1670 km/h et à 18 000 m d'altitude. Pour chaque traversée, Concorde consomme 70 tonnes de kérosène. Chaque appareil vole 600 heures par an mais nécessite 5 000 heures d'entretien !

STYLO-BILLE

Comment fonctionne un stylo-bille ?

Le stylo-bille utilise une encre visqueuse qui colle à une petite bille métallique, sertie dans un cône de laiton. En tournant, la bille recueille dans le réservoir une couche d'encre qui se dépose ensuite sur le papier.

Les stylos à plume et à encre fluide donnent peut-être une écriture plus élégante, car la flexibilité de la plume permet des effets d'écriture comme les "pleins" et les "déliés", à la manière ancienne. Mais les stylos à bille, qui se sont maintenant répandus dans le monde entier (la firme française Bic domine le marché du stylo-bille jetable), sont beaucoup plus pratiques : plus légers, et surtout plus propres, ils ont avantageusement remplacé les anciennes plumes qui étaient difficiles à manier, surtout pour les jeunes écoliers. De nos jours, le stylo à bille est devenu une monnaie d'échange dans tous les pays pauvres : les enfants qui vont à l'école en demandent aux touristes !

NÉBULEUSE

Qu'est-ce qu'une nébuleuse ?

Il y a deux sortes de nébuleuses : les nébuleuses gazeuses et les nébuleuses de poussière.
Les nébuleuses gazeuses sont d'immenses nuages de gaz (hydrogène essentiellement) électrisé par des étoiles jeunes très chaudes.

Ces étoiles rendent le gaz lumineux (comme le gaz d'un tube d'éclairage fluorescent excité par le courant électrique). Ce gaz est toutefois extrêmement peu dense, plus vide même que le meilleur vide que l'on sache fabriquer sur Terre. C'est la grande étendue des nébuleuses (plusieurs dizaines d'années-lumière) qui fait que l'on peut les observer malgré leur faible densité. La plus connue est la nébuleuse d'Orion.

Les nébuleuses de poussière apparaissent, quant à elles, généralement sombres (souvent associées aux nébuleuses gazeuses, elles se découpent devant, en ombre chinoise) sauf lorsqu'elles renvoient la lumière, chaque grain de poussière jouant le rôle d'un petit miroir.

Enfin il faut noter qu'on a longtemps appelé à tort "nébuleuses" des galaxies lointaines, du fait de leur aspect nébuleux (imprécis) à l'oeil.

Ci-dessous, nébuleuse annulaire de la constellation de la Lyre.
A droite, Orion.

VÉNUS

Vénus est-elle une planète chaude ou froide ?

QUESTION POSÉE PAR :

ELODIE BAYARD

Vénus est la deuxième planète à partir du Soleil. De dimensions comparables à la Terre, elle a une atmosphère épaisse, essentiellement composée de gaz carbonique, avec une pression au sol qui est une centaine de fois plus forte que sur la Terre. La température au sol avoisine les 500°C. La forte concentration de gaz carbonique est la raison de cette température qui est à attribuer somme toute à un "effet de serre" de très forte puissance. Ajoutez à cela que des nuages contenant, notamment, des gouttelettes d'acide sulfurique constituent un épais manteau qui masque en permanence le sol de la planète et vous voyez que Vénus n'a rien du monde idyllique que son nom pourrait laisser espérer !

Les sondes Vénéra qui se sont posées sur le sol de cette planète ces dernières années ont montré des rochers relativement plats dont l'analyse a révélé qu'ils étaient proches de nos basaltes. Son relief général a dû être déterminé par des sondages radar car les grands télescopes braqués depuis la Terre permettent à peine de distinguer quelques structures à travers l'épaisse couche de nuages. Là encore, les sondes spatiales ont permis un grand progrès dans la connaissance de cette planète.
A l'oeil nu, on voit très bien Vénus car elle est d'un blanc éclatant : c'est l'astre le plus brillant du ciel. Elle reste toujours assez proche, angulairement parlant, du Soleil et, de ce fait, on la voit essentiellement le soir, après le coucher du Soleil ou, le matin, avant son lever.
Le phénomène se reproduit avec une périodicité de 548 jours, ce qui veut dire que Vénus est visible pendant 9 mois et demi le soir, après quoi le cycle recommence.
Comme Vénus tourne autour du Soleil sur une orbite de rayon plus petit que la nôtre, elle présente des phases (tout comme la Lune) suivant la fraction de son disque qui nous apparaît éclairée par le Soleil.

ETOILE DU BERGER

Qu'est-ce que l'étoile du Berger ?

Bien que Vénus soit une planète, on l'appelle souvent l'étoile du Berger. Cette appellation a dû lui être donnée avant qu'on sache faire la distinction entre étoile et planète.

Peut-être l'a-t-on baptisée ainsi parce qu'elle suit de peu le coucher du soleil ou qu'elle précède de peu son lever ? C'est ainsi la compagne du berger dont la vie est étroitement rythmée par le soleil.
Du fait que Vénus apparaît, suivant les périodes de l'année, tantôt à l'aube, tantôt au crépuscule, les Anciens ont cru tout d'abord à l'existence de deux astres différents : Vesper, l'étoile du soir et Lucifer, l'étoile du matin. Ainsi la planète Vénus a-t-elle eu beaucoup de noms !

VAISSEAU APOLLO

De quels éléments le vaisseau Apollo se compose-t-il ?

Le vaisseau Apollo, qui, le premier, a permis aux hommes d'explorer la Lune, comporte trois parties :
- une cabine où l'équipage séjourne durant le voyage aller-retour de la Terre à la Lune,
- un compartiment moteur qui permet au vaisseau d'effectuer toutes les manœuvres nécessaires dans l'espace,
- le module lunaire où prennent place les deux astronautes qui débarquent sur la Lune.
L'ensemble pèse près de 15 tonnes. Apollo est alors placé sur sa trajectoire en direction de la Lune par une fusée, Saturne 5, énorme engin qui pèse au départ 2 900 tonnes.

Il y a eu 17 vols du vaisseau Apollo, chaque fois mis sur orbite par Saturne V, l'une des plus grandes fusées jamais construites. C'est Apollo 11 qui, en juillet 1969, emmena les premiers hommes sur la Lune. Mais le vaisseau ne s'arrêta pas là. Le 15 juillet 1975, il quitta Cap Canaveral avec trois astronautes à son bord. Son but était de rejoindre dans l'espace le Soyouz soviétique. La rencontre eut lieu le 17 juillet, et, après deux jours d'expériences communes, les deux capsules se séparèrent.

Apollo II

PÉTROLIERS

Existe-t-il des pétroliers à voile ?

Aussi curieux que cela puisse paraître, on trouve actuellement sur les mers quelques pétroliers à voile ! Le premier, le "Daïgo", est sorti des chantiers navals japonais en 1979. C'est un trois-mâts de 26 m de long mais il ne ressemble guère aux grands vaisseaux d'antan : la courbure des voiles, de plastique assez rigide, est réglée automatiquement par ordinateur en fonction du vent ; coulissant sur des vergues horizontales, elles se déploient de part et d'autre des mâts, à l'intérieur desquels elles sont amenées par gros temps. Un moteur auxiliaire diesel permet à ce voilier de continuer sa route même par calme plat. Quand il navigue à la voile seule, sa vitesse moyenne est de 6 noeuds.

Ce navire hybride combine les avantages de la navigation traditionnelle et des techniques modernes. Il permet de faire des économies d'énergie puisqu'on utilise essentiellement la force du vent, mais à la différence des grands voiliers disparus, il n'exige pas d'équipage important puisque la manoeuvre est informatisée et commandée par quelques techniciens. Plus de risque non plus pour les marins, qui n'ont pas à effectuer de périlleuses ascensions dans la voilure. Seuls inconvénients : la taille obligatoirement réduite de ces embarcations et donc leur faible tonnage (capacité de chargement).
Bien qu'au stade expérimental, ces petits pétroliers semblent donner satisfaction à leurs constructeurs et s'avérer assez rentables.

JACQUARD

Qui a inventé le jacquard ?

Joseph-Marie Jacquard est né à Lyon en 1752. A 49 ans, il présente à l'exposition industrielle de Lyon, un métier simplifiant les opérations de tissage. Il a l'idée de combiner la machine à cartons perforés de Falcon et la machine à chariot mobile de Vaucanson (qui n'a jamais fonctionné). Le métier fabriquant automatiquement des tissus à motifs est né.

Cette invention révolutionnaire, déclarée d'utilité publique en 1806, déplut aux industriels dont les ventes étaient protégées et aux ouvriers qui craignaient pour leur emploi. Après quelques destructions de machines et un bain forcé dans le Rhône, Jacquard imposa son invention dont les industriels profitèrent abusivement.

PIANO

Qui a inventé le piano ?

QUESTION POSÉE PAR :
PESNEY ISABELLE

L'un des pianos-synthétiseurs les plus modernes : le Clavinova.

Le plus lointain ancêtre du piano a près de 300 ans : c'est le piano-forte. Mais, au XVIe siècle, il existait déjà un instrument à clavier : le clavicorde au jeu musical varié, mais dont l'intensité sonore était insuffisante.

Vers 1700, Bartolomeo Christofori, qui réparait des clavecins (instrument différent car les cordes sont grattées et non frappées), introduisit sur le clavicorde les éléments qui permirent la réalisation des premiers pianos. Il remplaca la frappe directe par un système intermédiaire : l'échappement, qui imposait au marteau un retour rapide et doux. La corde frappée pouvait ainsi vibrer fortement, longuement ou doucement, brièvement, avec toutes les nuances voulues. L'instrument prit la forme du clavecin à queue pour que le son soit ample. Un étouffoir commandé par les genoux puis par des pédales permit l'arrêt ou la prolongation des vibrations.

En 1780 le piano droit où le marteau est couplé à un ressort apparaît pour compenser l'effet de pesanteur. Malgré de nombreux détracteurs dont Voltaire, le piano devint l'instrument de prédilection de grands musiciens : Beethoven, Listz, Chopin, Debussy et tant d'autres.

ANNÉE-LUMIÈRE

Comment calcule-t-on une année-lumière ?

QUESTION POSÉE PAR :
PIERRE BOQUET

Une année-lumière correspond à la distance parcourue par la lumière en une année... mais encore faut-il connaître la vitesse de la lumière !

C'est Galilée qui tenta le premier de la calculer. Pour que la mesure soit exacte, il faut la faire sur de très grandes distances. La première évaluation précise fut faite au XVIIe siècle par l'astronome danois Römer, à partir des éclipses des satellites de Jupiter.
En comparant l'heure de l'éclipse totale et l'heure de son début, connaissant la distance entre la Terre et Jupiter, Römer obtint la chiffre de 298 500 km/s. Ensuite, à partir de systèmes optiques (roues dentées, miroirs tournants), d'autres chercheurs obtinrent au XIXe siècle une valeur comprise entre 298 000 et 315 000 km/s.

La vitesse calculée aujourd'hui grâce à la technique de la modulation électrique d'un faisceau lumineux est de 299 792,5 km/s, dans le vide et à un demi-kilomètre près.

La nébuleuse de la Lagune se situe à 30 années-lumière de la Terre.

FROID

Comment la glace se forme-t-elle ?

QUESTION POSÉE PAR :
JOSÉ DERANSART

La glace, comme l'eau, est formée de petits blocs solides qui s'appellent des "molécules d'eau". Dans la glace, les molécules d'eau sont bien attachées les unes aux autres. Elles peuvent trembler un peu sur place mais elles ne peuvent pas se promener ; c'est pourquoi le glaçon garde sa forme. Plus la température augmente, plus les molécules s'agitent. Si on chauffe un glaçon, sa température augmente et ses molécules tremblent. Quand la température atteint 0 °C, les liens qui attachaient les molécules entre elles se cassent et celles-ci changent de place. Aussi, le glaçon diminue et de l'eau se met à couler. Pendant la fonte du glaçon, sa température n'augmente pas car la chaleur ne sert qu'à dissocier les molécules. Il reste ensuite de l'eau liquide faite de molécules serrées les unes contre les autres et qui se déplacent dans toutes les directions.

RELAIS DE TÉLÉVISION

Comment fonctionne un relais de télévision ?

Les relais de télévision doivent faire face aux émetteurs. Ils reçoivent le signal d'un côté et le projettent dans l'autre direction, soit vers les antennes des particuliers, soit vers d'autres relais.

Contrairement aux ondes radio, qui se propagent de manière circulaire autour de l'antenne émettrice, le faisceau des ondes télévision ne peut être perçu que si le récepteur fait face à l'émetteur. Cela exige un réseau de relais important au sol, compte tenu des nombreux accidents de terrain. Pour cette raison, les relais de télévision sont placés sur des bâtiments très élevés, des montagnes ou des tours construites à cet effet.
Dans les régions montagneuses, la réception est souvent médiocre du fait de l'écho provoqué par les parois des montagnes. En plaine, la propagation des ondes est plus facile, mais les relais doivent néanmoins être assez rapprochés pour maintenir une bonne qualité du signal ; au-delà d'une vingtaine de kilomètres, les images et le son s'altèrent profondément. Le relais de télévision capte donc, à l'aide d'une série d'antennes paraboliques orientées vers le relais ou l'émetteur le plus proche, le signal qu'il renvoie de l'autre côté grâce à un autre ensemble d'antennes paraboliques, émettrices cette fois. Le système du relais par satellite est évidemment plus avantageux, car il permet de couvrir depuis l'espace une zone très étendue, la France entière et même plus, sans avoir à utiliser de relais au sol.

Les relais modernes peuvent atteindre des dimensions importantes.

Le relais-émetteur des Buttes-Chaumont est l'un des plus anciens de France.

5

CONNAISSANCES ET CURIOSITÉS

CUBISME

Qu'est-ce que le cubisme ?

QUESTION POSÉE PAR :
PASCAL GINOUX

Le cubisme est un mouvement artistique ayant connu son essor entre 1908 et 1920. Ce mouvement concernait essentiellement la peinture, et les deux peintres "cubistes" les plus célèbres sont Pablo Picasso et Georges Braque.

Formes circulaires, Robert Delaunay.

Les cubistes ne cherchaient pas à représenter les objets tels qu'ils sont, comme sur une photographie mais à décomposer, à "disséquer" en multiples facettes un objet. C'est pour cela que, sur une même toile, on voit un objet présenté de façon simultanée sous tous ses angles.
De plus, les cubistes tentaient de réduire les éléments en volumes simples comme un cylindre, un cône, un cube, une sphère. Picasso décrivait le cubisme comme un art traitant principalement des formes. Cette période, que l'on nomme phase "analytique" a été suivie en 1912 par la "phase synthétique", pendant laquelle le collage est apparu. Cette technique rompt complètement avec toute tradition. Les cubistes collent toutes sortes de choses : morceaux de toile cirée, de chaise cannée, journaux et surtout lettres de l'alphabet.

PARIS

Quelle est l'origine de la ville de Paris ?

QUESTION POSÉE PAR :
MARC KOLASA

Grâce à Jules César, Lutèce sort des marais pour entrer dans l'histoire. A l'origine, une petite tribu des bords du Rhin, les Parisii, s'établit dans un village de pêcheurs et de mariniers sur une île de la Seine. Nous sommes aux environs de 400 av. J.-C.

Cet emplacement facilitait le contrôle du trafic de l'étain qui remontait de la Seine vers Sens ou celui du fer en provenance d'Espagne, ou encore celui des fourrures et de l'ambre venant de Germanie. Vers 100 av. J.-C., les richesses sont telles que des ateliers sont fondés pour frapper des monnaies en or. Mais la guerre menée par les Romains perturbe cette prospérité : la monnaie sert à financer la résistance à César. En 52 av. J.-C., celui-ci réunit les chefs gaulois pour un ultimatum inutile. Avant leur défaite, les Gaulois brûlent la ville.
A l'époque gallo-romaine, Lutèce, tel est alors son nom, devient une ville prospère de 15 000 habitants. Au IIIe siècle, elle s'agrandit et s'étale sur les rives. Mais les envahisseurs germaniques provoquent son repli et sa fortification sur l'île de la Cité. Elle prend alors le nom de Paris, c'est-à-dire la cité des Parisii. Clovis, roi des Francs (481-511) décide que Paris sera sa capitale. C'est à partir de cette époque que la ville connaît un essor grandissant, notamment parce qu'elle est le centre de la communauté religieuse. Elle n'a, depuis le IXe siècle, cessé de faire reculer ses limites.

LA VILLETTE

Qu'y avait-il jadis à La Villette ?

QUESTION POSÉE PAR :
MARTINE LABOUREUR

La Villette, à l'origine, était une ville de la banlieue parisienne. En 1861 on la rattacha au XIXe arrondissement de Paris. C'est là que se trouvaient de gigantesques abattoirs que l'on rénova à la fin des années 1950.

Très vite, il apparut que ces abattoirs n'étaient pas rentables et leur démolition fut décidée en 1974. A partir de 1980, sous la direction de l'architecte Adrien Fainsilber, l'espace vacant commença d'être restructuré et de nouveaux bâtiments s'édifièrent : la Cité des Sciences et de l'Industrie fut inaugurée en 1986. Mais on peut voir également à La Villette la Géode, le plus vaste cinéma sphérique du monde (l'écran fait 1 000 m^2 !), le Zénith, immense salle de spectacle (où se jouent beaucoup de concerts rock), ou la Grande Halle, qui accueille des salons (dont le Salon de l'Etudiant et celui de la Musique) et des expositions, l'un des derniers vestiges de l'ancienne "Villette".

FOLIE

Qu'appelle-t-on folie en architecture ?

Une folie est un bâtiment de pur agrément, un amusement d'architecte, un exercice de style destiné à orner un parc. La tradition des folies remonte à l'époque de Louis XIV.

Dès le XVIIe siècle, les grands aimaient faire construire dans les parcs des petits bâtiments destinés à leurs rendez-vous galants ou à leurs fêtes. Placés à l'écart, ils étaient l'occasion pour les architectes de laisser aller leur imagination. Les folies, qui coûtaient très cher (d'où leur nom !), nous renseignent sur les goûts de l'époque : ce sont souvent des copies de temples grecs ou de bâtiments baroques dans un cadre romantique.
Les folies ont évolué vers le simple exercice de style, comme par exemple le péristyle grec et la porte romaine du parc Monceau, le belvédère des Buttes-Chaumont et plus récemment les folies du parc de la Villette. Ces dernières, construites sur une armature de béton cuirassée de plaques métalliques rouges, présentent toutes sortes d'extravagances qui les distinguent les unes des autres : girouettes, roues à aube, rampes circulaires, etc.

PUBLICITÉ

Qu'est-ce qu'un spot publicitaire ?

QUESTION POSÉE PAR :
MARC-FRANÇOIS COMBES

Le spot (certains dictionnaires déconseillent cet anglicisme) est un message publicitaire diffusé au moyen d'affiches, de photos dans les revues ou les journaux, de films très courts présentés à la télévision ou au cinéma. Mais pour certains, ce mot n'englobe que le film publicitaire.

De tous temps, les fabricants ont cherché à mettre en valeur les produits qu'ils voulaient commercialiser. Les enseignes du Moyen Age, souvent très colorées, étaient déjà là pour attirer le regard du passant. Au XVe siècle, l'imprimerie permit une plus ample diffusion de l'information commerciale. Au XIXe siècle, l'invention de la lithographie provoqua la vulgarisation de l'affiche, véritable ancêtre du spot.
Les premières affiches étaient trop chargées et les textes étaient trop longs, mais les curieux s'arrêtaient, attirés par cette nouvelle forme de communication.
Puis, grâce à des artistes comme Cappiello, Cassandre, Colin, Savignac ou Mathieu, le dessin s'épura, le texte se simplifia jusqu'à trouver la formule "choc" qui devait rester gravée dans la mémoire du public. Une autre forme de publicité naquit avec la radio (la T.S.F.). Les messages publicitaires de Radio-Tour Eiffel des années 30 étaient accompagnés d'une phrase musicale simple qui s'imposait à la mémoire. La publicité s'appelait alors la "réclame".
Parallèlement à la radio, le message publicitaire s'est développé rapidement au cinéma, prenant son plein essor après la Seconde Guerre mondiale. Beaucoup de nos grands réalisateurs (Clouzot, Losey, Chabrol...) se sont d'abord essayés dans des films publicitaires. Etienne Chatilliez, avant le succès de *La vie est un long fleuve tranquille,* avait signé de courts scénarios pour "Eram" ou "Free Time". La publicité a été officiellement admise à la télévision en octobre 1968.
Pour créer ces films publicitaires, plusieurs étapes sont nécessaires. L'annonceur s'adresse à une agence de publicité qui définit les grandes lignes de la campagne à entreprendre. Le producteur assure le financement du film et choisit le réalisateur chargé de mener à bien le projet. Tandis que le distributeur propose les copies des films aux cinémas et aux chaînes de télévision, moyennant financement.
Pour les "fans" de publicité, il existe à Cannes et à Venise un festival international du film publicitaire et, depuis 1984, "la Nuit des publivores", où sont diffusées les meilleures "pubs" en projection quasi ininterrompue.

ROUILLE

Pourquoi l'or et l'argent ne rouillent-ils pas ?

L'or ne s'oxyde pas au contact de l'air ambiant. Seuls certains acides peuvent l'attaquer. Quant à l'argent, il ne s'oxyde qu'en surface, contrairement au fer, dont l'oxydation peut, elle, atteindre la totalité de la masse exposée.

La "rouille" est un composé métallique à base d'oxydes de fer : l'oxygène de l'air se combine au fer, créant une substance rougeâtre qui peu à peu remplace le métal initial.
Dans le cas de l'argent, mais aussi du plomb ou de l'aluminium, les oxydes se déposent en une couche mince et terne qui protège le reste du métal. Ainsi, l'oxydation ne peut être complète. Dans le cas de l'or, il n'y a pas d'oxydation sans l'intervention d'acides puissants.

TITANIC

Comment a-t-on retrouvé l'épave du Titanic ?

Aucun des grands paquebots construits dans le monde n'a laissé un souvenir aussi fort et tragique que le Titanic. Lancé par la compagnie anglaise White Star Line, il quitta Southampton pour son premier voyage vers New York le 10 avril 1912. Quatre jours après, le grand paquebot heurtait un iceberg au large de Terre-Neuve et coulait avec plus de 1 500 passagers et membres de l'équipage.

73 ans après le naufrage, l'énorme épave du Titanic était retrouvée et photographiée par 3 700 m de fond à 60 milles nautiques au sud-est de Terre-Neuve. C'est une équipe franco-américaine : l'IFREMER (Institut Français d'Exploration des Mers) associée à la Deep Ocean Salvage Systems et au Woods Hole Oceanographic Institute, qui a localisé le Titanic à l'aide d'un sonar et d'un robot très perfectionnés.

DIEUX GRECS

Les Grecs avaient-ils beaucoup de dieux ?

QUESTION POSEE PAR :

STÉPHANIE BERGERON

Selon les Grecs, au commencement du monde était le chaos. Puis le chaos engendra l'oeuf primordial d'où jaillit Eros, tandis que les deux moitiés de la coquille, en se séparant, formèrent, l'une le Ciel, l'autre la Terre, les deux premiers dieux. Beaucoup d'autres allaient apparaître.

Gaïa, la Terre, s'unit à Ouranos, le Ciel, et mit au monde les cyclopes et les Titans dont le plus célèbre est Cronos. Ce dernier, après avoir mutilé son père, régna sur l'univers avec son épouse Rhéa. Un oracle lui ayant laissé entendre qu'il serait détrôné par l'un de ses enfants, Cronos se mit à dévorer chaque nouveau-né que Rhéa enfantait : Hestia, Déméter, Héra, Hadès et Poséidon. Mais afin de sauver Zeus, son dernier-né, Rhéa emmaillota une pierre qu'elle donna au vorace Cronos, et cacha l'enfant dans une grotte. Zeus fut alors nourri par des nymphes avec le lait de la chèvre Amalthée, tandis que les Curètes, génies de la Terre, dansaient tout en frappant leurs boucliers de leurs épées afin de couvrir les cris de l'enfant. Devenu adulte, Zeus parvint à faire absorber à Cronos une drogue qui lui fit rendre les enfants qu'il avait avalés. Puis, il le détrôna avec l'aide de ses frères et soeurs.

Pourvu de ses attributs (l'aigle, la foudre et la victoire), Zeus est le dieu suprême qui réside dans l'Olympe. Il fait régner l'ordre, la sagesse et la justice. Ses innombrables aventures avec des mortelles donnent naissance à la race des héros, tels Persée et Héraklès.

Zeus.

Le Trésor des Athéniens - Delphes.

Seul Zeus peut prévoir l'avenir, sans modifier le cours du destin. A l'opposé du ciel se trouve Hadès, le dieu souterrain qui règne sur les morts. Quant à Poséidon, il est le dieu des océans, vénéré par les marins, mais il est aussi le dieu des tremblements de terre.

Les autres dieux appartiennent à la seconde génération des Olympiens. Le plus grand de tous est Apollon, fils de Zeus et de Leto. On le représente comme un jeune homme d'une beauté remarquable. Apollon est souvent identifié au soleil, mais il est surtout le dieu des oracles : c'est lui qui inspire la Pythie. Il est aussi le dieu de la maladie et de la guérison, le dieu de la musique et de la poésie dont le symbole est la lyre.

Sa soeur, Artémis, divinité chasseresse mais aussi protectrice des animaux, est la déesse de la nature vierge. Quant à Athéna, sortie casquée du crâne de Zeus, elle est la déesse de l'intelligence et de la guerre. Son attribut est l'olivier, symbole de paix et de richesse. Son frère, Arès, dieu de la guerre, représente la force brutale et agressive, n'inspire pas la sympathie. Hermès est le messager des dieux , le protecteur des marchands, des voyageurs... et des voleurs. Héphaïstos, le démon boiteux, est le dieu du feu et préside au travail des métaux, du fer et du bronze. Son épouse, Aphrodite, est la déesse de l'amour et de la beauté. Elle pousse aux unions illégitimes, incite les mortels à toutes les passions, rend fous d'amour ceux qu'elle veut perdre.

Hermès de Praxitèle.

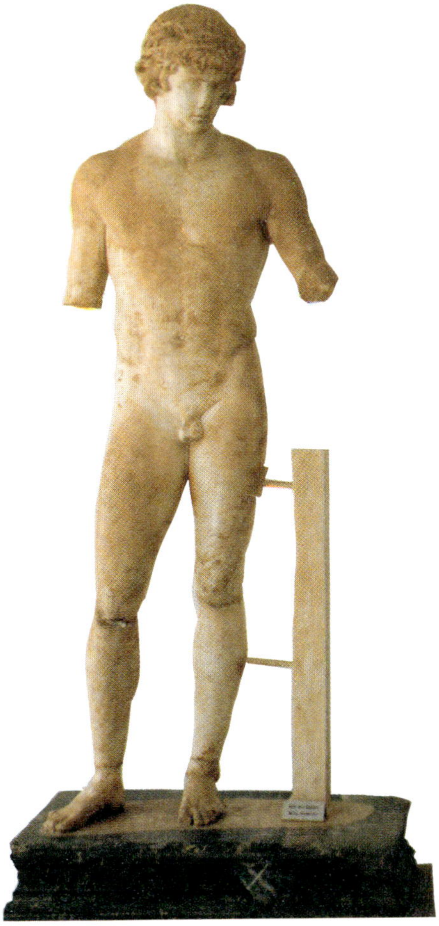

BERCY

Comment le palais omnisport de Bercy est-il conçu ?

Existe-t-il un endroit où l'on peut regarder un match de football ou de volley, une course cycliste, un opéra, une compétition de patinage artistique, un championnat de bi-cross ou un concert de rock ? Depuis décembre 1983, le palais omnisports de Paris-Bercy réalise ce prodige.

La grande salle polyvalente couverte, qui peut contenir jusqu'à 17 000 spectateurs, peut accueillir 24 disciplines sportives différentes, mais grâce à des dispositifs mécaniques très ingénieux, elle peut aussi se transformer en un petit théâtre de 3 500 places ou offrir une scène très vaste permettant de représenter les opéras les plus grandioses. Pour cela, les gradins sont mobiles, à inclinaison variable, et même escamotables. Ainsi, après chaque spectacle, le grand espace se transforme, la machinerie engloutit des gradins pour en faire apparaître d'autres, la salle se fait plane ou courbe, le sol se couvre de sable ou de glace, c'est chaque fois une métamorphose totale...

Le palais omnisports abrite, en plus de la salle principale, quatre grandes salles d'entrainement, une salle omnisports avec patinoire, une salle omnisports avec parquet comprenant une aire d'évolution, un grand hall d'information, une galerie desservant les accès de la grande salle et les locaux de services et administratifs. L'ensemble occupe une surface totale de 53 000 m^2.
Depuis maintenant sept ans, les plus grands concerts s'y succèdent, que ce soit des opéras avec plusieurs milliers de figurants ou des concerts "rock" comme celui de Madonna avec une mise en scène très sophistiquée.

ÉCLAIRAGE DE PARIS

Comment Paris était-il éclairé ?

Jusqu'au XVIe siècle, Paris ne fut éclairé que par les lanternes des passants et les lumières des estaminets ou des églises. Le parlement de Paris vota une loi, le 7 juin 1525, qui obligeait les bourgeois à mettre des chandelles à leurs fenêtres. Mais cet éclairage se révéla insuffisant. Ce même parlement ordonna alors, en 1559, aux habitants d'allumer, à chaque coin de rue, un falot, bientôt remplacé par une lanterne suspendue, munie d'une chandelle.

Un siècle plus tard, Louis XIV, s'inspirant de ce qui se faisait dans la Rome antique, mit sur pied un "éclairage volant" : des porte-flambeaux étaient chargés d'accompagner les gens, la nuit, dans les rues. Ce service était payant.
En 1667, le lieutenant de police La Reynie mit en place un éclairage public au moyen de lanternes munies de chandelles de suif : il en fit installer 1 500, à la charge des habitants. A la fin du siècle, 5 000 lanternes consommaient 1 625 livres de chandelles. En 1766, elles furent remplacées par des réverbères : à l'intérieur de la boîte métallique se trouvait une lampe à huile, à mèche plate (la cuisson d'abattis de boeuf et de mouton fournissait l'huile !).
Au début du XIXe siècle, on installa des réverbères à gaz place du Carrousel et rue de la Paix. On put alors voir, le soir, dans les rues, les fameux allumeurs de réverbères armés de leur perche.

En 1875, la Madeleine et la place de l'Opéra furent éclairées par des lampadaires électriques ; et, malgré un coût quatre fois plus élevé, Edison imposa "sa lampe merveilleuse". L'éclairage au gaz et l'éclairage électrique continuèrent de cohabiter durant le XXe siècle : les derniers réverbères à gaz disparurent en 1960.
A l'heure actuelle, plus de 140 000 sources lumineuses éclairent la ville de Paris, tant en surface que sous terre (sans parler de l'illumination des monuments ou des feux de signalisation). Cela représente une consommation de 144 millions de kWh et une dépense annuelle qui est passée de 71 à plus de 200 millions de francs entre 1975 et aujourd'hui.

GRANDES RELIGIONS

Combien existe-t-il de religions dans le monde ?

Il existe trois grandes religions monothéistes, c'est-à-dire fondées sur la croyance en un seul dieu.

- La plus ancienne est le ***judaïsme*** (la religion des juifs), d'où sont d'ailleurs issues les deux autres.

Les juifs ont été, en effet, les premiers à croire en un Dieu unique, créateur du Ciel et de la Terre, et de tous les êtres vivants ; les juifs croient également que Dieu a conclu une Alliance avec eux et leur a dicté sa Loi, consignée dans la Bible par l'intermédiaire de Moïse. Dieu leur a aussi promis de leur envoyer un Messie, qui doit établir son royaume sur Terre et qu'ils attendent.

Eglise Saint-Eustache à Paris.

Mosquée à Marrakech.

Temple hindou, Sri Lanka.

Le *christianisme*

Pour les Chrétiens, le Messie est déjà venu, il y a près de 2 000 ans, en la personne de Jésus-Christ, le fils de Dieu, qui s'est fait homme, est mort sur la croix puis est ressuscité. Telle est la croyance commune à tous les chrétiens, qui, par ailleurs, se divisent en plusieurs Eglises :
- pour les catholiques, le pape est le représentant du Christ sur la Terre ;
- les orthodoxes, séparés des catholiques depuis 1054, refusent la suprématie du pape, et leur culte se différencie légèrement du culte catholique ;
- les protestants, issus de la Réforme, entreprise au XVIe siècle par Luther et Calvin, n'admettent aucun intermédiaire (ni prêtre ni évêque) entre les chrétiens et Dieu. Leur seule référence est la Bible.

La troisième religion est ***l'islam***. Les musulmans croient en un seul dieu (Allah) révélé par son vrai prophète, Mahomet, qui vécut en Arabie entre le VIe et le VIIe siècle de notre ère, comme le dit le *Coran*, livre de Dieu lui-même. Pour eux, le Christ n'est qu'un prophète parmi d'autres.

Autre grand ensemble, les religions orientales :
- en premier lieu ***l'hindouisme***, religion de l'Inde surtout. Les hindous vénèrent plusieurs dieux, et cette religion repose sur l'idée de la réincarnation des âmes.
- le ***confucianisme*** concerne surtout la Chine. C'est plutôt une doctrine philosophique et morale transmise par Confucius à ses disciples vers 550 av. J.-C. Elle ne suppose pas la croyance en plusieurs dieux, encore moins à un seul dieu, mais à une morale fondée sur l'égalité, l'effort pour atteindre la sagesse intérieure.
- le ***bouddhisme***, troisième grande religion orientale, est issu de l'hindouisme. Son fondateur, Siddharta Gautama, qui vécut en Inde au VIe siècle avant J.-C., est aussi appelé le Bouddha, c'est-à-dire le Sage, l'Illuminé. Pour les bouddhistes, l'idéal à atteindre est le Nirvana, un état où l'âme, libérée de la souffrance et de l'ignorance, échappe définitivement au cycle des réincarnations.

Le bouddhisme a subi quelques transformations en s'expatriant en Chine et au Japon (bouddhisme zen).

On peut encore citer le ***taoïsme*** chinois. Il s'appuie sur le *Tao-te-king*, ouvrage attribué à Lao-tseu, un philosophe du Ve siècle ou du VIe siècle av.J.-C. C'est plus une philosophie qu'une religion.

Ce sont là les principales religions. Il en existe d'autres moins répandues et, à côté des religions établies, il existe aussi de multiples sectes, telles que les mormons ou les témoins de Jéhovah en Occident, ou les sikhs, en Inde.

Représentation du Bouddha,
Sri Lanka.

LA SEINE

Est-il vrai qu'autrefois on pouvait se baigner dans la Seine ?

Jusqu'en 1975, aucune loi ne régissait la pratique de la baignade dans la Seine. C'est seulement à partir de cette date que la baignade y a été interdite. Ces directives ont été prises notamment en raison de la pollution qui n'a cessé d'augmenter.

Pourtant, certains ont continué de venir nager dans la Seine après 1975, profitant des petites plages aménagées sur les rives par certaines villes de la banlieue parisienne. Il n'est pas rare non plus d'y voir des pêcheurs.
Récemment, la mairie de Paris a décidé, afin de remédier, entre autres, à la pollution, de mettre en œuvre un grand projet d'assainissement du fleuve, baptisé "Seine propre". La réalisation de son objectif est programmée pour 1993.

REGGAE

Qu'est-ce que le reggae ?

Pour oublier la misère, les bidonvilles, les ghettos et les problèmes raciaux, les Noirs jamaïcains ont créé leur propre musique : le reggae. Le reggae est né dans les années soixante, d'une synthèse de soul music et de rythmes africains. Ses origines remontent à l'esclavage : à cette époque, des orchestres d'esclaves jouaient en effet dans des fêtes africaines telles que *la fête de la fin des moissons* et le *Noël nègre*.

Ces rythmes et ces chants purement africains ont survécu jusqu'à nos jours dans la Jamaïque rurale. Ces chants présentaient plusieurs caractéristiques propres au reggae comme les mélopées et les répétitions d'une courte phrase musicale.
Le terme reggae signifie "regular people", c'est-à-dire les gens normaux, le peuple, qui souffre de la misère. Les messages sociaux, politiques et spirituels ont envahi les paroles des chansons et les musiciens du reggae sont devenus les prophètes et les témoins de la Jamaïque. L'objectif de cette musique est de rassembler le peuple noir. En Jamaïque, le reggae a toujours été la musique des quartiers pauvres, des plus basses classes de la société noire. C'est une musique de hors-la-loi, primitive et tribale, hypnotique, une musique de transes.
Le reggae a franchi les frontières de la Jamaïque et connu un réel succès auprès du public blanc du monde entier. C'est la seule musique jamaïcaine qui ait réussi à se faire connaître mondialement.

BOURSE

Comment la bourse fonctionne-t-elle ?

QUESTION POSÉE PAR :
KATHY WERNER

La Bourse (ou Palais-Brongniart) est un des monuments de Paris qu'il convient d'avoir vus. À l'intérieur de cet édifice, il se passe des choses incroyables, qu'il faut également avoir vues. Dans un vacarme étourdissant, des actions, des obligations se vendent et s'achètent pour plusieurs milliards de francs chaque jour !

Le principe des obligations est fondé sur le prêt d'argent à l'Etat ou à des entreprises, par des particuliers ou des sociétés financières. En contrepartie, l'Etat ou l'entreprise accorde un intérêt à ses prêteurs.

Les sociétés qui désirent être cotées en Bourse procèdent à l'estimation de la valeur nette de leur entreprise. Supposons que cette valeur soit l'équivalent de 500 millions de francs et que l'on ait divisé cette somme en 5 millions de parts. La valeur d'une part, que l'on appelle une "action", est de 100 F. En achetant une action, on devient donc propriétaire de l'entreprise pour un cinq cent millième. Est-ce à dire que ce prix est invariable ? Pas du tout. En effet, les actions (ou valeurs) sont soumises à une grande loi économique, dite "loi de l'offre et de la demande". Quand une valeur est recherchée par beaucoup de "boursiers", elle monte ; quand, au contraire, elle est délaissée, elle baisse.

Le cours des actions varie en fonction du développement du chiffre d'affaires, de l'augmentation des bénéfices, de la bonne tenue du secteur concerné et des facteurs économiques et politiques.

PANNEAU SOLAIRE

Qu'est-ce qu'un panneau solaire ?

QUESTION POSÉE PAR :
ALEXIS LAFILLE

Un panneau solaire est un dispositif capable de transformer en électricité l'énergie du soleil.

Depuis la crise pétrolière des années 1970, les chercheurs et les industriels se sont intéressés à un moyen de produire de l'électricité grâce à l'énergie dégagée par la chaleur du Soleil. Le panneau solaire, qui est maintenant au point, se compose d'une série de *photopiles*, petites cellules constituées d'éléments semi-conducteurs (silicium ou germanium). L'énergie du soleil fait se déplacer des électrons à l'intérieur des semi-conducteurs de chaque photopile. Connectées, ces cellules peuvent fournir jusqu'à 100 watts par m^2.
Les capteurs se présentent sous la forme de panneaux orientés vers le soleil, généralement disposés au sommet des bâtiments ou collés aux parois des toits en pente. Quelques mètres carrés de panneaux peuvent fournir l'énergie nécessaire à la consommation d'eau chaude de tout un hôtel...

CHENILLES

Est-il vrai que les chenilles sont nuisibles ?

Les chenilles sont des larves de papillons. Avant de former la chrysalide de laquelle tout papillon doit sortir pour son premier envol, les chenilles dévorent quantités de plantes, aussi bien les feuilles des arbres que celles des cultures. Certaines espèces sont particulièrement dévastatrices.

Les chenilles sont formées de plusieurs segments souples animés par un nombre variable de paires de pattes. Leur taille n'est généralement pas très grande, mais leurs mandibules sont énormes pour d'aussi petits animaux qui passent tout leur temps à manger. Elles vivent parfois en colonies comme la chenille processionnaire du pin qui est capable de dévorer les aiguilles de l'arbre. D'autres espèces sont plus solitaires, mais dans l'ensemble, les chenilles, à cause de la quantité de matière végétale qu'elles absorbent, constituent un véritable fléau. Ainsi, la piéride du chou peut détruire toute une récolte : certains vergers sont fortement atteints par des colonies qui s'attaquent aux fleurs et aux feuilles dès le printemps. D'autres espèces sécrètent pour leur défense des substances urticantes, comme le bombyx par exemple. D'autres encore abandonnent sur les fils de leurs cocons des poisons qui peuvent provoquer de sérieuses allergies...
A la fin de l'hiver, on peut observer dans les champs, les jardins et sur les branches des arbres, des chenilles enroulées dans leur tissage protecteur. Le plus souvent c'est une feuille, recroquevillée par les sécrétions de l'animal, comme embobinée par ses fils, qui lui sert d'abri temporaire avant la construction de la chrysalide elle-même.

GRAFFITI

Quelle différence y a-t-il entre un tag et un graffiti ?

Les graffiti sont des inscriptions plus ou moins lisibles, gravées, peintes ou dessinées sur les murs par exemple, afin de faire connaître son opinion. Les tags sont des sigles stylisés réalisés à la bombe de peinture : ils représentent la "signature" du taggeur ou d'une bande et ne sont le plus souvent identifiables que par ceux qui les ont tracés.

Les graffiti les plus anciens sont ceux que les premiers chrétiens gravaient au-dessus des tombes de leurs morts, dans les catacombes... La tradition du graffiti, inscription faite sur un mur à la sauvette pour défendre une idée ou exprimer une opinion, s'est maintenue jusqu'à aujourd'hui : on peut parfois encore lire sur certains murs *Paix en Algérie, Paix au Vietnam, Non à la guerre,* ou *Libérez nos camarades* : ces graffiti ont vingt ou trente ans.

Depuis le début des années 1980, l'art des tags, qui accompagne la mode musicale du rap, a fait son apparition principalement dans les gares ou les stations de métro, espaces de prédilection des taggeurs. Cet art prend parfois la forme de fresques, dont certaines sont particulièrement complexes et étudiées : les passagers du métro parisien peuvent les admirer fugitivement, à l'entrée d'un tunnel, par exemple. Mais la plupart des tags sont des sigles dessinés en écriture stylisée, destinés à signaler le passage d'un taggeur. Ils s'étalent sur les wagons, envahissent même l'intérieur des voitures. Vandalisme, disent les responsables de la S.N.C.F. ou de la R.A.T.P., qui les font régulièrement effacer. Expression artistique, répondent les taggeurs.

PATINS À ROULETTES

Qui a inventé les patins à roulettes ?

QUESTION POSÉE PAR :
FARIDH HAMADI

L'apparition de la première paire de patins à roulettes fut fracassante !
En 1759, un fabricant belge d'instruments de musique est invité à Carlisle House à Londres pour un bal. Il fait une entrée spectaculaire en "roulant" et en jouant du violon. Mais, n'ayant pas pensé au freinage, il va s'écraser contre le miroir qui garnit le mur au fond de la salle !

Chaque patin ne comportait alors que deux roues. En 1815, un patineur français, Garcin, reprend cette idée de patins sur roulettes pour s'entraîner l'été. Puis les patins firent une nouvelle apparition très remarquée en 1849. Un opéra de Scribe, *Le Prophète*, était représenté à l'Opéra de Paris. Au troisième acte, un quadrille de patineurs évoluait sur un "lac glacé". Les patins étaient évidemment à roulettes !
Les premiers patins brevetés à 4 roues sont dus à un Américain, James Plimpton, en 1863. Un Français original, Mercier, les dota de moteurs en 1912.
Certains exploits ont été accomplis en patins à roulettes : le tour de France (en 1985), la traversée du continent américain d'Est en Ouest ou encore celle de l'Alaska au Brésil !...

VÉTÉRINAIRE

Comment devient-on vétérinaire ?

QUESTION POSÉE PAR :
JACQUES-ANTOINE PINEL

Aimer les animaux ne suffit hélas pas pour être vétérinaire : les études sont parmi les plus difficiles par leur niveau de recrutement, leur durée et surtout la quantité de connaissances à acquérir.

Pour entrer dans l'une des 4 écoles de vétérinaires (Maisons-Alfort, Lyon, Toulouse, Nantes), il faut passer un concours ouvert (théoriquement) aux bacheliers (C et D) et techniciens agricoles de tout âge.
En fait, la difficulté des épreuves rend nécessaires deux ans de préparation spéciale dans l'une des 24 sections françaises de maths sup-techno. Des connaissances sont exigées en biologie, mathématiques, français, botanique, législation ... Les 564 heureux élus devront suivre 4 années d'études sanctionnées chacune par un examen. Le dernier constitue le certificat de fin de scolarité et leur permet de soutenir une thèse à la faculté de médecine qui leur octroie le titre de Docteur-Vétérinaire.
Entre-temps, des stages en laboratoire ou chez des praticiens ont permis aux futurs vétérinaires d'élaborer leur thèse et surtout de se familiariser avec la diversité des interventions : chiens écrasés, canaris déplumés, vaccination ou insémination de bétail, analyses de dopages, recherche agronomique, détection de l'évolution de la rage, chirurgie dentaire de félins... C'est ainsi que les vétérinaires sautent du coq à l'âne (!) pour satisfaire leur clientèle.

COLOMBE DE LA PAIX

Pourquoi la colombe est-elle le symbole de la paix ?

QUESTION POSÉE PAR :
DE BONDY JACQUES-OLIVIER

Depuis l'Antiquité, la colombe, par sa blancheur et par la douceur de ses moeurs, par sa fidélité aussi envers son compagnon et ses petits, jouit de la sympathie des peuples, symbolise l'amour, la douceur. Aussi fait-elle partie des légendes et des récits anciens : des colombes nourrirent Jupiter, des colombes rendaient les oracles à Dodone et en Libye. C'était également dans l'Antiquité l'oiseau favori de Vénus.
Dans l'Ancien Testament, c'est une colombe qui rapporte dans son bec un rameau d'olivier vert jusqu'à l'arche de Noé sur le mont Ararat, annonçant par là même que l'eau avait baissé, signe que la colère de Jahvé était terminée. Elle est depuis ce temps symbole de paix et de réconciliation.

Dans la Bible, la colombe représente l'innocence et la simplicité : les femmes juives l'offraient à Dieu après leurs couches. On la retrouve souvent dans l'art chrétien : Saint Grégoire est représenté avec une colombe sur la tête ou sur l'épaule. Elle est parfois même le symbole de Jésus-Christ ou du Saint Esprit. Elle représente aussi le martyre, la résurrection, la fidélité, la paix de l'âme, l'ascension du Christ ou la virginité de Marie.

LES HALLES

Pourquoi a-t-on démoli les halles de Paris?

Depuis le Moyen Age, le centre de Paris était occupé par les "halles", vaste marché qui devint progressivement le lieu central d'approvisionnement des commerçants parisiens.

En 1969, face aux problèmes considérables que posait l'emplacement des halles, on décida de les démolir : les dizaines de camions venus décharger leurs marchandises rendaient difficile la circulation dans ce quartier.

Mais pendant une dizaine d'années, on ne parvint pas à décider ce qui serait construit à la place et quand le "Forum" ouvrit ses portes, nombreux sont ceux qui critiquèrent l'architecture moderne de cet immense ensemble commercial aux centaines de boutiques.

GORGONE

Qu'est-ce qu'une Gorgone ?

Cette tête décorative représente un monstre mythologique à chevelure de serpents.

La Gorgone, autrement appelée *Méduse*, est une divinité de l'Antiquité grecque et romaine. Sa chevelure était composée de serpents et elle transformait en pierre tous ceux qui osaient croiser son regard.

Les Gorgones étaient initialement trois sœurs, vieilles divinités nées des amours du dieu marin Phorcys et de la déesse Ceto. La plus célèbre d'entre elles, Méduse, monstre effrayant, avait le don de transformer en pierre ceux qui la regardaient dans les yeux. Le héros grec Persée parvint à la décapiter par surprise et fit cadeau de sa tête à la déesse Athéna. L'expression "être médusé", qui indique de nos jours une totale stupéfaction, fait référence aux capacités "hypnotiques" de la Gorgone Méduse. De nos jours, on appelle aussi "gorgones" des formations calcaires coralliennes arborescentes en forme d'éventail. Ces gorgones se présentent comme des petits arbustes aplatis blanchâtres, dont les branches dessinent une fine dentelle qui rappelle vaguement une chevelure. On peut les observer sur les côtes méditerranéennes à partir de 10 mètres de profondeur.

LANDRU

Qui était Landru ?

QUESTION POSÉE PAR

BENJAMIN PASQUIER

Trop méticuleux pour être honnête !
En mai 1918, une famille s'inquiéta de la disparition d'une veuve de plus de 50 ans partie rejoindre un mystérieux M. Fremyet à Gambais (78). Une deuxième disparition est signalée peu après et on évoque un certain M. Dupont. Or, chez un commerçant parisien, une soeur de la première disparue croise par hasard un M. Fremyet ... qui se faisait d'ailleurs appeler Guillet par ses voisins.

Il s'agissait de Désiré Landru. 51 ans, condamné 5 fois pour escroquerie. Interrogé par la police, il nia tout. Mais on trouva chez lui un carnet révélant les noms de toutes ses victimes, l'heure de leur assassinat, leur coût. On apprit ainsi que dix femmes prirent un aller simple pour Gambais (alors que Landru prenait un aller-retour) et finirent leurs jours en fumée et en cendres. Landru fut guillotiné le 25 février 1922.

PARTHÉNON

Que reste-t-il de la Grèce antique ?

Le lieu le plus célèbre de Grèce est sans aucun doute l'Acropole d'Athènes, dominée par le Parthénon. En été, dix mille visiteurs par jour montent sur l'immense esplanade de cette citadelle vouée au culte d'Athéna. Les monuments les plus remarquables de la "roche sacrée" (le Parthénon, l'Erechtéion, les Propylées et le temple de Niké) ont été construits dans la seconde moitié du Ve siècle avant J.-C., sous l'inspiration de Périclès.

Outre l'Acropole, il existe aussi des dizaines d'autres sites mis au jour depuis un siècle : tel est le cas de Délos, Delphes, Epidaure, Mycènes, Argos, Olympie... Et il reste encore beaucoup de découvertes à faire. La Grèce est un musée à demi enfoui.
Mais le problème qui se pose au gouvernement grec est la préservation de ce qui a été exhumé. C'est pourquoi une série de mesures ont été prises pour mettre fin au pillage et au vandalisme. Sur les sites, il est par exemple interdit de ramasser le moindre caillou (ce peut être le fragment d'une oeuvre), de fouler l'intérieur des temples, de toucher les statues.
La préservation du patrimoine suppose aussi la lutte contre les dégradations chimiques de la pierre : c'est ainsi que les caryatides de l'Erechtéion ont été transplantées dans le musée du site et remplacées par des copies. Actuellement, le ministre de la Culture mène une véritable campagne pour remettre en place la célèbre frise de la façade Est du Parthénon dont la plupart des dalles sculptées se trouvent au British Museum où le comte d'Elgin les fit transporter en 1802.
La Grèce vit en partie du tourisme et se doit de protéger ses monuments uniques au monde.

PERLES

Qui inventa la culture des perles ?

Les perles furent utilisées dès l'Antiquité. Le plus ancien collier connu date de 350 av. J.-C. Ces perles naturelles (ou perles fines) étaient recueillies dans certaines huîtres des mers chaudes, les *méléagrines*. Ces mollusques vivent à plusieurs mètres de profondeur dans les golfes, les lagunes et les atolls. Il fallait des plongeurs expérimentés et courageux pour descendre sans équipement jusqu'à 30 m et recueillir ces huîtres perlières.

Aujourd'hui, les perles naturelles, qui se sont raréfiées, sont souvent remplacées par les perles de culture "inventées" par les Japonais au XIXe siècle. Le premier à "fabriquer" une perle s'appelait Mikimoto. Il eut l'idée d'introduire un corps étranger dans une huître perlière. Car, que ce soit une perle naturelle ou une perle de culture, le phénomène est toujours le même : l'huître a une réaction de défense et sécrète autour de cet élément, une substance (la nacre) en couches concentriques.

La culture des méléagrines destinées à produire des perles demande beaucoup de soins. Les huîtres en formation sont d'abord "semées" au fond de baies tranquilles. Au bout de trois à quatre ans, elles sont parvenues à maturité et sont alors recueillies. Une petite boule est introduite dans chaque huître au moyen d'instruments spéciaux puis le coquillage est remis à l'eau.
Quatre ou cinq ans plus tard, la petite boule sera devenue perle.

COCA-COLA

Le Coca-Cola est-il dangereux pour la santé ?

QUESTION POSÉE PAR
GARIN SANDRINE

John Pemberton était pharmacien à Atlanta, dans l'Etat de Georgie aux Etats-Unis. Il fait très chaud en Georgie l'été et John Pemberton, comme tout bon pharmacien, souhaitait le bien-être de ses concitoyens. Il chercha donc à fabriquer un sirop qui serait désaltérant, mais aussi nouveau.

Beaucoup de gens se demandent si cette boisson est bonne pour la santé. Elle est fabriquée avec des produits naturels et, si l'on choisit la formule sans caféine, cette boisson ne peut pas être nocive.
Toutefois, comme toutes les boissons de ce type, le coca contient beaucoup de sucre et ne doit pas être consommé tout au long de la journée et surtout pas pendant les repas : n'oublions pas qu'un litre de soda équivaut à 25 morceaux de sucre.
Il est à noter cependant qu'un "coca-cola light" est apparu il y a quelque temps en France. Le sucre a été remplacé par de l'aspartam et la boisson n'est presque plus calorique (1 calorie par verre !). Plus de raison de se priver.

MÉTRO PARISIEN

Qui construisit le métro parisien ?

Tous ceux qui prennent le métro à Paris connaissent le nom de la station Montparnasse. Mais on ne sait pas pourquoi il est accompagné de Bienvenüe. C'est tout simplement le nom de l'ingénieur - Fulgence de son prénom - qui conçut et réalisa le réseau métropolitain, et qui dessina ses tunnels elliptiques.

C'est en 1855 que fut envisagée pour la première fois l'idée d'un chemin de fer qui éviterait les embarras de Paris, mais la rivalité entre l'Etat et la Ville de Paris empêcha tout avancement du projet jusqu'à la fin du siècle dernier ... Les travaux ne commencèrent qu'à la fin de 1898 par trois lignes : Porte de Vincennes - Porte de Neuilly, une voie circulaire externe : Nation-Dauphine (nord et sud) et une ligne Maillot-Ménilmontant.
Fulgence Bienvenüe était ingénieur en chef des Ponts et Chaussées. C'est lui qui fut chargé dès lors de mener à bien les travaux du métropolitain. Son premier tour de force consista à réaliser la première ligne en 17 mois ... aussi vite qu'un chantier contemporain pourrait le faire.
Le premier réseau complet fut bâti entre 1904 et 1910. On ouvrit le tronçon Villiers-Père-Lachaise en 1904, il s'étendit jusqu'à Gambetta en 1905. Aux wagons à Bissel (4 roues) devaient succéder simultanément les voitures à bogies.

Le réseau nord-sud fut réalisé en 1910 et 1914. La Première Guerre mondiale stoppa les grands travaux, et le réseau ferré ne progressa plus jusqu'en 1929.
Ce n'est qu'à partir de 1930 que reprennent les travaux d'extension, en particulier pour substituer le chemin de fer souterrain aux tramways encore existants. C'est d'ailleurs vers cette époque que l'ingénieur Sprague conçoit de nouvelles voitures qui seront en service jusque dans les années 1960.
L'ingénieur Bienvenüe, lui, s'éteint en 1936, sans avoir connu le renouveau du métro de Paris.

Les travaux, place de l'Opéra, à Paris, au début du siècle.

JACQUES BREL

Qui était Jacques Brel ?

A sa naissance, dans une famille bourgeoise et chrétienne, le 8 avril 1929, en plein Brabant - ce "plat pays" qu'il a immortalisé- rien ne laissait présager un tel destin. Ses études souffriront de l'occupation allemande. Très tôt, il quittera le collège, se laissant enrôler dans la cartonnerie familiale. Mais la vraie vie est ailleurs. Il fait l'apprentissage de la scène au hasard des patronages, des associations de jeunesse chrétienne, des fêtes de charité. C'est là qu'il rencontrera Miche, sa femme, qui lui donnera trois filles.

Brel enregistre à Bruxelles un 33 tours qui n'a aucun succès. A 23 ans, il décide alors de tenter l'aventure de Paris dont la richesse artistique l'éblouit. Il rompt définitivement les amarres qui le retenaient en Belgique.

Mais Paris ne l'attend pas. Il connaîtra la dure école de l'hôtel glacial, du sanwich quotidien et de la course aux cachets. "J'ai une envie d'aimer qui est abominable", disait-il. Pour nous séduire, il prend la plume et écrit *La Fanette*, *Mathilde*, *Quand on a que l'amour*, *La Valse à mille temps*, *Les Bonbons*, *les Vieux*, *Ne me quitte pas*... Ce besoin d'aimer va le conduire jusqu'à l'épuisement. Il se jette sur les tournées comme une drogue et tous les soirs c'est le triomphe. Mais au faîte de la gloire, à la surprise générale, Brel renonce aux tours de chant : refusant de s'installer dans la routine et la facilité, il tente une autre aventure.

Enthousiasmé par la comédie musicale *L'Homme de la Manche* qu'il voit à New-York et fasciné par le destin de Don Quichotte en qui il reconnaît son double, Jacques brel en écrit aussitôt l'adaptation française. La pièce est créée à Bruxelles en octobre 1968. Son partenaire, Dario Moreno, l'inoubliable Sancho Pança, impressionné, avoue : "Je pleure tous les soirs de vraies larmes. C'est Brel, il meurt trop bien. Ça me bouleverse". La pièce connaît le même succès à Paris, mais Jacques Brel, épuisé, doit interrompre les représentations. Des bruits de maladie circulent, vite démentis. En fait, Brel vient d'apprendre la nature de son mal. Il sait maintenant qu'il souffre d'un cancer au poumon.

Il se lance alors dans l'aventure du cinéma. On se souvient de ce pathétique instituteur qui essaie de prouver son innocence dans *Les Risques du métier* ou de cet adorable *Emmerdeur* qui dérange les projets de Lino Ventura. Puis il passe derrière la caméra et met en scène *Franz* et *le Far West* qui sera un échec. Blessé, Jacques Brel décide de partir, de se lancer dans l'aventure. Avec sa deuxième fille, France, et sa compagne Madley, il va tenter le tour du monde en bateau. Le bout de la route, ce sera l'île d'Hiva Oa, aux Marquises, où, le 9 octobre 1978, une embolie pulmonaire l'emporte.

TAPIS

Comment fabrique-t-on les tapis ?

QUESTION POSÉE PAR :
ALICE DELEMARRE

Le tapis se distingue du tissu en ce que les mailles sont nouées, à la main ou à la machine, sur une trame non croisée. Il n'y a donc pas sur un tapis noué de navette qui fasse courir un fil entre deux trames se croisant alternativement après chaque passage de la navette.

Le tapis est une spécialité orientale : les plus réputés sont turcs, iraniens, chinois, marocains. Mais on en trouve dans presque toutes les civilisations *nomades* : initialement conçu comme une sorte de "plancher" de laine destiné à couvrir la terre sous les tentes des pasteurs, le tapis s'est maintenu dans la tradition comme un objet de luxe, d'autant plus cher qu'il est fait à la main. Chaque brin de laine, de coton ou de soie étant noué autour du fil de trame. Les motifs colorés peuvent être géométriques ou figuratifs.

BÂTON D'ENCENS

Comment fabrique-t-on les bâtons d'encens ?

La fabrication des bâtons d'encens est simple : des tiges de bambous sont enduites d'une pâte composée d'un mélange de résines d'arbres, de sciures de bois odoriférants, d'huiles végétales et d'herbes aromatiques.

L'encens est sans doute le parfum le plus répandu en Asie et même en Occident, car il permet de rendre hommage aux dieux. Il sert aussi à fixer les parfums, à guérir, à désinfecter et à chasser les moustiques
Il existe trois sortes d'encens :
- l'encens mâle ou oliban, composé d'une résine extraite de l'écorce de Boswellia, arbre poussant en Inde, en Somalie et en Arabie ;
- l'encens femelle ou encens d'Arabie, produit par une sorte de genévrier ;
- l'encens commun ou galipot, à base de résine de pin.

SAINT-EXUPÉRY

Qui était Saint-Exupéry ?

QUESTION POSÉE PAR :
NICOLAS GOETTELMANN

Antoine de Saint-Exupéry fut un écrivain français de l'entre-deux-guerres, rendu célèbre par des romans d'aventures et des récits symbolistes exaltant les valeurs humaines du courage, de l'idéalisme et de la pureté.

Aviateur, il fut l'un des pionniers des transports aériens et tira de cette aventure humaine des récits autobiographiques pleins d'héroïsme et de bons sentiments (*Courrier sud*, 1929, *Vol de nuit*, 1931).
Un atterrissage forcé en plein désert le poussa à réfléchir sur le sens de la vie et la beauté du monde. Après *Terre des hommes* (1939), *Le petit Prince* (1943), un récit en forme de fable philosophique, expose la vision du monde de Saint-Exupéry, intellectuel aventurier épris de perpétuel dépassement de soi. Il mourut en mission au cours de la Seconde Guerre mondiale en juillet 1944.

ARC DE TRIOMPHE

Qui a fait construire l'Arc de Triomphe ?

QUESTION POSÉE PAR :
STÉPHANE BIZOLLON
LUDOVIC MALTIEIRO

A l'ouest de Paris, de grandes pelouses en amphithéâtre étaient traversées par cinq allées d'arbres en étoile. En 1806, après la victoire d'Austerlitz, Napoléon 1er décide d'y faire construire un arc gigantesque à la gloire de la Grande Armée. Les travaux commencent le 15 août et dureront 30 ans.

Deux ans sont nécessaires pour ériger les fondations qui pèsent 50 000 tonnes. A peine sorti de terre, d'après les plans de Chalgrin, l'Arc doit servir en 1810 pour l'entrée de la nouvelle impératrice Marie-Louise. Aussi bâtit-on une charpente avec un faux arc grandeur nature en toile peinte. Chalgrin, mort en 1811, est remplacé par Joust. Interrompus pendant la Restauration, les travaux reprennent par étapes en 1824 et s'achèvent en 1836. L'Arc de Triomphe de l'Etoile mesure 50 m de haut et 45 m de large. Il possède une grande arche centrale dont les voûtes sont décorées de caissons. Des sculptures monumentales ornent chacune des faces : Le Départ des volontaires de Rude, les Renommées de Pradier, la Résistance et la Paix d'Etex.

LÉGION D'HONNEUR

Qu'est-ce que la Légion d'honneur ?

QUESTION POSÉE PAR :

HELENE ANDRY

Lors de la nuit du 4 août 1789, l'Assemblée Constituante abolit les privilèges : tous les hommes devinrent égaux aux yeux de la loi et les 3 ordres qui divisaient la société disparurent.

Lorsque Napoléon Bonaparte institua le Consulat, il rêvait d'établir une hiérarchie nouvelle, fondée sur le mérite personnel, les services rendus, les fonctions occupées. Le 19 mai 1802, il créa une distinction non héréditaire, la Légion d'honneur.

La Légion d'honneur comporte 5 grades : Chevalier, Officier, Commandeur, Grand Officier, Grand-Croix. De nos jours, c'est le Président de la République qui en est le Grand Maître.

COLONNE VENDÔME

D'où vient la colonne Vendôme ?

L'habitude d'élever des colonnes triomphales en souvenir des grandes victoires militaires date des Romains. C'est cette coutume que Bonaparte décida de raviver en élevant une colonne au centre de l'ancienne place des Conquêtes rebaptisée par les révolutionnaires, place des Piques. Elle fut inaugurée en 1810 sous le règne de Napoléon et dédiée à la Grande Armée.

Cette colonne se compose de 98 assises de pierres recouvertes d'un revêtement de bronze provenant des 1 200 canons pris à l'ennemi à la bataille d'Austerlitz. Comme la colonne Trajan, elle est entourée d'une spirale de bas-reliefs de 260 m représentant les principales phases de cette bataille célèbre. Une porte de bronze donne sur un escalier intérieur et la colonne est surmontée d'une statue de Napoléon en César romain.
Mais l'histoire du monument ne s'arrête pas là. En 1871, les communards (les Parisiens révoltés contre le gouvernement de Thiers) l'abattirent. Elle ne fut remise en place qu'en 1875, et, haute de ses 44 m, continue aujourd'hui à dominer les hôtels particuliers construits par Hardouin-Mansart au XVIIe siècle.

PELUCHES

Comment fabrique-t-on les peluches ?

QUESTION POSÉE PAR :
ALICE DELEMARRE

Les animaux en peluche sont fabriqués à partir d'une étoffe particulière... la peluche ! Une fois l'"enveloppe" cousue, on la remplit de mousse que l'on tasse de façon à ce qu'elle prenne bien, à l'intérieur de son moule, la forme voulue.

La peluche est certainement une très ancienne invention chinoise, mais elle apparut en Europe au XVIIe siècle seulement.

Le principe de fabrication de la peluche est comparable à celui des tapis : le fil de soie, de laine ou de coton dépasse de la trame et il est coupé à quelques millimètres, ce qui lui donne l'aspect d'un poil (ce phénomène explique l'origine du mot "peluche").

La ressemblance de cette étoffe avec le pelage d'un animal la fait apprécier de tous les enfants. De nos jours, presque toutes les peluches sont faites à partir de matériaux synthétiques.

CONSERVES

Depuis quand fabrique-t-on des conserves ?

Depuis très longtemps, on savait conserver les viandes et les poissons en les salant ou en les faisant sécher. Cependant, c'est au XIXe siècle que furent inventés les procédés de conservation modernes. On doit à Nicolas Appert la publication en 1810 du *Livre de tous les ménages*, dans lequel sont consignées les méthodes sur "l'art de conserver toutes les substances animales et végétales". Le procédé qu'il préconisait porta ensuite le nom d'appertisation.

La méthode consistait à utiliser de la chaleur pour détruire les ferments contenus dans les aliments.
Appert avait découvert une technique, mais le mécanisme n'en fut connu qu'après les travaux de Pasteur. Jean-Nicolas Gannal inventa la technique de conservation de la viande par injection de chlorure d'ammonium. Mais c'est à Pasteur que revient le mérite de la mise en application des méthodes de conservation modernes par la stérilisation à 80 °C.
Les premières conserves furent réalisées dans des récipients de grès ou dans des bocaux de verre. L'usage de boîtes en fer étamé, employées en biscuiterie vers le milieu de XIXe siècle, se répandit très rapidement dès le début de ce siècle, aux Etats-Unis puis en Europe. Les conserves de viande et de légumes en boîte se généralisèrent au début du XXe siècle. Aujourd'hui, la stérilisation n'est plus le seul procédé de conservation des aliments. L'industrie du froid s'étant beaucoup développée, on recourt de plus en plus à la surgélation et à la déshydratation.

VIN

Le vin blanc est-il fait avec du raisin blanc ?

Boisson alcoolisée fabriquée avec du jus de raisin, le vin est connu depuis l'époque romaine. Sa couleur est due au procédé de vinification et non à la couleur d'origine du raisin. Pour fabriquer du vin blanc on utilise des raisins rouges à jus blanc ou des raisins blancs.

Les raisins sont pressurés après avoir été récoltés. Le moût (le jus) est additionné d'un peu d'anhydride sulfureux (sulfitage), pour éviter son oxydation, avant d'être versé en cuve de fermentation.
Pour obtenir du vin rouge, on n'utilise jamais de raisin blanc. On commence par fouler les raisins puis on les stocke dans une cuve pour une macération complète avec les grappes sans grains (les rafles) et les peaux. Il se produit la première fermentation.

Transport du raisin et vente du vin.
Tapisserie du XVe siècle.

On sépare alors le marc (ce qui reste de solide) du jus. On le presse et on obtient le "vin de presse" qui est remélangé au jus pour une seconde fermentation. Plus le raisin a reçu de soleil, plus il contient de sucre et plus le degré alcoolique du vin sera élevé. Certaines années de mauvais temps, quand le raisin n'a pas bien mûri, les vignerons des régions concernées sont autorisés à ajouter du sucre au jus. Ce prodédé appelé "chaptalisation" permet d'augmenter le degré alcoolique de la production. L'opération est réalisée sous contrôle de manière à éviter les abus et conserver la qualité des différents crus. Les plus grands vins rouges sont produits dans le Bordelais et la Bourgogne. Quant aux blancs, ceux d'Alsace, des pays de Loire et de Champagne sont les plus renommés.

PONT-NEUF

Combien d'arches le Pont-Neuf a-t-il ?

QUESTION POSÉE PAR :
ELODIE BAYARD

Le Pont-Neuf est le plus ancien des ponts de Paris, il fut le premier à ne pas être bordé de maisons et à laisser voir la Seine aux badauds.
Construit de 1578 à 1607, à l'initiative de Henri III qui en posa la première pierre, payé grâce à un impôt sur le vin, il plut tout de suite aux Parisiens. Louis XIII vint l'inaugurer en 1613. Les bouquinistes y posèrent leurs livres dans les niches sur les côtés, tandis que les bateleurs s'y promenaient pour interpeller le client. Le Pont-Neuf a subi des modifications en 1852 et a été restauré en 1886.

Cinq arches joignent l'île de la Cité à la rive gauche, sept autres à la rive droite.

Sous la seconde arche, une pompe ornée d'une "samaritaine" envoyait l'eau au Louvre et aux Tuileries. C'est ce bas-relief qui a donné son nom au grand magasin qui se trouve sur la rive droite du pont. A la pointe de la Cité, un square, baptisé le "Vert galant" et la statue d'Henri IV à cheval remplacent d'anciens îlots. Le pont est ainsi partagé en deux bras, telles deux amarres retenant La Cité. Etait-ce pour lui donner un nouveau souffle qu'en 1985, l'Américain Christo décida d'emballer le Pont-Neuf ? Celui-ci fut drapé dans une toile qui ne mesurait pas moins de 4 000 m^2. Du 20 au 22 septembre, on put voir à l'œuvre aussi bien des mariniers que des hommes-grenouilles ... et des alpinistes !...

GOLF

Depuis quand joue-t-on au golf ?

Aujourd'hui 40 millions de personnes dans le monde s'adonnent aux joies du golf, sport qui par le nombre de ses participants est le deuxième après le football. Selon le poète romain Martial, les enfants romains jouaient déjà à un jeu nommé "paganica" dans lequel il s'agissait de pousser avec un bâton de forme courbe une balle en cuir remplie de plumes.

Au XIIIe siècle, en Angleterre, on jouait à un jeu semblable avec une balle en bois et des documents historiques attestent l'exportation, en 1297, de balles en plume, de Hollande vers l'Ecosse en échange de clubs en bois. C'est d'ailleurs des Pays-Bas que vient le mot "colf" qui signifie crosse.
Mais c'est en Ecosse, à l'université de Saint-Andrews, au nord d'Edimbourg, que le golf pratiqué par les étudiants sur les links (landes sablonneuses en bord de mer) prit son essor. Essor si grand que l'on peut voir sur un vitrail de la cathédrale de Gloucester un joueur de golf et que des lois du Parlement interdirent ce jeu au XVe siècle car il détournait les gens du tir à l'arc (utile à la défense en cas de guerre). Malgré cela, le golf continua à se développer, et en 1754 furent rédigées ses règles, toujours en vigueur actuellement.
En France, le premier golf fut créé par un Anglais, à Pau, en 1846. Le premier golf américain vit le jour en 1898, deux ans après le premier tournoi européen. Et c'est une joueuse de golf, Margaret Abott, qui fut la première femme à remporter une médaille olympique en 1900.
Depuis 1977, le golf n'est plus considéré en France comme signe extérieur de richesse, d'où l'augmentation considérable du nombre de licenciés : 18 000 en 1968 ; 80 000 en 1986. Ils disposent de 31 golfs publics et de 135 golfs privés pour pratiquer leur sport favori.

Severiano Ballesteros (Espagne), US Masters 88.

POTAGER

D'où vient le mot potager ?

QUESTION POSÉE PAR :
SALIM DESAI

Au Moyen Age, on appelait "potage" les légumes que l'on faisait bouillir au "pot". Le jardin potager est donc un jardin ou l'on cultive les légumes destinés au potage !

La cuisine moyenâgeuse était bien pauvre en légumes et manquait d'épices. On ne connaissait ni la tomate, ni la pomme de terre, qui furent découvertes dans le Nouveau Monde.
Les paysans avaient autour de leurs maisons un jardin potager où ils faisaient pousser d'innombrables variétés, aujourd'hui disparues, de choux, poireaux, carottes, asperges, navets, qui étaient ensuite cuits à l'eau, dans une marmite, pendant des heures, au-dessus du foyer. Le potage maigre, soupe de légumes mélangés, était parfois agrémenté d'un petit morceau de volaille (la célèbre poule au pot d'Henri IV) ou de bœuf (le ragoût, la daube).

Représentation d'un potager (XVe siècle).

YÉTI

Où risque-t-on de rencontrer le Yéti ?

QUESTION POSÉE PAR :
ZARINAH LATIF

Yéti de l'Himalaya Dinanthropoides nivalis, Heuvelmans 1955, dessin de Alika Lindbergh 1958.

Le 8 novembre 1951, l'alpiniste anglais Eric Shipton photographie d'énormes empreintes sur le glacier de Melung, dans la région de l'Everest (Himalaya). Un mythe va naître : ce sont les traces du yéti, l'"abominable homme des neiges" !
En dehors de ces empreintes et de certains témoignages de sherpas ou de lamas, rien n'a pu être produit pour démontrer l'existence du yéti (ou Yeh-Teh, en langage népalais). Restent les hypothèses. Parmi les mieux étayées, citons celle du zoologue Bernard Heuvelmans. Pour lui, le yéti n'aurait rien d'abominable, ni rien d'humain. Il s'agirait d'un grand singe anthropoïde descendant probable d'un autre grand singe qui vécut en Chine, il y a 100 000 ans: le gigantopithèque.

Contrairement à la légende, il n'habiterait pas dans les neiges éternelles de l'Himalaya mais son repaire se trouverait plutôt dans les épaisses forêts de rhododendrons des hautes vallées himalayennes.

GUITARE

Qui inventa la première guitare électrique ?

Le principe de fonctionnement de la guitare électrique est relativement simple : un aimant, ou une série d'aimants placés sous les cordes métalliques, transmet à un amplificateur les transformations du champ magnétique provoquées par le mouvement des cordes dans ce champ.

"Telecaster" Fender.

Dès les années trente, le besoin d'amplifier le son des guitares de jazz et de musique country à caisses traditionnelles se fit sentir aux Etats-Unis. Adolf Rickenbacker, directeur d'une marque qui existe toujours et demeure prestigieuse, fut le premier à mettre en pratique le principe de l'amplification magnétique : en 1931, il plaça au aimant sur une guitare hawaïenne. Le son, médiocre, ronflait beaucoup, mais le résultat satisfaisait les instrumentalistes, qui pouvaient enfin tenir tête au piano et aux cuivres.

Le premier micro magnétique véritablement efficace fut monté par la firme Gibson sur une guitare de jazz à caisse creuse. Son utilisation régulière par le virtuose Charlie Christian donna son nom au modèle, qui est aujourd'hui très recherché par les collectionneurs. Pourtant, cela ne pouvait suffire : la caisse creuse de ces guitares entrait parfois en résonance et produisait un sifflement désagréable. Il fallait donc supprimer la caisse creuse et la remplacer par un morceau de bois massif. Cette invention capitale, qui marque

Charvel Electric Blue M2.

la naissance de la guitare électrique à proprement parler, est celle de Léo Fender. En 1948, il construisit la "Broadcaster", rebaptisée deux ans plus tard "Telecaster". Cette guitare, inchangée, est toujours utilisée.

La "Stratocaster", introduite en 1954, est la plus répandue et la plus copiée des guitares électriques. Fender appliqua le même principe aux anciennes contrebasses, en remplaçant l'énorme caisse par une simple plaque de bois massive : la guitare basse électrique est aujourd'hui l'un des instruments majeurs de la musique rock, et l'un des plus caractéristiques, avec la guitare électrique.

TOUR DE PISE

Pourquoi la Tour de Pise penche-t-elle ?

Toute de marbre blanc, la célèbre tour penchée de Pise qui n'est autre que le campanile de la Cathédrale, fut commencée en 1174 mais ne fut achevée qu'au XIVe siècle. Elle s'incline de 2,27 m vers le sud. Elle est donc plus haute au nord (55,22m) qu'au sud (54,52 m).

La cause de l'inclinaison de la Tour est une énigme qui a suscité bien des hypothèses, d'autant plus que, paradoxalement, la Tour a résisté sans difficulté aux divers tremblements de terre qui ont secoué la péninsule italienne ainsi qu'aux bombardements de la dernière guerre. Peut-être cette inclinaison est-elle due à l'affaissement du sol marécageux en ce lieu situé sur l'estuaire de l'Arno. Elle s'accroît de 7/10e de millimètre par an.

TOUR EIFFEL

Pourquoi a-t-on construit la tour Eiffel ?

QUESTION POSÉE PAR :
PATRICE SAAD

En 1889, Paris présente lors de l'Exposition universelle la toute nouvelle tour Eiffel. Elle fut construite pour affirmer la supériorité industrielle et artistique de la France. C'est une prouesse technique.

Dès juin 1888, avec le second niveau (115 m), Gustave Eiffel dépasse le plus haut monument d'alors : le Panthéon. Les 300 m de sa tour constituent encore un record pour Paris.
En 1900, la modernité de la tour surprend et choque. Les premières critiques sont balayées par les 50 millions de visiteurs admiratifs et séduits. Aujourd'hui, outre la curiosité pour ce magnifique exemple d'architecture métallique de la fin du XIXe siècle, le succès de la tour Eiffel vient surtout de la beauté du panorama qui s'offre au visiteur lorsqu'il atteint le deuxième niveau.

Aujourd'hui, l'utilisation de la tour Eiffel est liée à sa forme élancée. Destinée à abriter un observatoire météo, elle est devenue une "antenne". Depuis 1921, elle transmet en effet les émissions de radio et depuis 1936 les sons et

La tour Eiffel lors de l'Exposition universelle de 1889.

images de la télévision. C'est le point de départ des relais qui alimentent en images tout le pays. En outre, elle accueille plusieurs restaurants panoramiques. La tour sert parfois de support publicitaire et elle a inspiré les artistes les plus divers. Pour tous, la tour Eiffel est le symbole de la ville de Paris.

UNESCO

Qu'est-ce que l'UNESCO ?

Le palais de l'UNESCO, à Paris, abrite depuis 1958 cette organisation fondée le 4 novembre 1946, peu après la Seconde Guerre mondiale. UNESCO signifie en anglais "United Nations Educational, Scientific and Cultural Organization", ce que l'on traduit en français par "Organisation des Nations unies pour l'éducation, la science et la culture".

Formation de techniciens dans un pays du Tiers Monde.

Comme l'ONU, l'UNESCO oeuvre pour la paix et le respect des droits de l'homme, mais s'occupe uniquement des questions culturelles, au sens le plus large du terme.
Cette organisation regroupe 130 États membres qui contribuent à son financement en fonction de leur revenu national (les plus riches paient une contribution plus importante).

RECYCLER

Pourquoi est-il important de recycler les déchets ?

Notre système de production et de consommation rejette une énorme quantité de déchets en tous genres. La population mondiale croissant sans cesse, il est nécessaire de réutiliser au maximum ce que nous jetons afin de préserver les ressources de la planète. Sinon, de très graves désordres écologiques interviendront au siècle prochain.

L'habitant des Etats-Unis jette en moyenne 540 kg d'ordures par an, le Français, 330 kg. Dans ces ordures, qui sont brûlées ou broyées (pour être ensuite enterrées le plus souvent), il y a pourtant des matières recyclables : verre, métaux, papier et carton.
Dans le but de moins gaspiller les ressources de la planète, certains pays organisent le tri des ordures ménagères : une poubelle pour le verre, une pour les métaux, une pour les papiers et cartons. Grâce à ce système, près de 25 % des bouteilles de verre et 50 % des canettes d'aluminium produites aux Etats-Unis, en Allemagne et en Australie ont des matériaux recyclés pour base. En France, on commence à recycler le verre et dans les grandes villes, des déchetteries - où l'on peut déposer les produits très polluants (peintures, colles, huiles, piles électriques) - ont été construites.

JEU DE GO

Quel est le jeu de société le plus pratiqué au Japon ?

Début de partie : les Blancs semblent avoir l'avantage.

Le jeu de go, importé de Chine il y a plus d'un millénaire, est devenu le jeu le plus pratiqué au Japon. C'est un jeu stratégique dont le but est de conquérir un territoire plus vaste que celui de l'adversaire.

Les Américains jouent au poker, les Russes aux échecs, les Français à la belote... et les Japonais jouent au go ! Ce jeu stratégique venu de Chine servait, selon la légende, à matérialiser à l'aide de pierres les conquêtes des souverains chinois ou les armées en campagne. Sur un carré comprenant 381 intersections, chaque joueur dispose une pierre à tour de rôle. Toute pierre, ou groupe de pierres, totalement encerclé est retiré du plateau, appelé *go-ban*. Il est possible de placer ses pierres où l'on veut et de chercher à créer un territoire en plein cœur de celui de l'adversaire ... mais c'est à ses risques et périls ! Au bout d'un certain temps, les joueurs se mettent d'accord pour arrêter la partie, s'ils estiment qu'aucun coup n'est plus possible. On compte alors les intersections laissées libres dans chaque territoire. Le gagnant est celui qui en a le plus grand nombre.

Fin de partie : les Noirs l'emportent.

ANNE FRANK

Dans quelles conditions Anne Frank est-elle morte ?

Anne Frank est aujourd'hui le symbole des victimes juives du nazisme. Elle est née le 1er juin 1929 à Francfort-sur-le-Main en Allemagne. Quand Hitler accéda au pouvoir en 1933, sa famille se réfugia à Amsterdam. En mai 1940, la persécution des juifs commença. En juillet 1942, la famille se cache dans "l'annexe", une partie camouflée de l'immeuble qui abritait l'entreprise de son père : huit personnes y vécurent cachées pendant 25 mois.
C'est à 13 ans qu'Anne commença à tenir son journal, qui s'arrête le 1er août 1944. En effet, trois jours plus tard, la police allemande, sur dénonciation, découvrait la cachette, arrêtant tous les occupants.
Les huit prisonniers firent partie du dernier convoi qui quitta la Hollande pour Auschwitz. Dès leur arrivée, plus de la moitié des déportés furent gazés. Les plus valides marchèrent jusqu'à Birkenau.

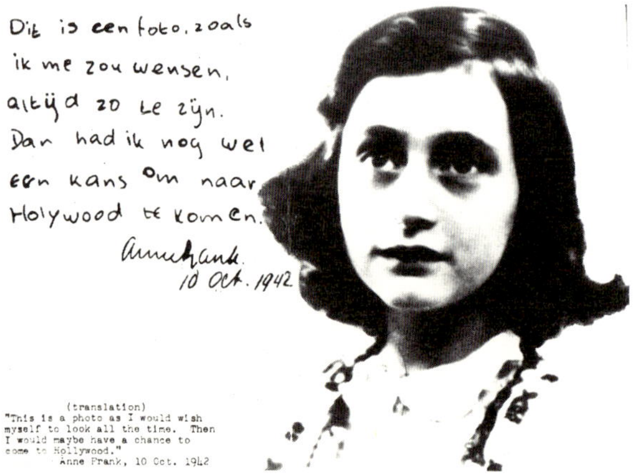

Anne et sa soeur furent transférées à Bergen-Belsen, au nord de l'Allemagne, où les conditions de vie étaient terribles : "Mes parents sont morts, ici nous n'avons rien à manger, nous avons froid, nous n'avons pas de vêtements, je suis très maigre et ils m'ont rasée", dit-elle dans sa détresse à son amie Hannah. Elle mourut épuisée par le typhus en mars 1945, peu après sa soeur. Quelques semaines plus tard, le camp était libéré. Seul son père survécut.

VICTOR HUGO

Qui était Victor Hugo ?

Victor Hugo est né en 1802 à Besançon et a vécu avec sa famille pendant les premières années de sa vie entre la France, l'Italie et l'Espagne, car son père était général dans les armées de Napoléon.
Très vite, il se découvrit un goût prononcé pour l'écriture. Le but qu'il se fixa dès l'adolescence est très révélateur : *Je veux être Chateaubriand ou rien.* Dès 1819, le prix du Lys d'Or lui fut décerné et, à 20 ans, il publia son premier recueil de poésies.

Durant les débuts de sa carrière d'écrivain, le style d'Hugo mêlait classicisme et romantisme. Mais très vite il s'affirma comme le fervent défenseur - sinon le représentant - de ce genre nouveau dont il devait devenir l'un des principaux théoriciens. Il s'essaya notamment au roman historique, forme littéraire chère aux Romantiques. En effet ceux-ci cherchaient à travers leurs œuvres à exalter le passé, et notamment l'histoire propre à chacun des pays. D'autres thèmes revenaient souvent sous la plume des artistes de cette époque : la liberté et le "peuple". La liberté pour Hugo n'était pas qu'un principe applicable à la société, c'était aussi une des règles nécessaires de la création artistique. Tous ces thèmes ont alimenté ses œuvres, que ce soit avant, pendant ou après son exil. En effet, en 1851, après quelques années de militantisme au cours desquelles il fut député, il s'exila à Jersey et n'en revint qu'en 1870.

Victor Hugo se sentait investi d'une "mission". Pour lui, le poète était loin de ressembler à ce doux rêveur ignorant des réalités tel qu'on le décrit parfois ! Le poète était en somme celui qui se devait de conduire l'homme vers la Vérité. En quelque sorte, ses vers étaient le lien entre l'homme et la parole divine. C'est pourquoi l'art n'était pas uniquement à ses yeux une recherche du Beau mais c'était surtout une recherche du Bien.
Son œuvre est très abondante. Elle comporte plusieurs recueils de poésies et d'odes comme *Les Contemplations*, ou *Les Rayons et les Ombres*, ainsi que du théâtre : *Ruy Blas, Hernani...* et des romans dont certains sont restés très célèbres : *Les Misérables, Notre-Dame de Paris, Quatrevingt-Treize...*

MONSTRE DU LOCH NESS

Le monstre du Loch Ness existe-t-il vraiment ?

QUESTION POSÉE PAR:

ERIKA BROCHE

Le Loch Ness est l'un des plus longs (42 m) des nombreux lacs qui trouent les Highlands et dont la plupart sont reliés à la mer par un fjord ou, comme le Loch Ness, par un canal. Depuis le milieu du XIXe siècle, des légendes circulent sur la présence d'un monstre dans les eaux de ce lac.

La taille attribuée au monstre varie selon les "témoins" de 7 à 20 mètres. Mais tous reconnaissent à "Nessie" - c'est le nom affectueux que les Ecossais donnent à leur monstre - un très long cou, comme celui d'un serpent ... de mer.
De nombreuses photographies et même des films ont été faits de Nessie. Mais curieusement, les clichés sont très flous et ne donnent qu'une idée imprécise de l'ichtyosaure ou de l'otarie géante que certains savants ont cru reconnaître dans le fameux animal.
Les plus récentes explorations, faites avec des appareils compliqués et les moyens techniques les plus modernes (sonar, lumière infrarouge ...) n'ont encore rien donné.

S.P.A.

Qui est à l'origine des lois protectrices des animaux ?

QUESTION POSÉE PAR :

AMOURETTE LAETITIA

C'est Jacques-Philippe Delmas, comte de Grammont qui fonda la société protectrice des animaux (SPA) en 1845. En garnison à Saint-Etienne, ce général officier de cavalerie, fut révolté par le sort des chevaux de mines qui étaient gardés au fond des puits jusqu'à leur mort par épuisement.

Député de la Loire en 1849, il fit voter la loi de protection animale l'année suivante, le 2 juillet 1850. Cette loi punissait d'une amende de 5 à 15 francs et d'un emprisonnement de 1 à 5 jours ceux qui maltraitaient les animaux.
En 1937, l'amende passa à 5 000 francs et l'emprisonnement put aller jusqu'à 10 mois, l'abandon étant lui aussi considéré comme un délit. Il a fallu attendre septembre 1959 pour qu'Edmond Michelet, alors garde des Sceaux et ministre de la Justice, présente un décret qui fut accepté au Conseil des ministres. Ce décret stipule notamment que les personnes coupables de délits graves envers les animaux seront jugées en correctionnelle et sévèrement punies.
Les préfets ont eux aussi rédigé des arrêtés pour protéger les animaux domestiques.
Depuis, de nombreuses associations nationales et internationales se sont créées, mais la SPA reste la plus connue en France avec ses 70 000 adhérents. Elle possède 37 refuges qui recueillent 200 000 animaux dont 100 000 chiens. Celui de Gennevilliers, le "refuge Grammont", est le plus grand d'Europe (70 000 m^2), 25 000 animaux y transitent par an. La SPA possède aussi un service de recherche pour les animaux perdus ; 20 000 chiens ou chats sont ainsi retrouvés et rendus chaque année à leurs propriétaires. Actuellement, la présidente de la SPA est Madame Jacqueline Faucher.

SPA

EXPOSITION UNIVERSELLE

Quand eut lieu la première Exposition universelle ?

C'est le 1er mai 1851 que la reine Victoria inaugura la première Exposition universelle, à Londres.

Celle-ci avait été organisée à Hyde Park sous le patronage de son mari, le prince Albert. Elle lui plut tellement qu'elle la visita 30 fois pendant les six mois de sa durée. Six millions de personnes vinrent y admirer des locomotives, des fontaines d'eau de Cologne et surtout un extraordinaire bâtiment construit pour cette occasion : le Crystal Palace. C'était une sorte d'immense serre en forme de cathédrale qui couvrait 7 hectares et englobait les ormes du parc (Des éperviers y chassaient les moineaux !). La construction mesurait 550 m de long, 125 m de large et 53 m de haut ! Constituée d'éléments en verre et en fer préfabriqués, c'était une véritable innovation car elle se démontait.
A la fin de l'Exposition, la serre fut reconstruite au sud de Londres pour servir de musée des Sciences et des Arts. Elle brûla malheureusement en 1936. Depuis, de nombreuses expositions universelles ont été réalisées tout autour du monde. On a même créé, en 1928, un "office international des expositions pour régir leur fréquence et leurs thèmes.
Certaines sont restées célèbres. Par exemple, celle de 1889, à l'occasion de laquelle fut construite la tour Eiffel, n'attira pas moins de 33 millions de visiteurs ! Toujours à Paris, on profita de l'Exposition de 1900 pour édifier le pont Alexandre III, le Grand Palais et le Petit Palais.

Vue intérieure du Crystal Palace construit par Paxton en 1851.

INDEX

Imprimé en Italie par G. Canale & C. S.p.A. - Borgaro T.se - Turin
Dépôt légal n° 3898.09/91
29/1106/3 ISBN 2.01.017398.8
Loi N° 49.956 du 16 juillet 1949
sur les publications destinées à la jeunesse dépôt 09/91

© 1974 Octopus Books limited, Londres.
© 1991 Hachette, Paris.

cité
des Sciences
et de
l'Industrie